怪物たちの食卓

物語を食べる

赤坂憲雄

青土社

怪物たちの食卓　目次

第一章

第二章

第三章

第四章

終章

怪物たちの食卓　物語を食べる

第一章

食べない女の神話学よ、さらば

1

　久し振りに聴いてみたくなって、探しあぐねた。書斎のどこかにあることはたしかだが、見つからない。倉橋ヨエコの『色々』というCDである。だれに勧められたのか、ぼんやりと見当はつくのだが、まるで記憶に自信がない。たぶん『性食考』を刊行したあとで、教えてくれる人があって、YouTubeで聴いてから、CDを買い求めたにちがいない。

　そのCDが書棚の隅っこで、ようやく見つかった。三曲目に、その曲はあった。「いただきます」というタイトルであることも、思えば忘れていた。いきなり、「あなたを食べてもいいですか」という切り裂くような言葉が投げだされて、曲は始まる。まさに『性食考』のテーマであるが、こちらの歌のほうが十年も早い。むろん、『性食考』を書いていたときには、知らなかった。そのときには、「食べちゃいたいほど可愛い」という愛と呪縛の囁きは、もっぱら男から女へ向けられるものだと感じていた。とはいえ、じつは気づいていた。非対称かもしれないが、それはどうやら、女から男へ差し向けられる愛と怨念の囁きでもあることに。

あなたを食べてもいいですか
愛しているからいいでしょう
他の誰かに盗られるんなら
私の血となり肉となれ

はじめのほうに、「何が正しい愛ですか」とあった。だから、わたしは真っすぐに、これは恋愛の歌なのだと受け取ることにした。女から男への、むきだしの野性の呼び声のように感じられる。あなたはわたしだけのものだ、とピンを刺す。あなたを食べてもいいですか、と哀願しているようでいて、ただちに、愛しているのだから許されると言い放つ。そして、ほかのだれかに盗られるくらいなら、わたしの血となり肉となれ、とすっかり命令形である。

相聞歌ではないだろう。このひそかな宣言は、けっして男には聞かせられない。呟きのマニフェストだ。断定的な物言いは、逆に、男の耳には届かないから選ばれている。ほんとうは命令なんて、できない。でも、哀願なんてしない。切ない呪文のようなものか。ほかのだれかに見そめられ、盗られるくらいなら、殺してやる。そうして、わたしの血や肉におなり、そう、心のなかで叫んでいる。そんな、あくまで女のモノローグの歌ではなかったか。すくなくとも、相手がおいしいお菓子のように愛おしいから、食べてしまいたいと囁きかけているわけではない。男は甘やかなお菓子ではない、血まみれのステーキの肉片か。だから、女は朝起きれば、男の腹を撫でさする。なにかを、たとえば裏切りの予兆を確認せずにはいられない。

あらためて、恋愛やセックスと食事との関係について考えてみたくなった。とはいえ、例によって、浮かんでくるがままにテクストのあれこれを漂い読みしてゆくスタイルは、ここでも変わらない。

2

たとえば、安部公房の『砂の女』（新潮社）に登場する、主人公の友人であるメビウスの輪は、女友達を口説くとき、かならず味覚と栄養についての講義からはじめることにしている。

そもそも、飢えきった者にとっては、食物一般があるだけで、神戸牛だとか、広島の牡蛎の味だとかいうものは、まだ存在していない……一応、満腹することが保証されてから、はじめて個々の味覚も意味をもってくる……同様、性欲についても、まず性欲一般があり、ついでさまざまな性の味が発生する……性も、一律に論ずべきではなく、時と場合に応じて、ビタミン剤が必要になったり、うなぎ丼が必要になったりするというわけだ。

主人公のこれにたいする批評的な見解は、以下のようなものだ。いかにも、これは整然とした理論ではあった。しかし、惜しむらくは、「その理論に応じて、性欲一般、もしくは固有の性を、すすんで彼に提供した女友達は、まだ一人もいなかった」らしい。当然とはいえ、男であれ女であれ、理論に口説かれる奴なんているわけがない。性欲一般で抱かせてくれと言われて、応じる女がいるはずはない。メビウスの輪は馬鹿正直な男ではあったが、さすがに、そんなことは承知のうえで、「ただ精神的強姦がいやなばかりに、せっせと空き家の呼び鈴を押しつづけていた」のだった。むろん、純粋な性関係などというものを夢想するほど、ロマンチックだったわけでもない。そんなものは、「死に向って牙をむきだす時にしか、必要のないものだ」と、主人公はいじましくも呟かずにはいられない。

思えば、メビウスの輪による性食理論は、あまりに貧しく薄っぺらなものであった。それにたいする批評もまた、同じ程度に貧相なものだ。とにかく、そこではほとんど自明であるかのように、食にまつわる味覚の議論が、ただちに性欲の問題へとスライドされている。いわば、食事とセックスとがある照応関係への予感のなかで繋がれている。そうして、食欲にかかわる飢えがまず満たされて、はじめて味覚というステージへ上がることができる、という。それがそのままに性的な飢えへとズラされるならば、いま自分が切実に求めているのは性欲一般を満たすことであり、眼の前にいる女性の性的な味覚、いや魅力に促されているわけではない、という本音の吐露が語られていることになる。理論に口説かれるといったレヴェルではない。たんに、だれでもいいから抱かせてくれ、と不作法かつ野蛮に迫っているにすぎない。

だから、わたしは唐突に、ブリア゠サヴァランの『美味礼讃』など思い浮かべて、さすがにかれら西洋人の、いやフランス人の性食をめぐる貴族趣味的な探求は、なかなか高尚だと感嘆せざるをえない。とはいえ、わたしにとって、この『美味礼讃』はなんとも退屈な本であり続けてきた。『性食考』の執筆には、なんの助けにもならなかった。アフォリスムのなかの、たとえば「どんなものを食べているか言ってみたまえ。君がどんな人か言い当ててみせよう」とか、「禽獣は食らい、人間は食べる。知性ある人間だけがその食べかたを知る」とかをちらりと眺めて、知らぬげに打ち捨ててきた。だから、玉村豊男訳の『美味礼讃』（新潮社）に出会って、ひっくり返りそうな衝撃を受けた。翻訳とその解説とが絶妙にからみあって、この古典的な書物の陰影に富んだ意味合いがはじめて、すこしだけ了解されたのだった。

ブリア゠サヴァランは『美味礼讃』のはじまりに、第六番目の感覚としての生殖感覚について語っている。肉体による性的な感覚であるが、それは男と女を種の存続のために引き寄せるものだ。しかし、この生殖感覚の重要性はこれまで看過されてきた。そして、以下のように語られていた。

生殖感覚は、視覚における眼や、味覚における口と同じように、あるひとつの独立した特定の器官に依拠している。が、面白いのは、男も女もそれぞれがこの感覚を体感するに必要な条件を備えているにもかかわらず、自然が要求する目的を果たすためには、男女が必ず合体しなければならない、ということである。

つまり、個の保存を目的とする「味覚」をひとつの感覚として認めることに異議がないなら、種の存続を目的とする「生殖感覚」も、なおさらのこと、もうひとつの立派な感覚として認めてやるべきではないだろうか。

したがって、生殖感覚、つまり肉体的恋愛に関わる性的な感覚にも、独立したひとつの感覚としての地位を与えることにしよう。

念のために、引用は玉村豊男訳である。あらゆる感覚のなかで、もっとも重要な生殖感覚は、「男と女の出会いを用意し、その結びつきを美しく演出するための道具」として、ロマネスクな（まるで小説のような）恋愛・コケットリー・モードといったものを生み出した。それは現代社会（……いまから二百年前のことだ）を牽引する三つの原動力になったが、古めかしい言葉ではどうにも説明しがたい。さらに、生殖感覚はほかのすべての感覚器官に侵入した、ともいわれている。

これについての玉村の解説は、なかなか独特である。いきなり、「食を語るに性を以てする」と語りだされるのだ。『美味礼讃』の原題は、正しくは『味覚の生理学、または超絶的美味学に関する瞑想の数々』であった。この美味学を提唱するよく知られた美食家の著作が、なによりセックスにまつわる熱い語りから始まっていたことに、玉村はまず注意を促したのである。第六感として、いかにも学術的に語ることを願って生殖感覚と名づけながら、それをあっさり、「肉体的恋愛に関わる性的な感覚」と世俗的に言い換えているあたりに、すでに正体はさらされている。

玉村によれば、フランス語では、セックスという語は性別を表わす以外には使わず、恋愛《アムール》という語が性的交わりとしてのセックスを意味するらしい。フランス人にとっては、まさしく「性＝恋愛」であり、恋愛そのものが性的行為の一種であると説かれてみると、性的探求心を抑圧しながら、表面的には無関心と淡白を装いがちな日本人の一人ゆえに、戸惑いを覚える。その先で、「セックスを恋愛として昇華するための文化的仕掛けを用意してこなかった日本文化の弱点」などと指摘されると、なおのこと反論がむずかしい。

しかし、それははたして日本文化に通底する弱点なのか、と問い返すことは可能だ。『源氏物語』の時代や、浮世絵や春画のもてはやされた時代には、きっと、そうした性＝恋愛にまつわる文化的な仕掛けや技術がいくらでも存在したはずだ。筆で書いた歌を交わしあって恋に落ち、ほのかな月明かりの下でまぐあいを果たした女と男の愉悦《よろこび》を、あるいは、恋する廓《くるわ》の女と手を携えて、心中死への道行きをたどった男の枠と純情を、わたしたちの想像力がうまく捕捉できないだけのことだ。そもそも、恋愛や純潔といった観念が西洋から移入されたのは、明治以降の近代であって、現代の日本人はその奇妙な呪縛のなかにすっぽり囲いこまれているのかもしれない。

それにしても、『美味礼讃』とは「食を語ると見せて実は恋愛を語っている」著作である、という玉村の指摘にはそそられる。胸をときめかすロマネスクな恋愛／男女の駆け引きそのものを真剣な遊びとするコケットリー／異性を惹きつけるためのモードとしてのファッションという、生殖感覚に源を発する「恋愛文明」こそが、われわれにとっての現代を解き明かすための鍵であるのかもしれないと思えばこそ、ブリア＝サヴァランと『美味礼讃』の先駆的な意味合いを問わずにいられない。生殖感覚が、視覚・聴覚・嗅覚・味覚・触覚などの五感の敷居を超えて、かぎりなく侵犯的にして統合的であることを想起するのもいい。だから、「この感覚が働くときはつねに暴君的であり、有無を言わせないのが特徴である」という、ブリア＝サヴァランの言葉もまた、示唆的ではなかったか。それと比べれば、味覚のもつ機能ははるかに抑制的で、慎ましやかなものだ。ともあれ、食卓の蔭に性愛が隠されているという真実は、幾度でも招喚されねばならない、とだけ書き留めておく。

3

ところで、ロラン・バルトには『美味礼讃』の注釈書のような論考がある。『バルト、〈味覚の生理学〉を読む』（みすず書房）という本に翻訳が収められている。そこには、ブリア＝サヴァランの執筆意図について、「第一等の肉体的快楽（たとえ検閲をうけているにせよ）と味覚（本書においてその擁護と顕揚をもくろんでいるところの感覚）とのあいだの換喩的交換をほのめかすこと」にあった、という指摘が見える。バルトは否定的であったのかもしれない。性的快楽が「オルガスムス、興奮と弛緩のリズムそのもの」であるのにたいして、食卓の快楽には恍惚・忘我・エクスタシー、さらには攻撃性が存在しない、と語っている。

あらためて、バルトの論考の「美食家の身体」と題された一節に眼を凝らしてみたい。そこには、バルトによる性食論のほんの一端が、ブリア＝サヴァラン（つまりB＝Sだ）を下敷きにしながら示されている。

その節の冒頭には、「食事は内的快楽を誘発する」と見える。ここでの内的とは、「やわらかくもつれあっていて浸透性であるがゆえにひときわ原初的な、広い意味で内臓とよばれている内奥の領域」を意味している。味覚は舌の上から口腔全体にかかわるが、味覚の快楽となると茫漠として、「粘膜の秘部のすみずみまで広がるもの」だ。ブリア＝サヴァランが想定していた性感覚（つまり生殖感覚）よりも、第六の感覚としてふさわしいのは、この「体感、われわれの身体内部の総合的感覚」である、ともいう。

食べものの官能的効果をとらまえようとする場合、B＝Sは敵方《あいかた》の身体にこれをもとめに行く。その効果はいわば記号《シーニュ》のようなものであって、会話のさなかにとらえられる。相手方の快楽を読みとるのである。相手が女性の場合などは、まるでちょっとしたエロティックな誘拐でもやらかすかのように、女性の方の快楽をうかがい不意をおそう。食事を共にすること、御馳走をいっしょに食べるという快楽は、だから見かけほどに無邪気なものでもない。御馳走の舞台には、社交的コードの行使（その歴史的起源は極めて古いものであるにしても）以外のなにものかが登場してくる。

こうして、「エロティックな誘拐」や「不意をおそう」といった不穏な言葉をまぶされて、食べ物の官能的効果なるものが語られてみると、たしかに男と女が共に食べる快楽は、見かけほどに無邪気なものではなさそうだ。それにしても、かれらの恋愛哲学は、はるかな原始以来の狩猟が培ってきた哲学にかぎりなく親和的なのではないか、などと思う。いずれ、狩猟の哲学に眼を凝らすことになるはずだ。

つかの間の脱線である。食事のテーブルはとても妖しい。映画という表現ジャンルは、そのことにきわめて自覚的であった。たとえば、洋画と邦画の区別なく、映画のなかでは食卓を囲んでの共食の場面がとても多い気がする。それはしかも、物語の決定的な転換点となることが多い。そこでは、食卓をめぐる社交的コードを蹴散らすように、潜在的な怖れや不安が渦を巻き、激しい愛憎の視線が交錯する。敵と味方がリトマス試験紙のようにむきだしになる、そんな瞬間がある。突然、ホストの制止を無視して席を立つ者がいるかと思うと、銃弾に脳天をぶち抜かれてひっくり返る者がいる。この共食のテーブルは、主人とその家族、招かれた客と招かれざる客、給仕する者たちが複雑にからみあう、まさしく権力関係の磁場なのである。だれが、どこに座るかを決める者が権力者であるからこそ、食卓は権力の交代劇の舞台としてもっとも有効な場所となる。

思えば、『家族ゲーム』の、あの長いテーブルに横並びする家族たちは、まさにそこが共食の場であることを拒むことによって、家族という権力関係を無化しようと試みていたのではなかったか。テーブルの上ばかりではない。テーブルの下もまた、ひそかにして豊饒なる劇場であった。歓喜か退屈に促されて、靴があちこち踊っていたり、猫か幼な児が這っているかもしれない。靴を脱いだ足先で触れることで、恋のサインが交わされているかもしれない。テーブルクロスの蔭では、抜き身のナイフや拳銃がその瞬間を待ち構えているかもしれない。食卓の周囲はきっと、共食を仲立ちとして、性と食が、また生と死が見えざる交歓を果たす生々しい現場なのである。

むろん、食事のテーブルは男と女が性愛への前哨戦のように、言葉と視線を交わしあう現場である。だから、そこにブリア＝サヴァラン／バルトは狩人的な視線をさし向けている。狩人は兆候認知に卓越した人々である。

テーブルのまわりを視姦衝動のようなものがうろついている。食べものが他人の上にどのような効果を及ぼしているかを観察し（見張り？）、身体が内部からどのように変化していくかをうかがっている。ちょうどサディストが相手の顔に恐怖の表情が浮かぶのを見て悦に入るように、御馳走をつめこんだ身体の変容ぶりを観察するのである。すなわち艶である。Ｂ＝Ｓによればこの快楽のうかぶ指標《インデックス》はきわめて正確なテーマ性を帯びている。表情がパッと明るくなり、色艶がよくなり、目が輝く。一方では頭がすっきりして、おだやかなぬくもりが全身に広がって行く。艶とはあきらかにエロティックな属性であって、燃えると同時に濡れてもいる、さる部分の状態と結びついている。このとき欲望が身体に光をあたえ、恍惚感がかがやきをもたらし、快楽がなめらかさを生む。かようにして美食家の身体は、内側から、やわらかい光を発する一枚の絵のように見えるのである。

まさしく、獲物の女を視姦する狩人の男を、バルトは背後から観察している。その向こうに女がいる。食べるほどに女の顔や身体は、内側からエロティックに艶めいてくる。男はひそかに、それを見張っている。不意を襲う機会を狙っているのだ。しかも、その艶のなかにはわずかな野卑が隠されている、という。それはいわば、逆説的に女性がになわされる「肉食的攻撃性の指標」である。女性が食べ物を噛む行為がそこに放射状に広がっている。いくらか凶暴な光景であったか。時として欲望は原始状態にたち返り、飽食がたんなる食欲へと回帰する。性愛の領域に移しかえてやれば、たんなる交尾行動への逆転ということだ。女の紅い唇に呑みこまれた食べ物が、その奥で噛みしだかれる様を畏怖とともに、呆然と凝視している少年の姿を、いつか眺めたことがある。どんな映画のひと齣であったか。さだかではない。ともあれ、食べる女という秘められたテーマがゆるやかに姿を現わしたようだ。

バルトは以下のように述べている。

女性の理想像をめぐって男たちが粒粒辛苦きずいてきた巨大な神話大系のなかでは、食事は系統的に閑却されてきた。女性といえば恋をしているかさもなくば純潔をたもっているもの、と相場がきまっていて、ものを食べている女性などどこにも見られなかった。女性とは神々しい身体、あらゆる必要から清浄になった身体であった。神話論的にいえば、食事は男性の仕事である。女性の役割は料理人か給仕人にかぎられていた。つまり女性とは料理の支度または給仕をする者であって、食べる者ではなかった。B＝Sは軽い調子で二つのタブーをくつがえしている——消化活動とは無縁の女性というタブー、さらに、ガストロノミーとはたんなる飽食であるというタブー。彼は〈女性〉のなかに食事を置きなおし、さらにこの〈女性〉のなかに食欲（さまざまの欲望）を置きなおす。

思えば、ある有名な女優は、けっして人前では物を食べないという伝説めいた噂に取り巻かれているらしい。自身のイメージが壊れるのを怖れてのことか。あるいは、男たちの妄想まみれの視線から身を守るためであったか。いずれであれ、男たちが築きあげてきた巨大な神話大系のなかでは、女は食べる者であることを許されなかった。食べない女は消化活動とは無縁な、それゆえ、いっさいの排泄行為から猶予された存在へと成りあがる。それが清らかな神々しい女性の理想像として祀りあげられ、男たちによって弄ばれてきた、ということか。

さて、これに続く「反麻薬」という一節のはじまりには、ボードレールが呼び返され、かれにとってのワインが「思い出と忘却、歓びと愁い」であり、「逸脱の一方策」にして「麻薬の一種」である、と語られていた。しかし、ブリア＝サヴァランにとって、食事の本質は「人と共に楽しむ」ところにあり、ワインは「孤独の偽典」の類ではなく、人はいつだって、仲間といっしょに食べながらワインを飲むのである。そして、共に食事をするときには、きわめて共同体的な行為としての会話に縛られている、という。それはまた、「主体が逃亡することのないよう、会話《ディスクール》という虚像《イマジネール》の力で身を守る」ことでもある、と変奏されている。

さて、バルトはここまででいい。食べる女が前景に現われたようだ。

食べる女たちの自画像

1

さて、食べない女から食べる女への、ひそかな転移の軌跡に眼を凝らさねばならない。

ときどき、思い出したように、えびまよという女性YouTuberがどこか上品に、さりげなく豪快に、テーブルに並べた丼や大盛りのラーメンや肉やらなにやらを食べまくる映像を眺めている。心配になるほどの食べっぷりだ。チャンネル登録だってしている。すくなくとも、もはや「食べる女」は日陰者のタブーには縛られていない。そんなものは前世紀の遺物なのかもしれない。だれも、ことさら食べる女に眼を留めようとはしない。そのなかで、女性の大食いはすでに芸能の一ジャンルとして確立している。昔話では、「食わず女房」などお気に入りのひとつだが、大飯食らいの女はひたすら嫌われる。この異能はYouTubeという新しいメディアを得て、いつしか経済的な価値を産む芸能へと成りあがったということか。

いま、わたしの机のうえには、筒井ともみの『食べる女 決定版』（新潮文庫）という本が置かれてある。ふと思うのだが、たぶん、『食べる男』なんてタイトルの本は当たり前すぎて面白みに欠けて、だれも手に取らないだろう。食べる女はやはり、いまだ挑発する力を失ってはいないのだ。文庫の裏表紙には、「おいしいものを食べているときと、いとしいセックスをしているとき、女は一番幸せになれる」とあり、食べる女は避けがたく性食の現場へと足を踏みこんでゆく。ようやく、女たちが性食について赤裸々に語りはじめている、といってもいい。解説の執筆者として選ばれたのが壇蜜であったのは、思えば、あまりにふさわしい人選ではなかったか。

壇はこの本を読む前には、「食と性の親和性を切り取った物語の世界観」が理解できるか、不安であったらしい。食と性との相性は悪いのではないか、と感じてきた。学生時代、惚れた弱みで振り回された挙句に、セックスのあとで「尻がでかくてマヨネーズの容器みたいな体」と笑われて、振られた。そんな男がいた。男は「食事を楽しむとセックスのためにセックスする感覚が鈍くなる」といい、酒を舐めるばかりのデートだった。そうして、セックスのために食事を我慢するのを強いられ、それが当たり前になったのだ。男は酒飲みで、懐が貧しかっただけなのかもしれない。あるいは、食べる女を無意識に嫌っていたのか、畏れていたのかもしれない。自分は飲み続けながら、相手には好きなように食べさせることだってできるはずだが、そんな寛容さは持ちあわせていない。ともあれ、それはささやかな壇蜜のトラウマになった。しかし、この『食べる女』という本を読んで、「自分だけの食と性の前向きなルール作り」をしたい、と思うようになったらしい。

やはり、性食の現場では、食べる女は巧妙に抑圧される。それが性の前哨戦であるならば、なおさらだ。この男は食べるのを拒むことで共食のテーブルを、逆説的に支配している。食べる男の別種の類型かもしれない。いずれであれ、食べる男が食卓を専制的に支配するとき、セックスもまた男が身勝手に支配することになるだろう。そんな男とのセックスはきっと、おいしくない。

ここで、グリム童話の「蛙の王さま」（『完訳 グリム童話集』岩波文庫）を呼び返してみるのもいい。蛙が泉の底から黄金《きん》のマリを拾ってくるのと引き換えに、お姫さまに要求したことがあった。ひとつは、姫と並んで食卓に座り、姫のかわいらしい黄金の皿と盃でご馳走を食べること、つまり共食である。それに続けて、いまひとつの要求が、姫のかわいらしいベッドの絹の布団に包まれて、二人で寝ること、つまりセックスであった。むろん、グリム兄弟によって、「児童および家庭お伽噺」として啓蒙的な配慮をもって編まれたメルヘンのなかで、露骨に性にまつわることがらが描かれることはありえない。それでも、ひとつのベッドで二人して寝ることが、セックスを暗示していなかったとは考えられない。

しかも、念の入ったことには、食卓や食器を共にしての食事のシーンから、ベッドで共に寝るシーンへと、あきらかに食と性とがひと連なりの、いわば結婚の作法のように描かれていた。むしろ、王子は蛙という異形の姿のままに、はじめから真っすぐに姫にたいして結婚のプロポーズをしていたのではなかったか。そして、姫は怒りにまかせて蛙を壁に叩きつけた。すると、魔女のかけた魔法が解けて、蛙は美しい王子に戻り、やがて二人はめでたく結婚したと語られている。だから、泉の底から黄金のマリを拾ってくることは、姫との結婚を望む若者に課せられる試練の一種であったかもしれない。いばら姫を獲得することを願って、高い塔によじ登ろうと挑んでは、次々に血まみれで死に絶えていった王子たちの姿を思えばいい。姫との結婚にいたる階梯には、厳しい試練を乗り越えねばならないのだ。その果てに、共食／共寝の場面が待ち受けていた。

それにしても、食と性を軸とすれば、女性には三つの類型しか存在しなかったことを確認しておこう。むろん、ロラン・バルトが示唆していた、あくまで古典的な類型学ではある。食べない女／料理または給仕する女／食べる女、といったところか。食べない女には恋や純潔、神々しい清浄な身体、それゆえに排泄からの切断といった、神話的なコードが押しつけられていた。男たちはそうして女を崇め、女という幻想をもてあそぶ。食卓の飾りかマスコットのようなものか。それと対をなす食卓を支配する男は、ひたすら食べる男として君臨する。そのかたわらで、女たちは料理人か、給仕する者として忠実に仕えることを要求される。食べる男を満足させることに失敗した料理する女は、そう、オオゲツヒメという女神のようにただちに殺害される。そんな食卓では、食べる女は慎ましやかに透明な存在であることを求められる。ただ、生殖感覚を研ぎ澄まし、男を迎え入れる準備をすることが奨励されているのかもしれない。くりかえすが、これはあくまで神話的な性食をめぐる原風景のひと齣にすぎない。

2

さて、あらためて筒井ともみの『食べる女』である。そこには、いかなる性食の情景が描かれていたか。すでに、食べない女の神話は瓦解している。食べる女たちの肖像画が、とても軽妙にして洒脱にスケッチされている。これは、食と性をめぐる二十数編の短編小説集なのである。主役は当然ながら食べる女であり、すべてが女性の視点から描かれている。それが新鮮だが、そう感じることころが、これまで食べる女や料理する女が描かれてこなかったことを示唆しているはずだ。作者はむろん女性であり、いわば、それは自画像として提示されている。

くりかえすが、文庫の裏表紙には、「おいしいものを食べているときと、いとしいセックスをしているとき、女は一番幸せになれる」とあった。しかし、作中には見いだされない言葉であり、誤解を与えるかもしれない。ここに見える女を男に置き換えて、同じようにこの命題らしきものは成り立つのか。女と男の感受する幸せは、そのはらむ方位や質感が異なっているのではないか。性食の情景を覆っているジェンダーの影に、いくらか細やかに眼を凝らさねばならない。

それにしても、おいしい食事／いとしいセックスは、つまり食と性はどのように繋がっているのか。

たとえば、セックスが終わっても帰らない男に、多実子ははじめて出会った。それにも慣れたころ、ほかの男に誘われることがめっきりなくなったことに気づいた。そして、思うのだ。「ひょっとすると安定供給される食生活と性生活は、女からフェロモンを奪ってしまうのかしら。そんなの嫌だな」と。かたわらにいるのは、おいしい料理を作りに来てくれて、感じのいい伸びやかなセックスを交わすことのできる男なのだ（「台所の暗がりで」）。

あるいは、麻子はときどき「男」を見つけては、名前も経歴も知らぬままに、「プリミティブでシャープなセックス」をしたあとで、昔懐かしいような支那ソバを食べることを楽しみにしている。心地よいセックスのあとに食べる一杯のラーメン。このセックスからラーメンへ、という道行き《コース》が大切だった。麻子は指のきれいな男が好きで、おいしい舌をもつ男も好きだ。舌はまずいけれど、セックスはいいなんて絶対にありえないし、セックスが合う相手なら、キスの味も舌もおいしいものだ。ラーメンとセックス、つまり食欲と性欲の関係は、「双方向に通行が可能なくらい欲ばりでタフな関係なのかもしれない」と、夢のなかで考えている（「セックスとラーメンの方向性」）。

さらに、「闖入者」の私は、まさに完璧な料理を作るタナベさんに出会った。タチウオのムニエル、カツオのタタキ、魚のシャブシャブを作ってくれる。そして、シングルモルトの酔いの果てに、私はふわふわとタナベさんの裸の腕に抱かれている。ドジで素早いだけのオヤジであったはずのタナベさんが、やはり、唇の感触がなかなかいい。その唇で、耳も眼も鼻も、うなじも背中も指先も、乳房も乳首も、ひとつひとつ丁寧に愛撫してくれる。

こんな上手な愛撫をしてくれるなんて。ヒトは服を脱いでみなくちゃわからない。ずいぶんやわらかくなってしまった私の体の上で、タナベさんがくぐもったような声で囁きかけた。

「タカベ、お好きですか？」私はびっくりして、何か言おうとしたが、喉の奥が震えてしまって、甘やかな声が出てしまう。「タカベ……」「こってり、煮付けると、じつに、旨い……煮魚です……」「ニ、ザ……カナ……」「ナスは、焼いて……」「ナ、ス……」「キュウリと、ワカメと……シラスを……酢の物……」

タナベさんのずんぐりした背中の上に置いていた私の手に力がこもる。私はもうすっかり溶かされて、タナベさんのメニューに相槌を打つこともままならなくなっている。

「ミョウガと、かき玉子の……吸い、もの……」「あ……」「メシには……新ショウガを……炊きこんで……う、うーん……」

私の城の城門は開け放たれ、タナベさんが流れ込んでくる。美味しい料理の匂いや味をつれて、タナベさんが、どんどん、どんどん、私の城の中へと流れ込んでくる。


なんだか宇能鴻一郎のパロディみたいではある。とはいえ、念のために、これはポルノ小説のエクスタシーの場面のようでありながら、どう頑張っても劣情を催すことはむずかしいという意味合いで、ポルノではない。それにもかかわらず、ここにはブリア＝サヴァランが生殖感覚または性感覚と名づけたものが、まさに食と性との滑稽《コミカル》なまでの有機的な連関において語られている。くすぐったいような愉悦を覚える。むしろ、ロラン・バルトによる「食事は内的快楽を誘発する」といった言葉を想起したほうがいいのかもしれない。この食をめぐる官能的な効果については、内臓と呼ばれる内奥の領域に、粘膜の秘部の隅々にまで広がってゆく「われわれの身体内部の総合的感覚」である、とバルトは述べていたのだった。

食を語ると見せかけて、じつは性愛について語っている、とはいいがたい。もはや、ブリア＝サヴァランのような貴族的慎みや恥じらいは、ここでは求められていない。むしろ性愛を語りながら、食について語っているかにも見える。あくまで欲張りなのである。おいしい食事とセックスは、どちらも欲しい。それを隠す必要なんて認めない。

それにしても、この短編集には、ほかにも、おいしい料理を作る男がくりかえし姿を見せる。偶然ではない。むろん、おいしい料理を作る女も登場する。しかし、どうやら味覚にたいして鈍感な男は、当然のように、キスの味も舌もセックスもまずいと見なされている。だから、作中人物になる資格すら認められていない。『美味礼讃』のささやかな庶民版のようでもある。しかも、その主人公はあくまで食べる女たちなのである。二十一世紀の美食で知られる極東の国・日本でこそ書かれえた、女性のためのもうひとつの『美味礼讃』といったところか。男の作家たちが描く『美味礼讃』との肌合いの違いに、注意が向けられるべきだ。ここにはそもそも、奇をてらった食材や、眼を驚かすような珍しい料理といったものは登場しない。いっさいの権威的な身振りとも無縁だ。

3

食べる女たちが自身の肖像画を描きはじめている。そのとき、女たちはみずからの身体をどのように感受し、また男の身体をどのように眺めているのか。すくなくとも男たちはそれを知らない。無関心であった。みずからの欲望や願望をたっぷり投影して、知ったか振りをして来ただけのことだ。

『食べる女』から、いくつか、食べる女の肖像画を拾ってみる。

唇について。男たちはだれも、女のやわらかい唇に夢中で、自分の唇などとんと意識したことがないはずだ。食後の唇には料理の残り香がかすかに漂うことならば、すこしだけ知っている。――綾乃は男の手に鼻をつままれ、驚いて眼を閉じた。そして、眼を開けるより先に、男に唇を奪われたのだった。そのまま男の唇を受けとめた。男の唇がとてもおいしかったから。男の口中からは、シチューとブルゴーニュワインの匂いがした。綾乃が作ったシチューだ。綾乃の細い腰は抱き寄せられ、舌が綾野の舌を求めてくる。綾乃はそのままおいしい男の舌を飲み込んでしまいたかったが、ギリギリのところで男の身体を突き放した。はじめて会ったばかりの男と、夕食を共にした。母親とつき合っている男だった。男はそれきり母を捨てて、理由も語らずに、外国へ行ってしまった（「秘密のレッスン」）。

指について。この作家はたっぷりと指フェチである。きれいな指の男は、どれだけそれを意識しているのだろうか、とふと思う。指による愛撫が、料理する男の指を連想させる。——弘の指はきれいだった。男の指がこんなにセクシーだなんて思ったこともなかった。ルイ子はそのきれいな指で愛撫をされながら、弘が料理を作る姿を想像した。自分がまな板のうえの魚や肉になったみたいで、とてもエロティックな体験だった。ルイ子はまだ二十代の半ばで、名もない魚や肉になれるのがよかったのか。その日の気分次第では、野菜や果物にだってなれた。たとえば、ほどよく熟した水蜜桃になって、弘のきれいな指で皮をむかれる。滴る果汁を清潔に刈りこまれたヒゲの奥の舌で舐めてもらうと、ルイ子は夢見心地になった。セックスしただけで、魚や肉や野菜や果物にだってなれる。しかも、とってもいい気持ちだ（「なんて素敵な世界」）。

また、乳房について。男にとっては、眺めて触れるだけの乳房を、女はどのように認識しているのか。それが果物の比喩を呼び招くことが、なにか妖しく艶かしい。——朱美は四十を過ぎたとはいえ、自分にはまだまだ魅力があるとひそかに思っている。骨細なので手や脚はほっそりしているが、そのわりに乳房は豊かなのだ。その豊かな乳房が、ほんのすこし垂れてきた風情はなかなかのものだ。たわわに実った果物の芳香のようなものが感じられる。ブラジャーをはずし、その重みを含んだ乳房を両の手で受けとめるとき、朱美は自分がいま、食べごろの「おいしい季節」を生きていると感じる。男がたわわの乳房を手に受けて、ゆっくりと口づけする。朱美は身も心もゆったりと解放される（「たわわの果実」）。

女の身体のパーツを仲立ちにして、食と性とが自在に往還する情景が、この『食べる女』という短編集には散りばめられている。とりわけ、唇と指とが料理においても、セックスにおいても主役級の働きをすることが、とても繊細に浮き彫りにされている。たしかに、生殖感覚は女と男で大きく隔たっているのかもしれない。男の快楽がペニスに還元されがちであることを、食べる女は暗に批判しているのではなかったか。だから、筒井ともみという作家は、おいしい料理を作る男、そして唇と指がおいしい男にたいする絶大の信頼を隠そうとしない。食と性とは、まさに濃密な交歓を果たしているのである。

料理の種別が思いがけず、恋愛やセックスに繋がれる場面がある。

鍋料理について。――弥生には、鍋料理についてちょっと変わった趣味がある。趣味というより、習性のようなものか。弥生がだれかに惚れたときには、その好きになった相手とどんな鍋を食べるか、鍋の具材や調理法について工夫したり、想像を巡らせるのが、なによりの愉しみだった。相手の男に、どうやって好きと言わせるか、キスを奪わせるかといった作戦なんか練るよりも、二人で箸をつつく鍋のことを想像するほうが、よっぽど燃える、興奮する。弥生にとって、鍋と男と恋情は切っても切れないものらしい（「冬の夜寒の片恋鍋」）。

豆腐料理について。――父は豆腐料理が好きだった。その父が亡くなるすこし前だが、十五歳の少女であった私が父に訊いたことがあった。「パパ。豆腐って、本当においしいの？　どういう風においしいの？」と。父はこう答えた、「チビにはまだ無理だな。豆腐の味は子供にはわからない。お前が大きくなって、いつか誰かに惚れて、とことん惚れぬいて、苦しんで悶えて、そんな恋をくぐりぬけたら、お前もきっと豆腐の味がわかるようになってるさ」と（「豆腐のごとく」）。

また、挽き肉料理について。――仄暗い台所の流しにもたれて、アタシは指にからまる挽き肉を見つめながら、「アタシって、挽き肉みたい」と呟くのだ。たいていの素材（オトコ）なら受け入れ可能だし、調理（付き合い方）もシンプルで簡単だ。廉価（必ず割りカンにするから）だし、ほんとに挽き肉みたいな女だ。アタシは、アタシの体でオトコが喜んだり癒されるのを見るのが、好きだ。アタシはどんな素材にも溶けこんで、アタシの旨みで包んであげる。やっぱり、アタシはミンチ、挽き肉だ、お人好しで尻軽で淋しがりやのミンチ・ガールだ（「ミンチ・ガール」）。

みごとな食べる女の妄想小噺集といっていい。脚本家である筒井は話の転がし方が絶妙で、妄想と現実が絡みあいながら浮き彫りにされてゆく性食の情景、そのひと齣ひと齣がおしゃれで息づいている。しかし、意外なほどに、ミシュランが推奨するような高級感漂うレストランや寿司屋からは、すっきり一線を画している。食材だって、近所のスーパーか、せいぜいがデパ地下で調達されていることを忘れてはならない。

あらためて、おいしい食事は、その後にやって来るセックスの前菜なのか、と問いかけてみる。おそらく、そうではない、と食べる女ならば答える気がする。この短編集では、男が考えそうな、フランス料理のコースをゆったりと時間をかけて食べ終えて、飽食の余韻のままにホテルに向かう展開は、そういえば、なかったかもしれない。手作りの料理が仲立ちになって、女と男が結ばれることが多い。なにしろ、満ち足りたセックスのあとの一杯の支那そばが、おススメなのだ。くりかえすが、珍奇さを競いあうような食材や料理はほとんど登場しない。料理の達人はその影すら見られない。あらかじめ、食べることにまつわる権威主義が入りこむ隙間はなく、食卓が権力関係の磁場になることもまた、さりげなく退けられている。

それにしても、わたしたちはいま、かつてであれば王侯貴族の専用物であったような多彩にして、それなりにさまざまな美味なる料理を、驚くほどに安上がりに食することができる。とりわけ、二十一世紀の東京はミシュランの星が輝くグルメ都市として知られているらしい。たしかに安くて、おいしい。お腹を満たすことができる。それゆえにか、相対的な貧困がもたらす、食の格差は表面化しにくいのかもしれない。やがて、もうひとつの見えない飢えという問題が浮上してくる、そんな気配だけは感じられる。

男たちは珍味の国をめざす

1

それにしても、食べる男／食べる女、それぞれが語る〈美味礼讃〉の肌合いの違いを眺めていると、気が遠くなりそうだ。食べる男たちはこぞって、珍奇な食い物を求めて日本はむろんのこと世界中を旅して、味覚三昧に耽り、それを豪勢にうんちく傾けて語るのを競いあっている。それは、食べる女たちの〈美味礼讃〉が、いかにもあっけらかんと珍奇な料理に背を向けて、そもそも競いあう素振りすら見せないこととは対照的なのだ。

ここでは、珍味の国をめざす食べる男たちの姿に眼を凝らしてみたい。それが未開の荒野への冒険といった趣きを呈することは、きちんと記憶に留めておくべきだろう。わたしの手元には、いつの間にか二十冊足らずの〈美味礼讃〉をテーマとする本が集まって、どれも面白すぎて頭がくらくらする。食べる男たちの欲望絵図のほんの一端をスケッチしておこう。

たとえば、開高健の『食の王様』（角川春樹事務所）の終わりには、「奇味・魔味」「珍味・媚味・

天味」「幼味・妖味・天味」などと題したエッセイが並んでいる。まるで少年のような野性味あふれる好奇心をもって、〈美味礼讃〉を追求する姿は、微笑ましくも鬼気迫るものがある。「奇味・魔味」と題された一節の主人公はネズミである。中国や東南アジアでは、ネズミはりっぱな食物とされており、それはしかも、救荒食ではなくご馳走の部類に入る、という。開高が従軍記者としてベトナム戦争の取材をしていたとき、それと知らずに、はじめてネズミの肉を食べたことがあった。その肉はやわらかくて張りがあり、淡白でありながら奥深い味をしていた。食べ終わってから、かたわらに腹から下をちぎられた巨大なネズミの首が転がっているのを見て、嘔吐しそうになった。それから、数日間ほどは病気を心配したが、なにも起こらなかった。

それ以後は、東南アジアへ出かけていく折があれば必ず、ネズミ料理を食べることにしている。その肉はあっさりとして食用ガエルやトリ肉に似ているが、カエルのように水っぽくはなく、トリよりは野性味があり、もっとコクがあって精妙である。うまいのは首のうしろ、わき腹、それから四本の足のつけ根の肉。煮てよし、焼いてよし、揚げてよし、炒めてもいい。珍味であり、美味である。奇味であり、魔味である。

この「奇味・魔味」の末尾はすこしだけ笑える。ネズミはうまい、モルモットもいい、リスのパイがすばらしいようだ。ネズミ属の遠い親戚であるコウモリも案外いけるのではないか、それも東南アジアの果物の汁をすすって生きているやつだ。「果たしてリスのパイが先か、コウモリが先になるか。これが目下、仕事のあい間に書斎で耽る空想のテーマになっている」と閉じられていた。あるいは、「幼味・妖味・天味」の一節には、こんなアマゾン河の水の話が語られていた。それは、お汁粉かミルク・コーヒーともつかぬ色で黄濁しているが、掬って飲んでみると、「はんなりと、奇妙にやさしいうまさがある」という。

ところが、この生水を顕微鏡で覗いてみたときには、思わず背筋が寒くなった。言葉を失った。無数の微生物が蠢いていて、それも見るからに凶悪な恰好をしたの、奇妙キテレツなの、トゲ、ツメ、キバ、ハリ、とげとげ、ぎざぎざ——こういうのを全身に鎧ったのが、右へ左へうようよ動いている。

「病菌のソパ（スープ）ですゾ」

驚かされて二度と飲む気が起こらなくなったが、しかしアマゾンの水はうまく、わたしの中で記憶が褪せない理由の一つもここにあると、自分では思っているくらいである。

黄濁したお汁粉色の水だって、この人は飲んでみたくなる。はんなりと、京都風においしい。京都とアマゾンがよじれて、じかに繋がれる。たしかに、京都だってどこか凶悪で奇妙奇天烈なところがある、と妙に納得する。それにしても、人間の舌が感じる美味、うまいという味覚は複雑さと精妙さをそなえていて、ひと筋縄では捉えがたいところがあるらしい。水さえ〈美味礼讃〉の追求対象にしてしまう、小説家の舌と筆の貪欲さに嬉しくなる。

ところで、開高は「奇味・魔味」のネズミに触れたなかで、大谷光瑞の『食』（薄井恭一編訳、春秋社）という本にわずかに言及していた。大谷は伯爵にして浄土真宗本願寺派法主であり、大谷探検隊を組織して西域やインドなどの発掘・調査を行なった人物である。稀代の食通としても知られたが、みずから庖丁を握ったわけではなく、専属の料理人においしい料理や珍しいものを作らせていたらしい。茶目っ気があり、ときにはネズミや蛇のような「異味」の素材を使って調理させ、黙って食卓にのせて、親しい友人や側近を驚かせた、という。

大谷は「異味」の一節で、「形あるもので食べないものはない」と称される中国嶺南の人々の珍奇な料理について語っていた。そこに挙げられている熊掌・鹿肉・犬・蛇・蛙などは、わたし自身も食べたことがあるが、民俗学者ゆえにそんな機会に恵まれるというだけで、食通でもなんでもない。土地の人が食べているものは食べられる、それだけがかけがえのない真実だ。さて、大谷はネズミ料理について、こんなふうに書いていた。

鼠は、私はよく食べた。実にうまい。鼠の凄まじい繁殖率を天然に抑制しているのは、ひとえに鼠がうまいからである。鼠がうまくなかったならば、おそらく他の動物は、わざわざ苦労して、辛抱強く、こんなすばしこい小さな動物をとらえようとはしないだろう。苦労のしがいがあるのは、それが美味だからだ。（略）

一般の人は、なぜこれを食べないのか、私はいつも疑問に思っている。鼠はやや不潔だけれども、それが不潔というならば、鼠以上に不潔なものも人は食べていないわけではない。ただ、一匹の鼠の肉はわずかだから、十匹で一人前の料理になるにすぎない。
本当に美味なのは家鼠ではなく、野鼠の肥えたやつである。その美味なことは、兎のはるか上で、鴨鶉《おうじゅん》に匹敵する「蜜唧《みっそく》」は食べたことがないから、味は説明し難い。嶺南の人と南洋の原住民は、これを食べている。

大谷光瑞その人も食べたことがなかった蜜唧については、「異味」の冒頭に挙げられ、こんな説明が施されていた。すなわち、「最も奇異なのは、まだ眼の開かない鼠の子を蜜に混ぜてこれを食べる。生で食べるのだから、歯でかむとチューという。だから蜜唧といった」と見える。これは食べたことがなかった。知ったかぶりはしない。あるいは、コウモリは「ほとんど鼠と同じ味をしている」という。南洋のイタチほどの身長のあるコウモリをよく食べたが、もっとも美味である。肉を細切れにして、串に刺して焼いて食べる。毎年、ジャワに行くと二、三度はかならず食べる、という。こうした大谷の真っすぐな書き振りに、開高はきっと涎を垂らして、いつか食べてみたいと身悶えしていたにちがいない。

2

邱永漢の『食は広州に在り』(中公文庫、一九七五)の解説のなかで、丸谷才一がこの本や、吉田健一の『舌鼓ところどころ』『私の食物誌』、檀一雄の『檀流クッキング』を傑作として推奨している。そして、それらが高度経済成長期とともに、ようやく戦後の窮乏期が終わり、いわば「飢えの記憶が生ま生ましくて、そのくせやっと腹がすかなくなった時期」に書かれた本であることに、注意を促している。それゆえにか、飢えの向こう側に広がっている豊かな食文化の再発見がめざされている。いたずらに珍味・美味を追いかけるものではない。むしろ、ようやく日本人が飢えから解放された時代に、食を仲立ちとして日本文化の外延や輪郭が再確認されていたのかもしれない。

その意味合いでは、『食は広州に在り』は例外的な著作である。タイトルの通りに、広東料理の発祥地である広州を舞台とした〈美味礼讃〉の書であってみれば、むしろ珍味や美味こそが日常といったところか。およそ世界の料理のなかで、広州ほど食べ物の種類が広範囲に及ぶところはあるまい、という。猫・犬・蛇・鼠のたぐいから田圃の泥にわく源五郎虫にいたるまで、人間の口に入れて害のないものはことごとく食前に供され、料理法も研究し尽くされている。「龍鳳会《ロンフオンウエイ》」と呼ばれる蛇の料理法のなんと凝りに凝ったものであることか。蛇はグロテスクだが、その肉は鶏肉よりやわらかく味もいい。そこに、「蛇の食いどきはなんといっても秋風の立ち始める季節である」といった言葉が、さりげなく置かれる。

あるいは、鮮魚料理のかたわらには、「魚の霊魂がまだ魚身を離れないうちに食べてこそ味がある」と、さりげなく書き留めてある。海が近いくせに淡水魚を珍重し、新鮮味を尊ぶので、ほかの食材はすっかり用意しておいて、池に網をおろして魚を捕ってから料理するのだ、という。かと思えば、広東風の塩魚は、曹白魚という五十センチほどの魚を臓物も出さずに丸のまま塩漬けにして作る。臓物が腐敗し魚肉に伝染し、その発酵臭は鼻をつまみたくなるようなものだが、「慣れてくると一種形容しがたい芳香になる」という。

話は逸れるが、韓国の珍島の沖合いに浮かんでいる島で、そんな強烈な発酵臭のある、たしかエイかサメであったかの料理を食べたことがある。ホンオといい、小泉武夫が『地球怪食紀行』（知恵の森文庫）のなかで「世界一臭いエイ」として紹介している。強烈なアンモニア臭に涙がこぼれるような珍味だ、という。わたしが食べたのは発酵が足りなかったのか、涙が出るほどではなかった。結婚式などで男たちが競いあって食べるという話を聞きながら、このときばかりは飲めないマッコリで胃に流しこんだことを思いだす。

いずれにせよ、たしかに、料理が「生活の芸術」であると信じている人々の、いわば美食三昧の哲学が感じられる。広州の西関《サイクワン》という、富豪の多く集まるところに暮らす、ある美食家のこんな話があった。

家鴨も同じく二十日ぐらいは絶対に運動をさせず、砕米で飼っているうちにアヒルの皮が黄色からしだいに白く変じてくるまで待つ。家鴨の蹼《みずかき》を食べるときには、鉄板を熱くした上に家鴨の大群を追い込む。鉄板の熱さで、家鴨の蹼が充血してきたところで、脚を切っておとし、肉のほうは下僕にくれてやり、自分は蹼のほうだけを食べる。

家鴨の水掻きがどれほどおいしいのかは知らず、酔狂なことよ、と思う。肉の方がうまいに決まっている。こうした贅沢のお蔭で、この人は家産を潰して人の嗤《わら》い者になった、という。しかし、広州ならぬ台湾生まれの邱永漢は、腹のなかへしまい込んでしまえば絶対に大丈夫だ、という思想が中国人には根づいているといい、他人から巻きあげた金は口に運びこんでおいたほうが賢明だ、と考えるのだ。美食もここまで徹底していれば、あっぱれというほかない。

食と性とが交錯する場面が、わずかに姿を覗かせる。たとえば、「人間の場合は野性の女のほうが魅力があるかもしれないが、鶏に関するかぎりは、野鶏といえばすぐ、上海の辻君を連想してしまいますね」といった言葉が、いささか唐突に挿入されている。蛋家《たんか》という水上生活者が船のなかで飼っている鶏は、雛のときから鶏籠のなかで育つので、肉が白くてやわらかいらしい。この「籠の鳥」は野性からは遠い存在だが、それが「上海の辻君」を比喩として招き寄せていることになる。それがどのような娼婦なのかは知らない。

そういえば、飲食に贅を尽くすことを、中国語では酒池肉林という。殷《いん》の紂王《ちゆうおう》が愛妾に溺れて、政事を忘れ、奢侈をきわめた故事による言葉らしい。邱永漢はこれについて、『封神演義』という古典を引いて説明している。池を掘って酒を満たし、そのかたわらに酒粕で山を築いた。その山のうえに樹の枝をさし、豚肉を薄く切って木の葉のようにかけさせた。これが酒池肉林であった。宮女たちに喧嘩をさせて、勝った者には池中の酒をたまわり、負けた者は酒粕のなかに埋めた、という。酒粕に漬けこむ魚や獣の肉の連想であったか。この前段の、蛇蝎《だかつ》の穴に、気に入らぬ宮女を素裸にして投げこんで殺す場面とでは、どちらが残酷か。邱はそれを、「はなはだ悪趣味な想像力」の所産とみなすが、こんなふうに性と食とが交歓を果たす場面であれば、中国史のいたるところに転がっているのではなかったか。

さらに、吉田健一の『私の食物誌』（一九七二）を取りあげてみる。九十編あまりの短い文章が、ほとんどは土地の名前と食材・料理がそっけなく組み合わされて、淡々と書き継がれている。日本で食べられるうまい物を、一回につきひとつについて書く連載であったらしい。この人の〈美味礼讃〉には、なにか身の丈の心地よさがあって、美食家を自称する男たちの子どもっぽい冒険心などとは、およそ無縁である。つねに、みずからの舌で感じ取ったものがあって、そこから言葉がつれづれに紡ぎだされる。

たとえば、「広島の牡蠣」という一節は、「それが今でもこれまで通りに食べられるかどうかに就ては何とも言えない」という一文で始まっていた。むろん、瀬戸内海の汚染が念頭に置かれている。広島の牡蠣を食べていると、「何か海が口の中にある感じがする」と見えるが、それはきっと吉田のなかに幸福な記憶が残っていたのである。いまは、といっても半世紀も昔のことになるが、すでに広島の牡蠣を生で食べることにはためらいがあった。吉田はそれを隠していない。われわれの時代になれば、スーパーの牡蠣でも生食用と調理用は分けられており、広島産の牡蠣を生で食べることはないだろう。仙台あたりの居酒屋では、いまも当たり前に岩牡蠣を食べさせるが、東京育ちのわたしははじめてそれを食べたとき、とろけるようなうまさに驚かされた。カキフライしか知らなかったのである。吉田はそれを、「東京の西洋料理店でいつ死んだのか解らないのを食べる」と退けていた。牡蠣はやはり、生のままが一番うまいのだ、と。

それにしても、食文化をめぐる情報が氾濫している現代からすれば、ここにはとりたてて珍奇な食材や料理が紹介されているわけではない。長浜の鴨・神戸のパンとバタ・飛島の貝・近江の鮒鮨・瀬戸内海のままかり・広島の牡蠣・新潟の筋子・金沢の蟹……と並んでいるが、わたし自身はその半ばも食べたことはない。半世紀前には、この国の庶民はまだローカルな食をめざして旅をするほど豊かではなかった。吉田のあくまで私的な食物誌を読んだ人々は、ほのかに憧れを掻き立てられたのではなかったか。飢えから解放されたばかりの日本人にとって、それは日本文化の外延を知るための得がたい機会であったかもしれない、などと思う。

あるいは、檀一雄の『檀流クッキング』（一九七〇）である。これはタイトルからして明らかだが、作家・檀一雄その人の、いわばきわめて実践的なクッキング・ノートなのである。檀は母が出奔したために、九歳のときから家族の料理人になった。買いだしに出かけ、いっさいの料理をせざるをえなかったのだ。檀はいう、「この地上で、私は買い出しほど、好きな仕事はない。（略）日本中はおろか、ひょっとしたら世界中の市場を買い漁ってまわっているようなものかもわからない」と。そして、檀の旅行癖や放浪は、買いだし愛好と重大な関係があるし、「朝鮮人とくらし、中国人とくらし、ロシア人とくらし、食べ、料理し、見習い、食べ、料理し、うろつき、生涯を過ごしてきたようなものである」と書いている。この『檀流クッキング』には、その体験のほんの一端が披露されている。檀はたしかに、いわゆる美食家や食通の趣味人ではなかった。だから、檀の食をめぐる本には、むろん貪欲ではあるが、不思議なほどに気張ったところがなく、あくまで放浪のさなかのスケッチ集の趣きがある。

たとえば、はじまりの一節「カツオのたたき」にはあらためて、以下のように断り書きがなされていた。

しばらくの間、私が皆さんに、食べ物の話、そのつくり方、その食べ方を手ほどきすることになった。

ご承知の通り、私は、料理の専門家でもなく、庖丁さばきの大家でもなく、ただ十歳のころから、ヤミクモに、自分の食べるものは、自分でつくって、食べてきたという、男である。

おまけに、生来の放浪癖も手伝って、日本中のここかしこを、ウロウロとあてもなくうろつきまわり、土地土地のさまざまな魚貝類や、野菜や、海草の食べ方を、見よう見まね、その土地土地の流儀で、つくっては、食べてきたものだ。

（略）だから、私は、広く、まんべんなく、世界のさまざまの料理を、みなさんと一緒につくってみたり、味わってみたりしたい。ただしなるべく、材料が、安くて、豊富で、だれでも食べられる、愉快な食べ物を心がけてみたいものである。


まさに、そのままなのだ。難解な、煙に巻くようなウンチク話はひとつもない。カツオのたたきについては、「皮のまま、カツオに、金串を二本縦に刺し通して、ワラを焼き、カツオの表面をサッとあぶって霜降りにさせ、薄く塩を塗りつける」に始まり、「塩をしたら、長いまま、レモン、醤油、ネギ、サンショウの葉、ニンニク、青ジソ、ダイコンおろし、なんでも、まぶしつけて、パタパタ叩いたあげく、三センチぐらいの厚さにブッタ切る。繊細は性分に合わないからだ」と結ばれている。どこどこで食べたカツオのたたきが絶品だった、というたぐいの秘密めかした自慢話だけは、かけらもない。訪れた土地での、偶然の出会いが教えてくれた、その土地ならではの作法に学びつつ、あくまで檀流に咀嚼された料理の仕方や食べ方が、ざっくり語られているのである。

『檀流クッキング』の中公文庫版の解説は、荻昌弘が書いている。荻によれば、この日本では、「食」の欲望や感覚に思いをひそめ、料理をおこない、子孫に語り伝えることは、すべて女性の固定的な役割とされ、男がそれに参加することを「恥」とする愚かな思考に縛られてきた。だからこそ、この本がもたらした重要な成果としては、「みずから食い味わうものをみずから「つくる」ことには女も男もないのだ、それをかんがえ、工夫し、語ることは、男にも「恥」などでないことは勿論、当然として誇るべき人間作業なのだ、という正論を堂々と市民権としてみとめさせた」ことが挙げられる、という。たぶん、この解説が書かれたのは一九七五年であり、こうした「正論」があえて声高に語られるべき時代だったのである。いまでは、さすがに男が厨房に入ることを「恥」とするような思考は遠ざかり、逆に、「誇るべき人間作業」として言挙げされることもないのではないか。

大切な指摘ではあるが、きっと檀自身にはそんな執筆意図はなかったにちがいない。九歳の少年はただ、母が家出というかたちで去ってしまい、父は一度も飯を炊いたり、おかずを作ったりしたことがない男であったために、いやおうなしにその役割を引き受けたにすぎなかった。檀の言葉によれば、「食うために、私が一切買い出し、私が一切、料理をやる以外になかった」のである。ここでは、食べる男と料理する男が分離せずに、ひとつの存在となって食卓の演出家であったわけだ。興味深いことには、この家族は父と一雄少年、そして、まだ小学校にもあがらぬ三人の妹から構成されていたらしい。家族の食卓においては、料理する母だけが「作る人」で、娘たちがその手伝いをして、ほかの男たちがこぞって「食べる人」であった、そんな懐かしき昭和という時代に、十歳にも満たぬ少年が「作る人」になったのだ。ともあれ、『檀流クッキング』はとても魅力的な本である。

3

そういえば、開高健が『巷の美食家』（二〇〇五、ハルキ文庫版）のなかで、自分が食べたどん底の食べ物について語っていた。

朝鮮の人といっしょに食べた〝セキフェ〟と呼ぶものである。これはスゴかった。なにかというと、豚の子宮である。豚を解体するときには子宮をそっとつぶさないようにしてとりだす。子宮のなかには羊水が入っているから、ちょうど氷のうをとりだすような光景だろうと思う。とりだした子宮を羊水もろともミジンにきざむのである。それをガバガバと丼鉢にしゃくって飲む。子宮などはホルモン料理屋へいけばざらにあっていっこうにおどろかないけれど、目のまえにだされた丼鉢のなかによどんでいる水が生《なま》の羊水だと聞かされたときには、いささか動揺した。

（「ピンからキリまで」）

もはや美味の追求であるよりは、ふつうの人が喰わないゲテモノをあえて食することを競いあう、いわばチキンゲームにしか見えない。これに続けて、さらにグロテスクの度合いを高めた本格的なセキフェについて、「朝鮮料理の王様」と称して紹介されているが、エログロの極みであった。珍奇な料理を探し求めてゆけば、ついにたどり着かざるをえない珍味・奇味・魔味のたぐいだろう。その先には人肉嗜食《カニバリズム》が見えてくるはずだが、いまだ、うまく距離が取れない。

開高の同じ本のなかには、「食談はポルノという説」と題した短いエッセイが収められている。開高によれば、新聞・雑誌・ラジオ・TV、あらゆる媒体で食談が大流行しているが、「小生の見るところではそれらの十のうち九・五まではダメである」という。それらは退屈な結婚式のスピーチに似ている。だから、開高はいうのだ、「食談は食欲のためのポルノである」と。ポルノもさまざまだが、「大人の童話」であるという本質は共通し、不変であるように思われる、とも指摘されている。朝鮮のセキフェについての記述など、わたしの感覚では十分にポルノグラフィ的な食談だと思われるが、「大人の童話」としては楽しめない。すくなくとも、おいしいという味覚だけは喚起されない。開高の感覚からすれば、ほとんどの巷の食談は退屈すぎて「大人の童話」の域には届いていない。性のためのポルノも、食のためのポルノも、退屈や諦観を蹴散らすような凄みがあってしかるべきだ、そう、開高は考えていたにちがいない。しかし、美食の追求には冷淡であるからか、わたしはそれを食べたいとは思わない。

たとえば、美食をめぐる食談のはてには、怠惰なポルノが待ち受けているのかもしれない。ここで思いだすのは、谷崎潤一郎の「美食倶楽部」という短編小説である。谷崎はここで、美食のはてにたどり着く食卓の情景をよく見切っていたのではなかったか。

美食倶楽部はそもそも、たった五人の会員しかいない。かれらが美食を好むことは、女色を好むのにも譲らなかった。みな怠け者ぞろいで、賭博を打つか、女を買うか、うまいものを食うことのほかには、仕事をもたなかった。なにか変わった珍しい食味にありつくことが、美しい女を見つけだすのと同じように、かれらの誇りとも得意ともするところだった。そうした食味を創りだす天才のコックがいれば、一流の美妓を独占するに足る金を出しても料理番に雇うかもしれなかった。かれらは料理とは芸術の一種であり、詩や音楽や絵画よりも、芸術的な効果がすぐれていると感じていた。美食に飽満すると、まるで素晴らしい管弦楽を聞くような興奮と陶酔を覚えて、そのまま魂が天へ昇ってゆくような気持ちになった。美食があたえる快楽には、肉の喜びばかりでなく霊の喜びが含まれていると信じていた。

スッポンが喰いたさにわざわざ夜汽車に揺られて、京都へ行って、あくる日の晩にはスッポンのスープが詰めこまれた大きな腹を、心地よく夜汽車に揺らしながら、また東京へと戻ってきた。やがて、かれらの舌は平凡な美食には麻痺して、なにを舐めても啜っても、予期するような興奮も感激も得られなくなった。なにかしら素敵な美味を発見して、会員たちをあっといわせようと、しきりに東京中のあらゆる食物《くいもの》屋を漁りまわった。もはや、どうしても偉いコックを捜しだして、新しい食物を創造するよりほかなくなった。

だれよりも財力と無駄な時間をもっていたのは、G伯爵だった。大谷光瑞あたりがモデルであったか、と根拠もなしに思う。伯爵の頭には、「料理の音楽、料理のオーケストラ」という言葉がいつだって往来していた。それを味わうことによって、「肉体が蕩《とろ》け、魂が天へ昇り得るような料理」、それを聞くと人が踊り舞い、狂い死《じに》してしまう音楽にも似て、喰えば喰うほどにたまらない美味が湧き、舌にもつれて、ついには「胃袋が破裂してしまうまで喰わずにはいられないような料理」を夢想した。それをなんとかして創造することができれば、立派な芸術家になれるのだが、と思った。空想力の強い伯爵の頭のなかには、料理に関する荒唐無稽な空想がしきりに、浮かんでは消えた。寝ても覚めても食物の夢ばかりを見た。伯爵はある晩、浙江会館という看板に誘われて、秘密の食卓でくり広げられていた「驚くべき味覚の芸術」の光景を、阿片喫茶室の穴から覗き見ることになった。それから、伯爵はついに、みずからの主宰で美食の会を催したのである。

伯爵による「美食の魔術」を前にして、会員たちはあらゆる官能を用いてはじめて、それらの料理を完全に味わうことができた。ただ舌をもって美食を味わうばかりでなく、眼や鼻や耳をもって、あるいは肌膚《はだ》をもって味わわなければならなかった。全身を舌にすることを求められたのである。第一夜の散会のあいさつで、G伯爵はこう述べている。われわれはすでに、たんに舌のみをもって味わう美食というものを味わい尽くしている。われわれの味覚をさらに満足させるためには、料理の範囲を広げるとともに、これを享受するわれわれ自身の官能の種類をも、できるだけ多種多様にしなければならない、と。

第二夜の饗宴において、もっとも奇抜な料理の名前は「高麗女肉《こうらいじょにく》」であった。支那料理にもありえない珍しい名前だが、支那風にいえば、女肉の天ぷらであったか。

さてその料理は皿に盛ってあるのでもなく、碗に湛えられてあるのでもない。それは一枚の素敵に大きな、ぽっぽっと湯気の立ち昇るタオルに包まれて、三人のボーイに恭しく担がれながら、食卓の中央へと運び込まれる。タオルの中には支那風の仙女の装いをした一人の美姫が、華やかに笑いながら横わっているのである。彼女の全身に纏わっている神々しい羅陵《らりょう》の衣は、一見すると精巧な白地の緞子《どんす》かと思われるけれど、実はそれが悉く天ぷらのころもから出来上っている。そうしてこの料理の場合には、会員たちはたゞ女肉の外に附いている衣だけを味わうのである。

美食倶楽部につどう、食べる男たちの淫らな妄想・綺想のはてに現われたものが、これであったか。魚貝の女体盛りならぬ、女肉の天ぷら。食べられるのは裸の女の肌膚にまつわりつく、天ぷらの衣だけであったとは。この貧しいポルノグラフィの成れのはてを、じっくりと見届けておくのがいい。結びの数行では、谷崎自身かと思《おぼ》しき「作者」が顔を覗かせ、美食倶楽部のフィナーレを冷ややかに予告している。すなわち、近頃では、かれらはもはや美食を味わうでも食うでもなく、たんに狂っているのだとしか見えない、気が狂うか病死するか、かれらの運命はいずれ遠からず決着することと信じている、と。どうやら、美食の末路がポルノグラフィに帰着することは、例外がないのかもしれない。

皮を剥くとき、狩りがはじまる

1

あらためて、食べる女たちの〈美味礼讃〉に眼を凝らしてみようか。こちらはいかにもあっけらかんと珍奇な料理に背を向けているし、競いあう素振りも見られない。それ自体が男たちの食の欲望への、どこか突き放した批評のようにも感じられる。もはや、ここには〈美味礼讃〉という看板が存在しないのである。食べる女は性食の現場へと足を踏みこんでゆくかに見えて、しなやかに、したたかに逸れてゆく。どうやら、女たちの食談義にはポルノグラフィは添え物でしかない。すくなくとも、男たちの食談義があられもなく、また避けがたく、いまだ見ぬ性食のポルノグラフィへの欲望にまみれていることとは対照的であったか、と思う。

だから、佐野洋子の『食べちゃいたい』(ちくま文庫)などは、ポルノグラフィの擬態をたっぷり身にまといながら、その逸らしもてあそぶ書きっぷりに、やられる。文庫版の挿画など、もろに裸の男と女が抱きあい接吻する線描画であるが、表紙の裏側を確認すると佐野自身によるものであった。確信犯なのである。表紙では、その線描を桃色一色の下地のうえに乗せて、白抜きの「食べちゃいたい」というタイトルが添えられている。本編のそこかしこに配された、やはり線で描かれた裸の女たち・男たちの挿画もまた、佐野自身の作品であった。

目次を眺めてみる。そこには「ねぎ」「れんこん」「だいこん」「山芋」「じゃがいも」……と、そっけなく食材の野菜や果物が並んでいて、中身を想像することはとうてい不可能だ。たとえば、つれづれに拾い読みをしているうちに、こんな箇所に出会ったとする。すなわち、「赤紫の薄い皮で黄色い湯気の立つ私を二つに割って、目をぎらつかせて一人でこっそり私を食べた主人はどこへ行ったのでしょう。まだ少年だったあの人に食欲も性欲もなかったのです」とある。この「私」とはいったいだれか。さつまいもである。

それでは、以下の一節はどうか。

男はエレベーターの中で私を壁に押しつけ、私の唇にむしゃぶりついて来た。あーあーあー、知らないから。私は男が洗練されていないと言っているんじゃないわ。私のだ液と男のだ液が混ざる。舌を私の唇の上に唇の下に大急ぎで這い回らせたあと、男は私の顔を自分の首すじに押しつけた。知らないわ。私はペロリと舌で男の首を舐めてやった。エレベーターが止まった。

男は急いで手の甲で自分の唇をぬぐった。あー、あー、あー。ホテルの廊下で男は手の甲をがりがり引っかいた。鍵を回しながら首を引っかき始めた。「かゆい、かゆい」と男は言いながら、背広を脱いで、ネクタイを外した。寝るどころじゃないわね。

ここでの「私」は山芋だった。痒いはずだ。このショートショート集では、食べられる「私」や「僕」は野菜か果物である。男と山芋の関係はとても微妙なもので、食べられる山芋の悪意なき抵抗のようにも読める。いや、焦りは禁物よ、とでもからかっているのか。ともあれ、食べられる野菜や果物による一人称で話が転がってゆくのが、ユーモアを誘う。次の話も主人公は「私」である。

男はトランクからアーミーナイフを取り出すと、私をくるくる剥き出した。「柿は少し熟し過ぎのほうが俺好きなんだよ」男は私を四つ切りにすると、溶けかかった私の四分の一からたれている汁に指をべとつかせてひと口で舌の上で潰した。カルマってあるんだわ。もう四分の一を男は掴んだ。歯と舌が近づいて来る。何だかとっても幸せで安らかな感じ。至福ってあるのかしら。

こちらでは、皮を剥かれて四つ切りにされた柿は、食べられることを幸せで安らかなものに感じている。思えば、これは食べられる果物がもし意識と言葉を持っていたならば、という、いわば擬人法の遊びなのである。この『食べちゃいたい』と題されたショートショート集は、あきらかに食材としての動物を周到にも避けていた。動物はひとたび殺すことなしには、いわば命のやり取りをくぐらずには食材とならない。それが回避されていたのだ。ベジタリアンの心象風景のスケッチ集とでもいってみようか。

2

さて、次に取りあげるのは、千早茜の『わるい食べもの』（集英社）である。はじまりに置かれていたのは、「「おいしい」には裏がある」という言葉であった。食べ物について語るとき、「おいしい」だけでは不十分であり、そもそも「きれいな食事」だけでできているわけではない。食べることには、幸福やトラウマや失敗や恐怖や悲しみや罪悪感がまとわりついている。

二歳になる前の記憶のかけらだ、という。保育園の先生に向かって、その突きつけられるプラスチックのスプーンから顔を背けながら、「いや！」と叫んだ。食べさせられるのが嫌だった。自分で食べたかった。よく庭の隅に逃げて、飼われていた山羊を眺めた。山羊はのたのたと草を食《は》んでいたが、それがおいしそうに見えた。ちぎって口に運んだ。鼻のなかに草がいっぱい詰まっていた。このときの「いや！」が、もっとも古い食べ物の記憶であったから、「私の食は嫌いからはじまっている」という。思えば、食べることは身体のうちに外のもの＝異物を受け入れることであり、幼い女の子はその原初の情景において、自我の芽生えを体験していたのである。大人になった著者は、みずから選択するときには「甘さも苦さも自由の味で」あり、「その味を追いかけることが心底楽しい」と感じるようになった。

この『わるい食べもの』という本には、食べることをめぐって紡がれた固有の体験と思索が詰まっている。親知らずを抜いたあとに、一週間ぶりの固形物を食べたとき、この人は「歯を使って食べることは、食べものを打ち負かし支配することだ」と考える。食べることは征服欲だ、ともいう。異物を受け入れるか、拒むか。それを歯で噛みしだいて、喉から胃袋へと飲みこまねばならない。千早茜という人の食をめぐる感覚やモラルは信頼できる。たとえば、からだのなかに「生き物を入れるのは恐ろしい」という。突飛な物言いに聞こえるかもしれないが、そうではない。卵について。それは「神秘的な生き物」である、という。幼いころには、卵はかえるものだと思っていた。魚卵は透けて見えるから平気だった。生卵はだめだった。半熟卵も信用できない。

要するに、卵を確実に殺して欲しかった。殻を破り、白身と黄身をかき混ぜて、熱を加えて凝固させてしまえば、卵の中に宿ったなにかは死ぬと思っていた。半熟ではまだ息があるかもしれないと疑った。

卵の本態に届いている言葉だと感じる。いくらか唐突ではあるが、わたしは実は、『ぐりとぐら』の卵を食材とするカステラ作りに、ある胡散臭さを拭えずにきた。たくさんの異種の動物たちが囲む森の食卓での共食には、殺した動物の死骸で作った料理はふさわしくない。卵は窮余の策であった。どんな巨きな生き物の卵だったのか。それはまだ姿とかたちを獲得していない、半分だけの生き物であり、それゆえに、かろうじて生き物を殺すという原罪を回避できる。かつて日本人は鶏を飼っても、卵は取るが、潰してその肉を喰らうことはしなかった。鶏卵は生き物未満にすぎないと宙吊りにすることで、殺生の罪を逃れてきたのである。卵は確実に殺してからでなければ、食べられない、という物言いはすっきり筋が通っている。食べることとは、他者を殺して、歯で噛みしだき、体内に摂りこむことであるという厳粛な事実をなかったことにはできない、なかったことにはしたくない。そうした感覚はくりかえすが、まっとうであり、ささやかに信頼できるものだ。「自分には屠《はふ》ることに傷つく権利などない」といった言葉が、絶妙に生きている。

むろん、男と女という古風な二分法に身を委ねるつもりはない。とはいえ、男の作家たちの食をめぐる省察エッセイには、この『わるい食べもの』にさりげなく散見されるような、いのちの根源からの食感覚といったものは見いだされない。そんなことにこだわり執着するのは、男らしくないとでも言いたげに、問いとしてスルーされるのがつねだ。ここでは、新しい問いが次々に発見されている。たとえば、尾道の神社で対面した、まるで森のような巨大な楠に「ちっぽけな私というものが食われた」ように感じて、「食われることは、あんがい清々しいものなのかもしれない」と書いている。食べる女の言葉は鮮度がいい。この人は日記に、よく食べた物について書くらしい。「なにを見て、なにを食べ、なにを思ったか。その日、確かに存在している自分を記録しておく。味覚も感覚も変わっていってしまうから」と見える。偶然の所産ではない。

それにしても、食への欲望の方位そのものが、たとえば開高健のような珍奇な味覚に惹き寄せられる美食探検家とは、まるで異なっている。この人はむしろ引き籠もりがちであることを隠さず、未知なる美味を求めて徘徊することからは遠い存在だ。それでいて、暴食のときがやって来ると、馬鹿みたいに食べる、ひたすら食べつづける。食べ物が毒に変わる、それこそが暴食の醍醐味だ、という。たいてい、それは精神状態が悪いときだ。

好きなものをひたすら食べる。いわゆる美食家ではない。そして、「私は甘いものがなくては生きていけない。正直、仕事にならない。集中力も切れる。いつでもどこでも甘いものと一緒にいたい」などと公言してはばからない。チョコレートが好きだ。チョコレートは特別な食べ物で、あんなにも心をときめかす食べ物はない。チョコレートなしには生きられない、文章が書けない。お酒、お茶、菓子などの嗜好品を愛するが、それは「魂のための食べもの」であり、なかでもチョコレートこそはその王様であって、「美味の結晶であり、自由の象徴だ」という。

あるいは、「果物を狩るけもの」という一節は、とりわけ魅力的である。果物を食べるという行為は、皮を剥くことからはじまるが、それは「狩り」そのものだ。「果物を食べるとき、私は野生動物になる。生餌《いきえ》しか食べない飼い慣らされていない動物だ。自らの手で皮を裂き、匂いを嗅ぎ、滴る汁をすすりたい」という。

果物は剥くときが一番香る。包まれていたものが一気に散らばる。水気をふくんで輝く断面からは甘い汁がにじみだす。剥かれた果物は宝石の内臓のようだと思う。香気の中で、手と口を汚しながら一心に食べると恍惚とした気分になる。食べ終えたあと、皿に残った皮が黒ずみ、張りをなくし、だんだんと劣化していくのを眺めて充足感を得る。

同じ果物でも、透明の容器に入って冷蔵庫に並ぶカットフルーツはもう果物ではない。誰かの手（もしくは機械）によって剥かれ、切り刻まれ、時間が経過したそれらは、言い方は悪いが私にとっては死体だ。（略）野生動物と化している私は屍肉は食べない。食べられない。「はい、フルーツ好きだよね」と差しだされた死体の、乾いた切断面を見つめて、違う食べものとして口に運ぶ。そこに果物を食べる高揚感はない。

この人はベジタリアンではない。野生動物となって果物を狩る。すこしだけわかる。思春期のころに、まさに野生の獣のように果物をむしゃぶり食べたことを思いだす。「生の果物は自分の手で屠りたい」という表現にも、そそられる。あるいは、「他人の剥いた果物を食べている人の姿は、私の目には無防備に映る。そこに信頼関係があれば、甘美さもただよう」といった言葉にも惹かれる。はるか昔のことだが、まだ若かったころ、山形のひなびた湯治場の宿に、缶詰めになって本を書いてみたいと泊まっていたとき、一人のおばあちゃんが部屋を訪ねてきた。彼女が剥いてくれるラ・フランスをきりもなく頬張りながら、いつしか、その人の遠い日の初恋の話に耳を傾けていた。はじめて会ったばかりだった。きっかけは、「いまの旦那さんの前に、好きな人がいたんですね」という、わたしがふと洩らした呟きの言葉だった。その人はいつまでも、ぽろぽろと涙を流しながら語りつづけた。とても甘美な時間だった。その人も、わたしも、まったく無防備であったことだけは、確実だ。

熊の毛皮を剥ぐことと、ラ・フランスの皮を剥くことのあいだには、思えば、どれほどの隔たりが存在するのだろうか。果物を狩るという言葉に触れて、わたしは新たな問いへの扉がかすかに開かれたように感じた。先ほどの引用箇所に立ち返ってみる。そこはかとなくエロティックな情緒が漂っている。果物の皮を剥く、果物を屠る、という。そこにはたしかに、食べることの根源に横たえられたいのちのやり取りの影が、濃《こま》やかに射している。そういえば、少年にとって「皮を剝く」ことが、ある痛みをともなう通過儀礼の一環であることを言い添えておきたくなった。

さて、最終節は「食べちゃいたい」と題されていた。千早はそこに呟くように、この連載には色気がない、「性愛めいた話」がまるでない、と書いている。それに続けて、「これが小説ならば、食に絡めた性的なシーンを書くことは多々ある。それなのにエッセイになった瞬間、ただただ好きなものを暴食しているだけでエロスの片鱗すら感じられない」と見える。興味深い言及ではなかったか。わたしはむしろ、あらわにポルノグラフィの擬態を演じるよりも、果物の皮を剝く＝屠ることに触れた、まさにいのちの根っこに繋がる場面に「エロスの片鱗」を見てとった。それが果物であれ獣であれ、人であれ、皮を剝いたり剝ぐ行為は、いやおうなしにエロティックな象徴性を帯びずにはいない。鯨井知佐登の『表皮の社会史考』（辺境社）という本などに、豊かな導きが示されているにちがいない。

それにしても、筒井ともみの『食べる女』が短編小説集であったことを思う。だから、そこには性食の情景がむきだしに描かれたのかもしれない。エッセイであれば、逆に、身近な人たちや彼らと交わす現実が素材となるために、自由奔放にエロティックに振る舞うことはむずかしい。それでいて、エッセイは思索を深めるための表現の形式としては、小説より寛容でありうるのかもしれないとも感じている。千早茜の『わるい食べもの』というエッセイ集には、未知なる問いがそこかしこに散りばめられており、思いがけぬ刺激を受けた。

3

それにしても、『わるい食べもの』の著者は食いしん坊だといわれるし、それを自覚している。まさに食べる女だ。また、料理が好きだし、チョコレートなどの菓子が好物である。それで、「家庭的でいい」とか「女の子っぽい」とか、二十代のころにはよくラベリングされた。それがうるさかった。「自分がおいしいものを食べたいから料理をしているわけで、作ってあげたいとは言っていない」と、念を押す。いわば、食べる男のために作る女という役割を引き受けたり、演じているわけではない。そもそも夫はプロの料理人である。家中に食べ物に関する本があふれている。この人はいわば、作る女にして食べる女なのである。

タイトルに惹かれて、ゆざきさかおみの『作りたい女と食べたい女』（KADOKAWA）というマンガを読んでみた。作者の性別は知らない。食べる場面ばかりのマンガである。作る女／食べる男という、レトロな二項対立の構図が崩れてゆく現場で、現在進行形の出来事が楽しそうに描かれている。この構図からはずれた二人の女が偶然に出会うところから、作りたい女／食べたい女という、意外性のあるカップルが出現するのだ。作る女／食べる男という構図の綻びから転がり落ちた、たとえばヴァリエーションのように誤解されるかもしれないが、おそらく違う。食べる男が欠けているから、その代理物のように食べたい女が招喚されているわけではない。巨大なバケツプリンをいっしょに完食してくれる男など、いるはずはない。

主人公は二人の女である。その一人は作る女であるが、食が細いために、思う存分料理を作って、にぎやかに食卓に並べるといったことが許されていない。だれかが自分の作った物を食べてくれたらなあ、とは思う。ただ、それがすべて「男のため」に回収されるのは、つらいと感じている。そこに現われたのが、いま一人の、大喰いを持てあましている、豪快に食べ尽くす女である。全身で「おいしい」と食べてくれた。作る女はひそかに、ふわふわの大きなカステラを作って、集まってきた動物たちに振る舞うのが夢だった。むろん『ぐりとぐら』だ。だから、ずっと探していた、いっしょにお鍋を空っぽにしてくれる人を。それがいま、眼の前に現われた。わたしは一人の女性を想う。あるとき、どこか島を舞台にした大学のゼミ旅行に、豪快に大飯を喰らう女子学生が参加していた。あんまり食べっぷりがかっこよくて、朝から晩まで食べつづけるので、恥ずかしがりだけど人気者だった。たしかフェンシング部で活躍していた、その彼女のことを思いださずにはいられない。

どちらも独り身であった。そこに、ほんの偶然の出会いから、たがいを補完しあうように、作りたい女／食べたい女という新しい構図が生まれてきた。そういえば、千早茜という作家は、それを一人二役で実践しているようなものかもしれない、と唐突に思いついた。

その後景には、食卓と家族をめぐる葛藤と、そこからの逃避というテーマが見え隠れしている。食べたい女はずっと実家には帰っていない。実家の食卓では、「不出来なものや小さいものは　母や私の分で　父や長男だけ　おかずが多い」といった、いわば絵に描いたような保守的な家庭だった。それが帰らない理由だと、食べたい女はいう。食をめぐって、なぜ家族のなかに序列があるのか、差がつけられるのか。いつも腹を空かせていた。おいしい物を、隠れて、惨めな気持ちで食べねばならなかった。そんなことに疑いを持つようになった。家を出てからは、これまでの分を取り返すように食べた。それがいま、「食べたい」を受け入れてくれる人に出会って、ずいぶん楽になった。作りたい女にとっても、ただ「作りたい」を真っすぐに受け入れてもらえて、嬉しかった。「家庭的でいい」とか、「男のため」とか言われてきたが、もうたくさんだと感じていたのだ。

食べたい女は、ついに、「その家には　一生戻らない」と決めた。父が押しつけてくる「家族」では、わたしは「家」の一部になる。「家のなにか」ではなくて、「私」でいたい、と思う。第三巻の途中から、もう一人、食べることが苦手な女が登場してくる。「食べたくない女」であったか。彼女も家族のなかで、食べることに傷つきながら、家を出ていた。家族が取り結ぶ共食の現場は、それゆえに家族が無意識に傷つけあうジェンダーの戦いの現場ともなるのかもしれない。食卓という場所が家族のみならず、あらゆる権力関係の結ぼれや綻びの現場であることを、この『作りたい女と食べたい女』というマンガはやわらかく浮かびあがらせる。

いずれであれ、食卓に張りめぐらされた家父長制的な権威と権力といったものが、ここには可視化されていた。思えばそれは、男たちの食談義ではほとんど触れられないことではなかったか。自明にすぎて、逆に見えにくい権力関係であり、男たちがそれとして意識化することには、特有の困難がともなうはずだ。作る女はそっと、「不出来なものや小さいもの」を自分の皿に取り分けて、男たちの皿ににぎわいを盛りつける。そんなさりげない配慮を怠らないことは、当たり前にも感じられるが、そこに権力の影が射しかかれば、その意味は一変する。

はるか遠い日の、わが家の貧しい食卓では、生卵がひとつ、父親の前にだけ添えられてあった。

父のささやかな特権であった。それはきっと、もっとも幼なかったわたしだけが記憶している、食卓の情景である。食べ盛りの兄たちが支配する食卓は、まさしく弱肉強食のちまたであり、わたしはその末席にあきらかな弱者として参列していたのだった。想像してみることしかできないが、食卓で傷ついた女たちは、そこでこうむった微細なトラウマに敏感であり、忘れないのではないか。

わたしはふと、昔話の「喰わず女房」を思いだす。それは、食べないで働く女房を欲しがる男のもとに嫁に来た女が、食べない女という擬態を演じながら、ついに破綻して大喰らいの本性をさらす、女の、山姥の物語であった。かつての民俗社会では、食べたい女は忌避されるべき存在であった。貧しい家の経済を揺るがしかねない、危険な存在であったからだ。いずれ、「喰わず女房」を権力とジェンダーの視点から読み解いてみたい、と考えている。

野蛮と憂愁に暮れなずんで

1

それにしても、石牟礼道子の『食べごしらえ おままごと』（中公文庫）という本は、男たちの美食探険本に向けての痛烈な揶揄を含んでいたのではなかったか。その冒頭に置かれた文章に、まず触れておく。

美食を言いたてるものではないと思う。
考えてみると、人間ほどの悪食はいない。
食生活にかぎらず、文化というものは、
野蛮さの仮面にすぎないことも多くある。
だからわたしは宮沢賢治の、
「一日ニ玄米四合ト味噌ト少シノ野菜ヲ食べ」

というのを理想としたい。
もっとも米は一合半にして、野菜と海藻と
チリメンジャコを少し加える。
食べることには憂愁が伴う。
猫が青草を噛んで、もどすときのように。

この、美食を言いたてるものではない、という物言いが何を念頭に置いていたのかは、とりあえず定かではない。しかし、それを追撃するかのように「悪食」という言葉が招喚されて、文化が「野蛮さの仮面」にすぎないことも多くあると言い募られてみれば、その念頭に、たとえば開高健あたりが浮かべられていたとしても不思議ではない。あえてする悪食や野蛮こそが、無邪気でヤンチャな美食探険家の真骨頂であったと思われるからだ。個人的な思い出を挟んでみる。たしか、小学四年生であったか。学校帰り、一人の友達の家の庭先で起こった出来事をよく覚えている。わたしたちは給食の残りの食パンを取りだし、足元の黒い土をまるでジャムでも塗るかのようにまぶしてから、いっせいに頬張ったのだ。前後の記憶はまったく消え失せている。得意満面だったことだけは、忘れない。少年たちはきっと悪食を競い合ったのである。

そのあとには、宮沢賢治の名前と、「雨ニモ負ケズ」の一節が呼び返されている。原文では「野菜ヲタベ」であった。そこに賢治その人の意識せざる、食べることへの逡巡を見るのは、さすがに深読みにすぎるか。賢治的な粗食にたいして、石牟礼はそっとチリメンジャコという留保を付け加える。それが、「イワシ類の稚魚を煮干しにしたもの」(『広辞苑』)であってみれば、こころが騒ぐ。菜食主義者の賢治ははたして、チリメンジャコを許容したか。さらに厄介なことには、賢治という人はベジタリアンの美食家という一面もあったはずで、ひと筋縄ではいかない。すくなくとも、たんなる禁欲的な粗食の人ではなかった。たぶん、チリメンジャコは食べなかったはずだ。

それにしても、「食べることには憂愁が伴う」という一文には、こころ惹かれる響きがある。そして、そこには、「猫が青草を噛んで、もどすときのように」という言葉が言い添えられてあったのだ。「山の精」の一節に、こんな猫に触れた箇所がある。すなわち、「ご近所を荒らしまわっている猫が、苦しげに草をもどしている姿をみて、あれは鼠退治用の〝猫いらず〟をご馳走になってしまったにちがいなく、毒消しのために草を食べているのだと、親たちが言っていた」と。そして、行を改めて、「わたしが野草を好むのも、わが身の毒をもどすためだろうか」と書いているのだ。この発想が異様なものに感じられるのは、わたしだけか。すくなくとも、わたしは「わが身の毒をもどす」だなんて、逆立ちしても思いつかないことだけは、否定しようがない。

食べることをめぐっての野蛮と憂愁には、なんとも胸を突かれる。そういえば、辺見庸の『もの食う人びと』(角川文庫)の一節にも、野草が姿を顕わしていた。

泥だらけの私をしりめに、老人が野の草を引き抜きはじめた。
アザミみたいな花をつけた草。ドゥヤンドゥヤンというのだそうだ。
「連中(残留日本兵)はこの草とあの肉を一緒に煮とったよ」

言いながらドゥヤンドゥヤンの花をむしっている。泥道に、血のように鮮やかな朱色の点が散らばった。

茎を私はかじってみた。

最初にヨモギに似た淡い香り。次に強烈な青臭さで、つばきがドット湧いてきた。

においは消しに使ったのかなと私は思った。

残留日本兵がドゥヤンドゥヤンの草と一緒に煮て喰ったのは、ミンダナオ島に暮らす人々の人肉である。毒消しではなく、臭い消しというのが、乾いていて凄い。言葉を失う。肉のうまみを引き出すためにこそ、野草は必要とされたのではなかったか。「母も妹も食われました」「私の祖父も日本兵に食われてしまいました」「棒に豚のようにくくりつけられて連れていかれ、食べられてしまいました」、……そう、村人たちは口々に、押し殺した静かな声で言ったのだ。この村とその周辺だけで三十八人が殺されて、その多くが「食われた」。残留日本兵による「組織的食人行為」。敗戦から数年後のことだ。

食をめぐる野蛮と憂愁へと、ゆるやかに歩を進めようと思う。

さて、『食べごしらえ おままごと』に描かれた食の風景に眼を凝らしてみたい。あらかじめ書いておくが、畑で野菜を作ることとも、野原で草を摘むことども、まるで無縁な人生を送ってきたわたしは、『食べごしらえ おままごと』にかすかな憧れを感じることはあっても、懐かしさを感じることはない。それでも、この書を読んでいると、野の草摘みと畑の野菜作りとが、思いがけず精神的な連続性を秘めているのかもしれないなどと、唐突に思う瞬間がある。「草餅」と題された一節には、「思えば歳時記風の行事を、とりわけ大切にする家だった。行事ごとに蓬を中心に、なんらかの野草をまじえた食物を神仏に供えた」と見える。だからこそ、この本の隠れた主役は野の草なのである。

仏壇に供える。父は季節の初もの、ことに野の草を大切に扱って、家族らに食べさせた。それはほとんど儀式だった。ことに七草粥のときは、がんぜない子たちを前にすえて、必ず一場の訓辞をしたものだった。飢饉のとき天草で何を食べてきたか、海山のめぐみとはどういうことか。神仏の配慮を心得ぬ人間がふえているのはまことに情ない、食べ物をなんでも店で買おうというのは堕落のはじまりじゃ、というようなことだった。（「つみ草」）

飢饉のときを生き延びるために、なにを食べるか。わたしが知っているのは東北の百姓のなかに伝えられてきた、山野河海の幸にかかわるカテモノについての知識であるが、この天草の百姓の父もまた、それを子どもらに、あえて荘重な儀式のひと齣のように語らずにはいられなかったのだ。サバイバルのための知と技であった。それさえ実践的な知識として身につけておけば、なんとか飢饉の季節を生き延びることができる。カテモノとは農耕のはじまりとともに、後景に沈められていった、前代の採集生活にまつわる技術の一端ではなかったか。

父と七草粥の思い出が、別のところにも見えている。父はこの粥を、「ことのほか厳格に作らせた」のだった。「七つの草を頂くというのは、いのちのめでたさを頂くことぞ。一年の祈りはここから始まるのじゃけん、しきたりはちゃんと守らんばならん」（「草餅」）という言葉は、たいてい正月酒を飲みすぎて床のなかにいた父が、母の捧げる熱い粥を前にして、起きて居ずまいを正しながら述べたものだ。そうして、父はいかにも尊いものをいただくような面持ちになって、箸を取るのである。石牟礼はそんな父の娘だった。

春が近づくと、とりつかれたように草摘みに出るわたしをみて、母が言っていた。

「畑作らん人のごたるよ。たいがいにせんば」

母の死後、実家をはなれて、ほんとうに畑を持たなくなった今、草の芽吹いてくる頃の、上古の人たちの野原へのときめきが、よりいっそう自分の中に甦ってくるのを覚える。（「つみ草」）

天草の百姓の娘は、春になると憑かれたように草摘みに出ずにはいられなかった。もはや、母も亡くなり、畑からも離れた。だから、はるかな古代人たちが、春の野遊びのなかで野草を摘んだ故事をひときわ思うのである。母が「畑作らん人のごたるよ」と言葉をかけたのが、ゆかしくも、奇妙にそそられる。「畑作らん人」とは、たとえば縄文時代の、いまだ農耕を知らず、山菜・木の実やきのこなどの山野の幸に命を託していた人々を指していたのか。やがて「畑作る人」が現われると、草は山野に摘むのではなく、畑でみずから作るようになる。

こんな一節が見える。若い母との思い出である。

たとえば小さなわたしが畑についてゆき、麦踏みをしたがると、もうすぐ唄語りするように、噺しかけるのである。

ほら、この小麦女《じょ》は、
団子になってもらうとぞ、
やれ踏めやれ踏め、
団子になってもらうとぞ。

幼いわたしはそっくり口真似して、二人は畑で踊っていたといってよい。写真を出してみる。若き母は天女のようにあどけない。(「草餅」)

きっと、この列島のどこかで、はじめて麦踏みをした母と娘はこんな風に歌い、踊ったにちがいない。あるいは、母が元気で畑をつくっていたころには、新牛蒡になる前のまだ稚ない茎を間引いて、茹でてさらし、おひたしにしていたものだが、いまは食べられない。「みずみずした芽を食べる儀式のような、つつましく新鮮な食膳だった。あのような気分は神さまと食を共にしていた時代の名残りだったかもしれない」(「山の精」)と思う。

石牟礼はいま、畑を持たないので、みずから野菜を育てることはできないが、若いころには畑を作っていたことがある。だから、「土や野菜のよしあしはよくわかる」。それゆえ、朝夕に食べる野菜の味について、「おいしい、といいあう舌の感度がまるでちがうことが、じつにものさびしい」という（「風味ということ」）。こんな呟きの言葉もあった。「家での食べごしらえは、いわゆるグルメとはちがう」（「梅雨のあいまに」）と。あるいは、「天草の男衆《おとこし》たちは料理がみんな上手ばい。物事のあるときはみんな寄って、美しゅうに盛りつけて、女衆《おなごし》にご馳走しなはるよ」（「ぶえんずし」）と。

池澤夏樹が文庫本の「解説」のなかで、とても的確に『食べごしらえ おままごと』の輪郭を捉えている。たとえば、ここに語られている食べ物の話の背後には「暮らしがあり、故郷があり、畑だけでなく海と山が控えている」という。そして、この本には、「珍奇な料理の味を凝った言い回しで伝えようという姿勢」はなく、そもそも食道楽の本ではないのだ、と指摘する。食べ物は孤立していない。暮らしに包まれながら、たくさんの人と繋がっている。「食べ物を通じて人から人へと伝わってゆくもの」が、そこかしこに転がっている。食べ物の素材だって、自分たちで用意する時代があったのだ。

山野で草を摘むことから、畑で野菜を作ることへ、そして、どこか商店かスーパーで野菜のかけらを買うことへと、ヒトがたどってきた「堕落」の道行きを思う。そんなことを考えたことはなかった。石牟礼道子の『食べごしらえ おままごと』という本は、たんなる牧歌的な郷愁の書ではない。あくまで傑作なのである。ミンダナオ島の日本兵のなかには、だれか百姓の裔《すえ》がいて、肉の臭みを消すために野の草を入れて煮るべきことを知っていたにちがいない。飢えを生き延びるための知と技は継承されていた、ということか。

それにしても、石牟礼の『食べごしらえ おままごと』はさりげなく呪縛力が強い書物である。池澤が書いていたように、それはもはや、その世界のぜんたいが「今は失われた」というベールをかぶっており、「おいしいものはみんな過去へと逃げてゆく」という喪失感を抜きには、向き合うことがむずかしい。食べ物の素材をすべて、金銭をもって調達するしかない現実を「堕落」と断じてしまっては、身動きができなくなる。

だから、まるで毒消しでもするように、たとえば高山なおみの『諸国空想料理店』(ちくま文庫)という本を楽しく読んでいる。女性の書き手であることは一緒でも、ほとんど『食べごしらえ おままごと』とは対極的な食の本なのである。土着とノマドほどに隔絶がある。それにもかかわらず、その伸びやかな自由奔放さには心惹かれる。現代の食文化の最先端に、境を越える「食べごしらえ」の試みに手を染める女たちが現われている。まるで普段着で国境を跨いでゆくような、軽やかな感触がある。「人生という暗い海に沈む泥のついたままの生ものを、彼女は世界中から抱えてきて生命を育む美しいひと皿につくりかえる。原初の錬金術をごらんあれ!」(よしもとばなな)。『諸国空想料理店』と『食べごしらえ おままごと』は重ねあわせに読まれるべきだ、と言っておきたい気がする。

2

ところで、食と性とはどちらが先で、どちらが後なのか。むろん、ばかばかしい問いであることは、よくよく承知しながら、場面転換のために立ち戻ることにしたい。すでに触れたが、筒井ともみの『食べる女』には、「ラーメン（食欲）とセックス（性欲）の関係は、双方向に通行が可能なくらい欲ばりでタフな関係なのかもしれない」とあった。たいていは食卓を共にしてからセックスへと転がってゆくが、「心地よいセックスのあとの一杯のラーメンは、心身の細胞に染みわたって、格別においしい」という食べる女が、そこには登場していた。

あるいは、倉橋由美子の「愛の陰画」（『蛇・愛の陰画』講談社文芸文庫）には、わけもなく動物の喩がそこかしこに姿を現わす。なんだかとても偽悪的で、その喩がどれも暗くうす汚れている。ある夏の大いに喜劇的な政治的騒乱の終焉のあとに訪れた、いわば退廃の季節のひと齣のきめの粗いスケッチといったところか。ぼくはどうやら、敗北した戦いの渦中から脱出した、党派のリーダーであったらしい。

ぼくは「鼠の皮に似た空と同じ暗さの解放感」をかかえて、肉体の器に閉じこめられ、「ぼく自身の排泄物のよう」な生活にまみれていた。未果という女に出会った。ぼくは「占領地区の民家に押しいる兵士のように」侵入し、「未知の動物を抱いたような」不安と嫌悪に駆られ、未果は「使役中の馬のように」激しい呼吸の音を立てた。「醜い赤エイそっくり」のベッドで、ぼくは全身を「水牛の角よりも堅く」して、未果を抱きしめた。また、別の場面では、未果は「白いふわふわした犬のよう」だった。未果はそれから、殴られて血まみれのぼくに「餌にとびつくいるかのように」飛びつき、「まるで大きなコリーのよう」に広くて温かい舌で顔を舐めた。「まるで犬だ」と思いながら、ぼくは未果に身をゆだねた。「二つの頭をならべた毒蛇のよう」に、女たちが寝ていた。未果の短い服は濡れて、「魚のような光沢を」放っていた。

脈絡もなく抜き出してみた。これらの動物の喩がどれほどに効果的なのか、わたしはただ途方に暮れる。未果はたとえば、「その性器を生贄として捧げた殉教者」であったのか、「むしろ血をともなうような苦痛のためにだけ至高の快楽をむさぼることができた」のか。ぼくのほうは、「一瞥しただけで息をつまらせそうなおそろしげな口、あの存在の裂けめ」こそ、ぼくを捕えようとする罠だと直観したとき、ほとんど憎悪をこめて未果に襲いかかったのだった。それに続く場面に、こんな一節が短く挿入されてあった。

それが主義だといって、未果は裸のままぼくのために料理をつくり、乳房をテーブルに押しつけて、ぼくが食べるのをみつめていた。そして彼女自身もよく食べた。

これはどうやら、女がセックスのあとに、裸のままで料理を作り、男に食べさせ、その食べる姿を見つめながら、みずからも食べているといった絵柄のようだ。食卓を挟んで、裸の女と男がつかの間の共食に耽る。女がいったい、セックスの余韻を楽しんでいるのか、ただ淫らな裸を見せつけているだけなのか、よくわからない。どんな料理であったのか、書かれてはいない。インスタントラーメンか、焼き飯か、それとも、なにかそれなりに手の込んだ料理であったのか。いずれであれ、これはセックスのあとのラーメンではあったか。

ふと、議論の幅を広げたいがために買っておいた西洋の古典をいくつか引っ張りだして、参照してみたくなった。たとえば、プルタルコスの『食卓歓談集』（岩波文庫）など、紐解いてみようか。

その第十二節は「性交に適した時」と題されている。若い連中がエピクロスを烈しく攻撃していた。その『饗宴』という著作のなかに、「性交に適した時などという、品も悪く必要でもない議論を含めているのがけしからん」というのである。食卓で、若い者がいるところで、年配者たちがセックスを話題にして、「食前がよいか食後がよいか」という疑問を提起するなど、淫らのかぎりだというわけだ。

それにたいして、『饗宴』を熟知している医者のゾピュロスは、「欲望というものはつねに有害になる危険がある、とくに飲み食いの後で欲望に耽る者の場合は最も有害になりがちだということを教えて、欲望を抑えようとしたのだ」と述べた。若者たちはこれに圧倒されてしまう。ゾピュロスはさらに語りかける。

すなわち、性交というのは激しい動きで体の調子を乱すから、病気になることがあるのではないか。酒は強烈な働きをするし、動揺も引き起こす。もし、酒を飲んで体が乱れているときに安静と睡眠を与えず、性交という運動を与えると、「飲んだ後では、体は充満して詰まった状態になっているために、精液もよく流れない。無理をして間欠的に発射される」。エピクロスはそこで、体が平静であり、「食物の消化と養分の分配がすんで排泄されてしまってから、そして体がまた次の食物を要求するようになる前に、性交に及ぶべきだ」と言っているのだ。これは医者の説とも一致する。医者は言うのだ、「性交に適した時というのは昼間で、もう消化もすんでいて体にとって安全だ。食後にいざ交わらんなどと勇みたつのは危険がないわけではない。まだ食べたものが消化しきれていないから、性交のために生じる体の乱れと振動の結果不消化が起こるかもしれない」と。

なかなか大真面目に、古代ギリシアやローマの宴席では、酒杯を手にして楽しく性食談義が行なわれていたようだ。現代の医者ならば、これに反論するのか、援護射撃でも送るのか。ともあれ、かれらはたしかに、満ち足りた腹でセックスに耽るのは危険だと考えていたらしい。かれらの学びと予想に反して、人間たちは現代に近づくほどに発情の頻度をいや増しに加えて、危険などモノともせずに、セックスに耽溺しているのではないか。いや、すでに欲望の強度は頭打ちになっているか。

現代人はたしかに、古代ギリシア人よりも食欲と性欲において、かなり「欲ばりでタフ」なのかもしれない。『食べる女』の登場人物の一人が、たしか呟いたものであったか、ラーメンとセックス、それゆえ食欲と性欲の関係は、双方向に行き交う「欲ばりでタフな関係」なのかもしれないという言葉に、抗いがたい現実らしさを感じずにはいられない。

さて、食をめぐっての野蛮と憂愁に向かわねばならない。

第二章

母と子どもがひとつになる

1

　あらためて、食をめぐって取り交わされる、喰うモノと喰われるモノとの捩れた関係に眼を凝らしてみたくなった。それは喰われるモノが避けがたくその命を奪われるがゆえに、噛みしだき呑みこみ胃袋に落としこむ、いわば破壊と消化という暴力の側面において語られがちだが、同時に、吸収と同化のプロセスでもあったことを忘れてはならない。わたしたちの身体は食べたものでできているという真実は、いっさいの変更が許されない、厳粛なひとかけらの現実である。ここで、「食べちゃいたいほど可愛い」という愛の囁きを思いかえすのもいい。それはきっと、吸収と同化のプロセスを顕在化させることなしには、うまく了解するのがむずかしい。たんなる一方的な暴力の現場ではありえない。

　たとえば、宮西達也の『おまえ うまそうだな』（ポプラ社）という絵本は、食べることとの現場にときに転がっている異相の風景を絶妙に描いている。愛と食とが捩れて交叉する。――むかし、むかし、おおむかしの、ある晴れた日のこと。恐竜アンキロサウルスの赤ちゃんが生まれた。一人ぼっちで、泣きながらとぼとぼ歩いていると、恐竜ティラノサウルスが「おまえ　うまそうだな」と飛びかかろうとした。「おとうさーん!」と、小さなアンキロサウルスは、大きなティラノサウルスにしがみついた。お父さんと思いこんだのだ。「おまえ　ウマソウだな」と名前を呼ばれた、名前を知っているのだから、お父さんだ、と。この無邪気な誤解があとを引く。ウマソウに飛びかかってきたキランタイサウルスを尻尾で蹴散らし、ティラノサウルスはウマソウを守った。守る側に回らずにはいられなかった。そこに、いたいけにして無垢なる生きものがいた。ウマソウはなにも知らず、草を食べ終えると、すやすや眠ってしまった。それから、ウマソウは赤い実を、草の嫌いなティラノサウルスのために採ってきた。ティラノサウルスはウマソウに、生き延びるための知恵や技を教えた。そして、別れのときがやって来る。ウマソウはほんとうの親たちのもとに帰ることができたのだ。

ここでは、肉食恐竜／草食恐竜が、喰うか／喰われるかという絶対的な裂け目を踏み越えて、奇妙な出会いを果たしている。肉食恐竜は草食恐竜が食べる草や赤い実を食べることがなく、本来であれば、眼の前にいる草食恐竜の赤ちゃんのやわらかい肉を食べて生きている。それが禁じられている状況は、むろん異様だ。そうして、あまりに無邪気なアンキロサウルスの赤ちゃんを前にして、ティラノサウルスは捕食者としての本分を貫くこともならず、擬似的に保護者の役割を演じることを強いられる。このティラノサウルスの葛藤こそが、この絵本の主題である。幼い子どもらはみな、いまにもティラノサウルスに喰われそうなウマソウに寄り添い、ハラハラ、ドキドキしているはずだ。「食べちゃうぞお」と舌なめずりする大人たちの愛から、くすぐったそうに逃げまわる幼な児たちにとっては、ティラノサウルスには既視感があるだろう。こうした食べられそうになる子どもというテーマならば、むしろ絵本や童話には氾濫している。だれもが知っている「赤ずきん」「七匹のこやぎ」「ヘンゼルとグレーテル」などを思い浮かべるだけで、やわらかく愛らしい子どもは潜在的には食べられる存在なのである。

わたしはここで、こんな映像を想い起こさずにはいられない。YouTubeで見かけたことがある。アフリカのケニアであったか。カムニャック（奇蹟）と地元民から呼ばれるメスのライオンが、捕食の対象である草食動物のオリックスの子どもをほかの捕食動物から守り、育てていた、という。カムニャックは群れから離れ、単独で行動するメスライオンである。どうやら、母親を失ったオリックスの子どもを守っていたらしい。少なくとも五頭のオリックスの子どもを、肉食動物の攻撃から守りながら養育したとか。だから、映像では異種の動物のあいだに芽生えた母性愛の物語のように語られているが、そうした解釈の当否は保留しておく。そういえば、あのティラノサウルスはお父さんとして懐《なつ》かれていたから、どうやらメスではない。

この擬似的な母と子の物語は、『どうぶつ奇想天外！』というテレビ映像のなかでも取りあげられていた。やはりYouTubeで視聴が可能だ。そこでは、オリックスの赤ちゃんがメスライオンの乳房をまさぐるシーンがある。しかし、子どもを産んだことのないメスライオンからは乳が出ない。オスライオンやヒョウなどの肉食獣から守るために戦うが、赤ちゃんの必要とする乳を与えることはできない。みずからの食料を調達する余裕も失われている。三日目に腹をすかして狩りに出ているあいだに、探しにきたオリックスの母と父に出会い、赤ちゃんはなんとか生き延びることができた。そのあとに、消えたオリックスの赤ちゃんを探しつづけるメスライオンの姿が映しだされていた。この映像は二〇〇二年放送とあり、『おまえうまそうだな』という絵本の初版はその翌年の三月である。作者の宮西達也はここから、なんらかの着想を得ていたのかもしれない。

あくまで、例外的な異相の風景である。だから、そのメスライオンはカムニャック＝奇蹟と名づけられていたのだ。なんらかの事情があって群れから離脱したメスライオンであってみれば、子を産むことはなく、育てることもない。にもかかわらず、このメスライオンは母性愛に突き動かされていた、といった解釈をにわかに支持する気にもなれない。オスのティラノサウルスにだって、乳は出なくても、赤ちゃんや子どもを守ろうとすることは、いくらでもあるにちがいない。愛することと食べることとが、異種であれ同種であれ、ひとつの個体に同時にかぶせられるとき、思いがけず奇蹟は起こる。愛しているけれど食べたい、食べたいけれど愛している、いや、愛しているから食べたいのか。そのはざまに眼を凝らせ。

2

そして、愛しているから食べたくない、という真逆の心のありようがある。ティラノサウルスの葛藤がまさにそれだ。食べるべき対象に愛が生まれる。食べ物が情緒の源泉になる。それは可能ならば避けたほうがいい。だから、家畜にたいする愛情は抑制される。ある晴れた昼下がりに、きっと子牛は悲しそうな眼をして、市場へと運ばれてゆくのだから。ペットとして飼われている動物を、人はけっして食べない。裏山で助けた三本足の鹿を食べずに、飼いつづけ、死んだときには丁重に埋葬した三陸の浜の狩人を知っている（田附勝『おわり。二〇一四年四月一日』）。食卓をめぐる風景は、愛によって一変する。ときに異形の現実がむき出しになる。

最近のことだが、ある人が工藤直子の『ねこはしる』（童話屋）という作品を教えてくれた。十歳のころに読んでトラウマになった本だ、と聞いた。ここにもまた、捕食者の猫が食べられる魚とのあいだに芽生えた友愛ゆえに、食べることに葛藤する姿が描かれている。

主人公のランは、雪国の山に囲まれた小さな村に生まれ育った、黒い毛の子猫である。ランはとても内気な猫であり、動作がのろまで、どうも猫らしくない変な子だった。小さな池があって、そこには小さな魚が棲んでいた。ランはこの魚と仲良しになった。遊んだり、話しこんだりした。ふたつの心は紙の裏と表のように寄り添い、思い出がまぶしく重なっていった。ランはいつでも、ぼく、猫の形をしているけど、心もからだも猫になっていないみたい、……ぼく、どこかへんなんじゃないかなあ、と感じている。風はランのことを、「雲によく似た猫」として記憶していた。輪郭が捉えがたい、ということか。ランと魚は夕立のあとの虹を見物しながら、「遠く」というところにはなにがあるのだろう、と話しあった。ランは魚と遊んでいるうちに、バネのようにはずむ敏捷な猫に成長した。いまや、黒く艶やかな若者だった。

たとえば、ここで、捕食者と被捕食者のあいだで友情は可能か、と問いかけてみるのもいい。いや、友情である必要はない。腹が満ちている状態ではないにもかかわらず、肉食動物が食べられる動物に牙をかけることを猶予することは、稀れではない。たんなる気紛れなのか。草食動物の赤ちゃんを捕まえておいて、逃がさずに、しばらく遊ばせておいたあとで、殺して喰らう映像ならば、YouTubeのなかにしばしば拾われている。あるいは、熊穴に落ちて、喰われずに助けられて帰還した狩人の物語はどうか。それは、たとえば『北越雪譜』などでよく知られているし、類似の物語や体験談に触れる機会は少なくはない。そのすべてがフィクションとは思えない。つかの間の親愛関係が生まれるのかもしれない。すでに触れた三本足の鹿と猟師の物語など、ほんの身近な事実譚である。そもそも人間こそが疑いもなく、とびっきり気紛れな恐ろしい捕食者であることを忘れてはならない。

『北越雪譜』に触れておく。これは雪国の暮らしの百科全書か民俗誌のような趣きがあり、天保年間に出版され、江戸の町人たちの好評を博したものだ。越後国の塩沢に生まれた鈴木牧之《ぼくし》が著者であった。その初編に「熊人を助《たすく》」という一節があり、「人熊の穴に墜《おちいり》て熊に助けられしといふ話」は諸書に散見するけれども、その実地を踏んだ人の語ったものは珍しいので、ここに記す、と見える。いわば、若いときに熊に助けられた体験をもつ老人の語りを、牧之が聞いて書き留めたものである。その人は二十歳のとき、二月初め、薪を取るためにソリを引いて山に入り、谷底に転落した。そして、岩穴のなかで熊の掌を舐めて飢えを凌ぎ、熊に助けられて五十日足らずを生き延びて生還したのだ、という。冬眠中の熊であったか。

それから、『ねこはしる』という物語は大きな転換を迎える。ほかの猫がついに、その魚を見つけてしまうのだ。魚はむろん、猫にとっては狩りの獲物である。そうして、子猫たちの最後の訓練として「魚とり競争」が行なわれることになる。ところが、ランはまさに、捕食の対象であるべき魚と心を通わせあう仲であった。だから、途方に暮れるしかない。それ以来、ランと魚は会っても、言葉少なにうつむいてばかりいた。どうしていいかわからなかった。

やがて、子猫たちによって魚捕り競争が行なわれる、満月の夜がやって来る。

その前の日のことだ。魚がいう、おれはあした食べられる、それは事実なんだよ、じつはね、おれは堂々と食べられようと思う、ずっと考えて、そう決めた、と。ランは涙ぐんだ。魚があした食べられてしまうことは、いやというほどわかっていた。魚は決意を伝えた、ただね、お願いがあるんだ、食べられるなら、きみに食べられたいんだ、と。そんな、なんていうことを、とランは後ずさりした。魚は言葉を継いだ。

いや　ちがうんだラン！　よく聞いて　きみにならい……ともだちのきみになら　〈たべられる〉のじゃなく　〈ひとつになる〉きがするんだ
おれ　アタマも　ひれも　心も　きみに　しっかりとたべてもらいたい　そうすることで　おれきみに　……きみそのものに　なれると思う
な　ラン　目をとじて　感じてみよう　……おれのちいさなからだや心が　きみのからだや心のすみずみまでしみとおる

ランは眼を閉じて、あなたが、ぼくの心とからだのすみずみまで染みとおる、と呟いた。魚はさらにいう、きみになりきることで、おれはこのちっぽけな水溜まりをとびだす、と。ランはその言葉を途切れがちにくりかえす。呟きはいよいよ小さくなった。

そうなんだ　きみとおれ
新しい　いのちになって
いっしょに　風景をみる
いっしょに　風の音をきく
いっしょに笑い　はしる！

魚の声が、お願いだ、感じてみて、と呼びかける。長い、長い沈黙のあとで、ランはほとんど聞き取れぬ声で囁いた。わかった、ぼくは、あなたをたべます、いま、ぼくにできるのは、あなたを、しっかりたべることだけだから、と。ありがとう、魚はほーっと息を吐いた。
その先はもういい。黒猫は戦いの果てに魚を食べる。食べることで、ふたつの生ける魂は溶けあい、ひとつになる。それが食べることの、もうひとつの秘められた現実であることを、猫と魚は身をもって明かし立てるのだ。愛しているから食べたくない、しかし、だからこそ、ときには愛しているから食べねばならない、という葛藤に彩られた関係に眼を凝らさねばならない。
いくらか唐突ではあるが、母ライオンがみずからの幼い子どもを食べる映像を、どこかで見たことがある。象に襲われて瀕死の赤ちゃんを、母ライオンが静かに息の根を止めてから、食べたのだった。助かったほかの赤ちゃんたちを守るために、とナレーションが被さったが、詳しくはわからない。オスライオンに殺された我が子を食べる母ライオンの映像もあった。怒りに駆られ、その眼は虚ろに震えていた。ここでも、食べることは極限状況において、食べられるモノと〈ひとつになる〉ための作法であったのかもしれない。

ここで、筒井学の『カマキリの生きかた』（小学館）という、カマキリの一生を描いた絵本に触れてみたくなった。さすらいのハンターの生きる姿が、リアルな写真とともに、くっきりと像を結んでいる。

カマキリにとって、生きることは自身のカマで獲物をとらえ、食べることを重ねてゆくことだ。幼虫は小さな虫たちのハンターとして成長する。襲ってくる敵から逃れ、なんとか生き残ったものだけが、羽をもった成虫になる。メスは大きくて立派であり、オスは少し細くて、飛ぶことが得意だ。広い草むらで、匂いを頼りに交尾するメスを探さねばならない。メスを見つけると、慎重に近づいて、一気に飛び乗って交尾をしかける。交尾中に、メスがオスを頭から食べてしまうことがある。メスはお腹が空いていると、しばしばオスを食べてしまうらしい。オスはそれでも、生きた証を残したい。頭を喰われながらも、半日ぐらいは交尾が続くのである。それから、獲物となった虫たちから得た栄養は、お腹のなかで卵になり、やがて産卵のときを迎える。しかし、ハリガネムシに寄生されていれば、カマキリは卵を残せずに死んでゆく。ハリガネムシは食べた獲物といっしょに体のなかに入り、カマキリの栄養を横取りして育つ。カマキリを水辺にひき寄せて、水中での生活に入ってゆくらしい。冬になると、もはや食べるものはなく、カマキリはみな寒さのなかで静かに一生を終える。カマキリが喰らった、たくさんの虫たちの命は、卵という小さな命に繋がり、じっと春の訪れを待つことになる。カマキリと人間とは、食べることにおいてどれほどの差異があるというのか。カマキリの一生は、まさにヒトの人生の似姿そのものではないか、などといえば、笑われるか。

それにしても、男と女が交尾《セックス》することを、当たり前のように〈ひとつになる〉と表現する。食と性がここでも、奇妙な邂逅を果たす。メスのカマキリは交尾しながら、腹が空くと、オスのカマキリの頭を喰らいかじるのだという。愛はそこには不在だなんて、だれが決めたのか。愛は見えない、あくまで幻想のかけらである。しかも、かぎりなく厄介な代物だ。そもそも、食欲と性欲は置き換え可能なのではないか、とも思う。だから、「食べちゃいたいほど可愛い」という愛の囁きが懐かしく思いだされる。食べることと交わることとが絶妙に〈ひとつになる〉瞬間が、鮮やかに幻視される。食欲と性欲がまったく別物であると信じられるものは、幸いである。

3

さて、母ライオンがある極限的な状況のなかで、子どもを食べる姿を呼び返してみたい。たとえば、象に襲われて瀕死の赤ちゃんの息の根を止めてから、ほかの肉食獣に喰われないために、母ライオンはみずから我が子を食べるらしい。また、オスライオンに殺されたばかりの赤ちゃんを食べるのも、同様な事情であったか。そこに、母の愛が介在していないと考えるのはむずかしい。少なくとも、ここでは我が子を食べることで、母は子どもと〈ひとつになる〉ことを願っているのではないか。

鬼子母神《きしもじん》の物語を想い起こさずにはいられない。だから、山岸凉子の「鬼子母神」(『鬼子母神』所収、潮出版社)にたどり着くことになった。鬼子母神は安産や子どもの守り神として知られるが、その像のかたちには、赤児を懐に抱いて吉祥果(ザクロ)を携える天女形と、忿怒相の鬼形とがある。つまり、この女性の神は両義的にひき裂かれた貌をもっているのだ。その背景には、ひとつの印象深い仏教説話が存在したが、作中では以下のようにあら筋が語られている。

五百人の子を持つ　可利底《ハーリテイー》は　他人の子を食べるので　鬼子母《きしも》と人々に恐れられていた　だが
ある日　一番愛していた末の子の姿が　見当たらなくなった　五百人のうちの一人を失っても
それほど悲しいのであれば　数人しかいない子供を　おまえに食べられる　世の親達は　もっと
哀しいことである　こう　仏陀に戒められた可利底は　それからは　子供を食べることをやめて
子供を守る神　鬼子母神になったという

さて、「鬼子母神」の主人公のわたしは、二卵性の双子の妹である。兄はひたすら可愛がられる「王子さま」で、わたしは言うことを聞かず出来のわるい「悪魔」だった。母は「菩薩さま」だが、わたしはあるとき、母のうしろにもうひとつの顔があることに気づいた。夜叉の顔である。父は表札だけの存在だった。これがとりあえず家族の基本的な構図である。

思春期になると、わたしはいろいろなことを理解するようになった。父と母は離婚を決めた。父には愛人がいた。わたしは父を憎んだ。父は母を女として愛さなかった。子どもの母親として、家庭を形作る母親として、ただ利用したにすぎない。妻に自分の母親代わりを押しかぶせ、永遠に、子どものままで父親になれない男の姿があった。夫に失望した母には、代わりになるものが必要で、それが兄だった。兄はだから、生まれながらにして王子であり、弱さも負けることも許されず、立派な王子でなければならなかった。しかし、やがて兄は壊れた。兄が、粉々に砕け散った王子の破片をひとつふたつと寄せ集めては、つかの間の王子さまに執着するのを、わたしは眺めているしかなかった。

一生懸命、兄に尽くす母と、その母から離れられない兄がいた。わたしはふっと、鬼子母神は我が子をも食べたのかもしれない……と考える。はるか手前に、ミルキーはママの味、てか、嘘つけーっ、誰か、ママを食べたことあるのかーっ、とあったことが思いだされる。裏返された伏線ではなかったか。現実には、食べるのは母であり、食べられるのは兄であった。菩薩さまが王子さまを喰らう図柄である。

ここで、先ほどの鬼子母神の説話が招喚されるのだ。そして、わたしは考える、あの姿が見えなくなった末の子というのは、実は、「愛され過ぎたゆえに　可利底に食べられた子供だったのではないのか」と。元の説話では、もっとも愛されていた末子は、仏陀によって乞食《こつじき》に用いる鉢に隠されていた。鬼子母神は愛する我が子を食べたわけではない。

わたしは母にとって　悪魔であったがゆえに　母の後ろの顔に　早くに気がついていた　しかし
王子さまゆえに　母の後ろの顔に気づけない兄は　いまだに　母の期待にこたえようとしている

（略）悪魔も王子も　母の眼に映った姿であって　真の姿ではなかった　しかし　愛という名で
飲み込まれた子供は　自分の真の姿に　いつ気がつくのだろうか

母の過剰なる愛に飲みこまれた子どもは、象徴的には、母によって食べられていたのかもしれない。思えば、鬼子母神像に魅せられた泉鏡花の小説には、ひき裂かれた母親像がいたるところに見いだされる。鏡花の母恋いに、いつか触れてみたくなった。

妖婦は食べるために殺す

1

　ようやく、清水玲子の『２２ＸＸ』（白泉社文庫）に収められた、同名の「２２ＸＸ」という秀逸な漫画にたどり着いたようだ。そのエピグラフには、「あなたはいま食事を終えた。そのことで良心の呵責を覚えないように、屠畜場ははるか離れた人目につかない場所にある。しかしあなたも共犯なのだ。他の動物の犠牲の上に生存しているのだから」という、ラルフ・ウォルドー・エマーソンの言葉が引かれている。

　われわれ人間が生きてあるためには、動物であれ植物であれ、他者の生命《いのち》を奪い、その肉や葉や実を食べることが避けがたく必要である。あたりまえの現実にすぎないが、あえてそれを言語化することは周到に回避されるのがつねだ。植物には痛みがないと信じられていることも忘れてはならない。痛みの有無はしばしば、良心の呵責に結びつけられるが、この情緒的な反応はたぶん問いの核心からは逸れている。いずれであれ、良心の呵責からも、屠畜場からもはるかに遠く暮らしながら、しかし、かたわらにはいつだって犠牲の動物たちの刻まれた身体が横たえられてある。こんな言葉をはじまりに掲げて、清水玲子という漫画家は読者をどこに連れてゆくのか。思考実験の極北において紡がれる物語世界には、綺想に満ちた非日常があくまでSF的に提示されている。

エピグラフに予告されていたように、物語はひたすら、人間にとって食べるとはなにかという問いをめぐって転がされてゆく。SFという文学的な手法は、日常からは沈められ隠されているテーマを顕在化させるために、きわめて有効であることが、痛いほどに確認される。食べることの残酷や、滑稽や悲惨が、ここには特権的に開示されている。

物語の舞台は、白鳥座11番惑星メヌエットである。なぜ、メヌエットなのか。わたしのなかで、メヌエットというクラシック音楽の用語はどこか難解で哀しみに浸されているが、その理由はよくわからない。この星では、温暖なオリエンテ地方に人口や文化が集中しており、その外縁からは雨の多い熱帯の密林が拡がっている。そこは無法地帯と化しており、なかでもラ・ロンジュ一帯には獰猛な未確認の肉食獣が棲息し、野生動物さながらに狩りが行なわれている。フォトゥリス人が分散して暮らしており、原地人などもめったに足を踏み入れることがない。かれらはおそらく、森の遊動民《ノマド》なのである。

物語の主人公は、この星に特殊任務をもって降り立ったジャック・ナイジェルという男だ。異世界から訪れたよそ者であり、マレビトであった。高天が原を追放されて、地上の出雲世界へと流離してゆく『古事記』のスサノオを思い浮かべてやればいい。イエティと呼ばれる人々が、クリーグランドの第一王女を誘拐して立て籠もっているのが、「フォトゥリス人の巣」と称されるラ・ロンジュ地方だった。そこから王女を救いだすことが、賞金稼ぎとしてのジャックの仕事とされている。スサノオの役割が、ヤマタノオロチに生け贄として捧げられ喰われようとしているクシイナダ姫を救済することであってみれば、ここでもジャックはスサノオの生き写しであり、再来であったか。あるいは、ヤマタノオロチの役割は分掌されて、攫う者としてのイエティや、人を喰らう者としてのフォトゥリス人に描き分けられている。「22XX」という漫画が、ヤマタノオロチ退治譚やドラゴンクエストといった物語の古態を踏襲していることは、否定しようがない。

それにしても、ここでの主人公の設定は、かぎりなく絶妙であった。それは境界侵犯というテーマを幾重にも背負わされている。惑星メヌエットの外からの訪れ人であるばかりでなく、この惑星の内なる文化／野生をめぐる二元分割においても、境界を越えてゆく存在である。このこともまた、スサノオ的ではなかったか。見えない境界が張り巡らされている。

温暖なオリエンテ／熱帯雨林のラ・ロンジュという気候や生態にかかわる分割は、そのままに文化／野生や未開という分類の基盤となる。熱帯雨林の一部をなすラ・ロンジュ地方は、とりわけ未確認の肉食獣が棲息する地域であり、野生動物さながらに狩りが行なわれているが、その狩りの獲物には人間が含まれている。そこに暮らすフォトゥリス人は、食人習俗をもつ種族として知られている。ラ・ロンジュ地方が無法地帯と化して、原地人が足を踏み入れるのを怖れているのは、そのためだ。

ジャックはアンドロイド、つまり人工的に造られたロボットであった。この惑星の人間たちは、前の侵略戦争のなかでアンドロイドによって大量殺戮されたから、それ以来、ロボットを忌み嫌っている。それゆえ、潜入者のジャックはとりわけ正体を知られてはならない。死に直結する。それにしても、アンドロイドは人間か、半人間か、たんなる人造ロボットか。その答えがいずれであれ、アンドロイドは幾重にも境界上をさまよう存在であることには変わりがない。ここでも、主人公は境界侵犯者だったのである。

フレディという男には、ロボットであることをバラしてやる、と脅されている。五年前、破壊工作員であった彼の兄とジャックは、ひとつの牢に投獄され放置された。かぎられた食料を二人で均等に分け合い、飢えと戦ったが、三か月後に発見されたときに生き残っていたのは、ジャックだけだった。そのとき、ジャックはまだ、自分が人間であると信じこんでいたらしい。もっと早く、ジャックが食べなくても死なないロボットだとわかっていたら、オレの兄は死なずにすんだはずだ、「オレの兄はあいつに食われたのだ」と、フレディはジャックを恨み、つけ狙ってきた。

ところで、アンドロイドが食べた物はどうなるのか。胃に落ちてきたものはスリンガー（粉砕用カッター）によって粉々になり、絶対真空で、一瞬のうちにフリーズドライ化されたうえで捨てられる。血にも肉にもならずに、それなのに、食事から時間が経てばまた、なにか食べたくなる。毎日の無意味な食事が、どんなにつらいことか。なにひとつ食べなくても飲まなくても、働きつづけることが可能な機械であるにもかかわらず、食べることへの無駄にして意味なき欲望だけが責め苦のように、その身体には埋めこまれている。この欲望に逆らい、抗うことはできない。いつまでも、無駄を知りつつ命を食べつづけなくてはならないという残酷と不条理を、ジャックは強いられてきたのだ。アンドロイドを設計して造った人間たちの狡知と悪意を感じずにはいられない。

2

フォトゥリス人について語らねばならない。その全貌はわからず、断片的な情報をより合わせることしかできない。とはいえ、この物語世界においては、もっとも特異にして魅力的なキャラクターであり、食べることをめぐる思索の核心をなす存在である。

フォトゥリスには男女の性があるらしいが、ここに登場するのは女性だけだ。かれらは夜になると、身体が変化する。昼間よりも髪が伸びて、大人っぽくなり、みな美人に変化《へんげ》する。人間を食べるために。かれらは昼と夜では劇的に変わるのだ。外見ばかりではない、ものの考え方や見え方など、精神的な変化を遂げる。昼は少女で、夜は娼婦だった。まるでネコのように、野生動物しかもたないしなやかな美をそなえている。人の女に似せた美しさが、人の男をおびき寄せて、かれらを喰らうべき肉片に変える。まるで、食虫植物の華やぎと美しさそのものではなかったか。

フォトゥリスという名前は、「甲虫界の妖婦」と呼ばれるホタルの一種から付けられた、という。それは、ほかのホタルの縄張りに入りこみ、その地のメスに擬態した光を出して、オスを招き寄せる。その光に惹かれてやって来たかよわいオスを食べてしまう。その体液を吸い、脚や翅の硬いところだけを残して喰らい尽くすのである。いわば、フォトゥリス人は人間界の妖婦として、人を殺してその肉を食べるわけだ。かれらは「食べる為に」人を殺すことを法的に認められているらしい。ただの殺人か、食べようとして殺したのか、この星の検死はいい加減なもので、それを追及して突きつめることはない。そもそも、人を殺したときに「食べる為に」という自己申告で許されるならば、フォトゥリス人の殺人は野放しになるはずだ。そうして、人々がたがいに殺し喰らいあう無法地帯が生まれたのである。

ラ・ロンジュの森のなかで、ジャックははじめてフォトゥリス人に遭遇した。大蛇のような肉食獣をガス銃で撃ったとき、巻きこまれて腕をけがした少女を助けた。ふたたび、獰猛な森の獣に襲われたときには、逆に、その少女に助けられた。昼にショートカットで現われた少女は、夜になると長い黒髪の妖艶な女に変わっていた。ルビィと名乗った。夜のルビィはジャックを誘惑した。それから、眠っているジャックを殺そうとした。しかし、それを予期して警戒を怠らず、殺しの専門家としてはるかに戦闘能力が高いジャックは、たやすくルビィを押さえこんだ。そして、やめろ、オレを殺したって、どうせ君には食べられない、と凄んだ。ルビィの腕を縛って、一人寝た。朝になると、ルビィは昼の少女に戻っていた。

そのあとに、こんな場面が続いた。ジャックが捕ってきた鳥をルビィにあたえた。「ダメだ　私は…まだっ」と、ルビィは頬を赤らめた。それは求愛《プロポーズ》のしるしと誤解されたのである。ジャックは梢のうえの鳥たちの求愛行動を見て、そのことに気づいた。どの星の鳥でも変わらぬ作法なのか。オスがメスにエサを贈り、プロポーズして、メスがそれを受け取ったら求愛は成就する。ルビィははたして、ジャックがあたえた鳥の肉を食べた。「求婚を受けるぞ！　おまえの子供を産んでやる！」と顔を赤らめながら伝える。子どもが産まれたら、おまえは自分の星に還っていい、子どもは一人で育てる、ともいう。フォトゥリス人の男は、子育てにはいっさいかかわらない。ルビィの母親もルビィを一人で育てた、という。

たしかに、文化や習慣がかけ離れていた。ルビィが獲物を前にして祈る姿を目撃した。かれらフォトゥリス人は、食事の前とあとに長い祈りを捧げる。かれらにとって、食事はもっとも神聖な儀式だったからだ。人前ではけっして物を食べないし、そのシーンを見ることも見られることもタブーとされている。人間を食べるときには、もっとも長い祈りを捧げる。

わたしはいささか唐突に、昔話の「食わず女房」を思い浮かべる。飯を食べないから嫁にしてくれと押しかけてきた女を、男は戸惑いながら受け入れた。女はたしかに男の前では物を食べなかった。その代わりに、男が留守のあいだに、頭髪に隠された大きな口で握り飯を数も知れず喰らった。フォトゥリス人のように人前では食べず、それを見られることはタブーだったのではないか。見るなのタブーは破られた。女は山姥の正体を顕わし、男は山に運ばれてゆく途中に、逃走をはかる。この昔話には謎が多く、論じられるべき事柄がたくさんあるが、食べる姿を見られることへの恥じらいや忌避感といったものが、垣間見える気がする。気づかずにきたことだ。

くりかえすが、フォトゥリス人は食事の前後に長い祈りをする。とりわけ、食前の、獲物を前にしての祈りには関心をそそられる。ルビィはひざまづき、顔を覆うように手を合わせて、地面に置かれた鳥にたいして祈りを捧げる。森の神への感謝であったか、奪わざるをえなかった命への贖罪であったか。ふと思いだす。はるか以前に見た、東北の狩猟者たちを追いかけたドキュメンタリー映像のなかに、クマを捕った男たちが山の神に敬虔な祈りを捧げる姿があった。その前段には、集団猟でようやくクマを追いつめて仕留める場面があった。そこには狩猟の快楽がもたらす高揚感があふれていた。それが一転して、殺された熊を前にしての儀礼に移ると、歓喜は去り、安堵のなかに厳粛な空気が張りつめて、シカリ（狩猟の親方）の低い唱え言がいかにも荘重なものに感じられたのだった。

そういえば、最近見かけたネットのニュースのなかで、これまで語られてきた狩猟採集社会をめぐる固定観念が壊れつつあることを知らされた。男が動物を狩り、女が植物を採るという「神話」は、やがて過去のものになりそうだ。これまでの百年間に報告された、世界各地の狩猟採集者の集団を解析すると、八割ほどの集団で女性が狩りに参加していた。女性は積極的に狩りにかかわり、小型や中型の動物の狩りが多かったが、大型の動物の狩りも行なっていた、という。つまり、狩猟は男の専有物ではなく、どうやら男も女も参加する生業だったことがあきらかにされたのである。ただ、この記事の確かさには留保が必要かもしれない。それでも、議論のきっかけにはなる。

フォトゥリス人の狩猟がまさに、そうしたものとして描かれていることは興味深い。わたしはじつは、ルビィが獲物を前に祈りを捧げる場面を眺めながら、東北の村の聞き書きのなかでは出会ったことがない光景だと、ある違和感を覚えていたのだった。そもそも、民俗学の知見の範囲においては、女性が狩猟のために奥山に分け入ることはありえない。それは山の神の禁忌に触れることであり、どれほど例外的なものであっても、女性が狩猟集団の仲間に加わっている事例など聞いたことがない。それにしても、思えば、ライオンの優れた狩人はメスであって、体の大きなオスではなかった。人類の女たちのなかにも、傑出した狩人がいたかもしれないと想像してみることは、とても楽しい。旧石器時代の洞窟壁画の狩猟の絵図について、近年になって、女性が描いた可能性を指摘する研究が現われている。きっと女たちもまた、狩りに参加し、獲物を前にして敬虔な祈りを捧げていたのである。

3

どうして、君たちは人間を食べるのか、とジャックが問いかける。昼のルビィは逆に、人間を食べるわたしたちは野蛮か、それでは、おまえたちはなぜ、食べもしないのに人を殺すのか、と問いかえす。この裂け目に眼を凝らさねばならない。われわれはいわば、野蛮な人喰い族からのラディカルな反撃を受けているのである。狩りという言葉は、野生動物のカテゴリーを踏み越えて、たやすく人間を獲物とする攻撃や殺害にまで拡張されることは、とりたてて指摘するまでもあるまい。

それはしかし、あまりに真っすぐなものゆえに、思いも寄らぬかたちで深刻な問いへとわれわれを導いてゆくのかもしれない。宮沢賢治の「注文の多い料理店」という童話を想い起こすのもいい。そこには、ただ娯楽のために鹿を殺そうとする都会のハンターにたいして、肉を食べ肝や毛皮を売るために熊を殺してきたみちのくの狩人の、どこか倫理的な優位性が沈められていた。だから、山猫に喰われる恐怖の極限にまで、ハンターたちを追いつめ、その顔をくしゃくしゃに歪ませて都会へと抛《ほう》りかえしたのである。賢治の、たとえば悪意はあきらかだった。しかも、賢治は野生動物を獲物とする狩猟に嫌悪を覚えながら、それが食べるために、生きるために、家族を養うために、といった背景をもつかぎり、ただちに否定するのはむずかしいとも感じていたのではなかったか。

「なめとこ山の熊」という童話に、それは鮮やかに描かれていた。

そういえば、ジャックを襲おうとして、ルビィに返り討ちにされた男がいた。この男は異星人に雇われて、依頼された人間を次々と殺してきた。食べるためではなく、金欲しさのために人を殺したのだ。その男がいま、自分を食べてくれと懇願している。ルビィは宣告する。——食べるだって？　誰がおまえなどの肉を食べるか。教えてやる。おまえの死体は誰にも食べられないように、トレヴィルの谷に捨てる。おまえの肉は誰も食べない、おまえの魂はそこで死ぬ。もう蘇ることはない。それがおまえにふさわしい罰だ。暗闇で朽ち果てるがいい、永遠に。それから、ルビィは「それは私達にとって　最もおそろしく悲しいこと」と呟いている。

人が死んで、その身体を食べられることとの隠された意味が、陰画のようにむき出しになった場面である。敵対する部族との戦いの捕虜を殺して、勝者の男たちがその死せる肉体を共食する、未開社会のカニバリズムとは、あきらかに異なった人肉食といっていい。ほかならぬ食べられる側こそが、魂の永続性を保つために他者に食べられることを願っているのである。

ルビィの母はルビィの父を食べて、ルビィを産んだ、そして、ルビィは母を食べた。だから、いまのルビィはルビィの父と母、そして、その二人が食べたたくさんの命でできている。フォトゥリス人にとって、人肉を食べることはもっとも神聖なことである。人肉を食べることによって、その人の知識・理想・美点を自分のものとして受け継ぐことができる。だから、優れた人であればあるほど、だれもがその恩恵にあやかりたくて、ひとかけらでもいいからその人の肉を欲しがる。死んでしまった人の肉を食べて、生きて、目的を達成する。それは人も動物も同じだ。そうして命はそれが重なるたびに、いよいよ美しく浄化されてゆく。人に食べられることは恐ろしいことではなく、光栄なことだ、そう、フォトゥリス人は信じている。

ジャックが尋ねる、それは君たちの宗教なのか、と。

夜のルビィは答える。――わからない。ただ、わたしの願いは、そうやって受け継いできた大切なわたしの命を、いつか生まれるわたしの子どもにきちんとひき渡すことだ。わたしの体はいつか、わたしの子どもに食べてもらう。それまでは絶対に死ぬことはできない。そうして、毎日、鳥を食べるときには、その鳥が育てるはずだったヒナの分も、ウサギを食べるときには、ウサギの食べてきた草の分も強く生きようと願う、と。

そのとき、ジャックと長い黒髪のルビィは体を重ねていた。どうやら交わりのなかでの寝物語だったのである。さらに、夜のルビィがジャックの裸の首から肩を舐める場面があった。味見だという。首のほうがいい味してるね、大丈夫、まだ食べたりしない、手は出さない、でも、いつかかならず、おまえはわたしが食べてやる、これはフォトゥリス人の最高の愛情の示し方だ、そう、抱きあったままにルビィが語っている。

あるいは、少年のような昼のルビィが母の言葉を呼びかえす。母が幼いルビィに語りかける。――わたしはあなたの父親を食べて、あなたを産んだけれど、それを後悔してはいないけれど、あの場合、どちらが相手を食べたとしても同じだった、自分が生き残ることだけを考えないで、ほかにもいろんな生き方はあるの。あなたは、わたしとあなたの父親の命を犠牲にして生きている大切な命。でも、もし、これからあなたが誰よりも大切だと思う人に出逢えたら、もし、自分より相手に生きてほしいと思うほどの人に出逢えたら、自分の命を惜しまないで、その人にあげなさい。自分が生きて子どもを産むことだけが、すべてではないわ、あなたの命はちゃんとその人に重なっていくのよ、と。

ルビィは数年前に、その母親をみずから食べてからは、ずっと一人で、受け継いだ命を次代に渡すために、人を食べ、動物を食べて生きてきたのだった。相手を食べることによる一体化はおそらく、個体の願望や欲望ではなく、種族が生き延びるための必要にして絶対の条件であることが、ここには語られていたのではなかったか。これはくりかえすが、敵にたいする憎悪や復讐が産み落とす未開のカニバリズムではない。ベクトルが真逆の、いわば情愛と尊敬に裏打ちされたカニバリズムであった。その可能性が問いかけられていたのである。

4

イエティの要塞の真下の地下牢に囚われの身となったジャックは、断食を強いられるが、それでも死にはいたらなかった。アンドロイドはどれほど長いあいだ食を絶っても、死ぬことはない。それでも増幅する空腹感は、ただ人間に似せるために組みこまれてあった「お飾りのプログラム」にすぎない。しかし、空腹が増していけば、人間と同じようにイライラしてくるし、頭には食い物のことしか浮かばなくなる。普通の人間であれば、二週間ほどでその地獄から解放される。死ぬことができるからだ。だが、ジャックは永遠に死ぬことができない。食欲を無意味に植えつけられたがゆえに、無駄に食べつづけることを強いられ、それに抗えば、宿業のように飢えに苦しむことになる。ジャックはそうして、狂おしいほどに物を喰いたい欲望を抱えた自分を呪わずにはいられない。存在として間違っているのは自分だ、と思う。

あらかじめ仕掛けておいた爆弾によって、要塞は崩れ落ちた。ジャックは瓦礫が足に伸しかかり、逃げられなくなった。そこに、髪の長い夜のルビィが現われる。しかし、瓦礫をどかす力はなく、医者を呼ぶために離れてゆく。横たわるジャックのかたわらに、ルビィは切り落としたみずからの片腕を置いて、「それを食え」と叫んだ。

　ルビィの最期である。ヘリコプターから降ろされた縄梯子にぶら下がって、ジャックに呼びかける。「わたしの手　たべた？　ちゃんとたべてくれた？　もし　これから先　あなたが自分より相手に生きていてほしいと思う人があらわれたら　誰より大切な人が出きたら　その人にたべてもらいなさい　おしまず　その人に命をあげなさい　あなたの命は　ちゃんとその人に重なってゆくのよ」と。だめだ、オレはルビィ、オレが食べても……というジャックの声は、ルビィには届かない。そのとき、狩りを主たる生業とするフォトゥリス人が片手を失うということが、なにを意味するのか、どんな覚悟だったのか、それが痛ましくもわかった。ついに振り落とされ、ルビィはトレヴィルの谷に落ちてゆく。わたしの身体《からだ》を食べて、わたしの代わりに生きて、見て、感じて。この世界のすべてを、わたしの命を受け取って……というルビィの声は、いや想いは、ジャックには届かなかったにちがいない。

　ルビィの住んでいた大木は、以前は大きな観覧車だった。それは、はるかな昔、ラ・ロンジュ一帯が文化の中心であったことを想像させる。ルビィはそれと知らずに、ジャックに聞かされた憧れの遊園地に、生まれてから死ぬまで、ずっと住んでいたのだった。焼け野原になったラ・ロンジュには、やがて近代的なビルが建ち並び、新しいレジャーランドも建設された。そこには大観覧車があり、クリーグランドの王女が住んでいた。

その王女の救済のために尽くしたことで得た謝礼金を使って、ジャックはプログラムを変更し、二度と食欲を感じることがなくなった。ジャックはいう。自分はロボットなので、食べることはない。もちろん、つきあいで食べることはできるが、自分から食べたいとは思わない。それが楽だった。ジャックはずっと、そうなることを望んでいたのである。

しかし、いつまでも、心に消えることのない後悔があった。いま、ジャックが食べたいのは、あのときのルビィの左手だけだ。なぜ、あのとき、食べなかったのか。ルビィの思いを、ルビィの命を、ルビィのすべてを、あのとき、たとえ吐いても、血肉にもならないとわかっていても、全部食べてあげなくてはいけなかった。もう、一生、楽しく物を食べることなんてできない。プログラムの変更は、ジャック自身のみずからを罰する行為でもあったにちがいない。

アンドロイドの生殖器やセックスについては、具体的に描かれていない。ジャックは交接《まぐあい》をして、受胎することを真っすぐに願うルビィに当惑しながら、どうせ、オレはロボットだから、何をやっても、何回やっても、子どもなんて産まれない、と考えていた。ルビィはついに、それを知ることがなかった。ジャックが語らなかったからだ。なぜ、語らなかったのか、語れなかったのか。幾重にも裏切りではなかったか。ルビィはトレヴィルの谷に落ちていったのだ。ついに、愛する男の子どもを産むこともできず、またその男に食べられることもなかった。いや、だれによって食べられることもなかったのだ。だから、ルビィの魂はそこで死んだ、蘇ることはない。それこそが、ルビィにとって「最もおそろしく悲しいこと」ではなかったか。ここに、もうひとつの後悔があったはずだが、それは語られていない。残酷は隠蔽されたのではなかったか。

それにしても、ここにもアンドロイドを設計して造った人間たちの狡知と悪意が見いだされるのかもしれない。性の欲望は遮断されておらず、セックスが可能で、もしかすると射精だってするのに、そのセックスが子産みに繋がることだけは許されていない。これもまた、無駄にして宙吊りにされた欲望の管理ではなかったか。いや、子どもの誕生を望まぬならば、食のようには残酷ではなかったかもしれない。

新しい火を盗んだ男の物語

1

バタイユの『エロティシズム』（二見書房）を再読したくなった。読み慣れてきた澁澤龍彥訳から離れられず、またしても媚薬のような澁澤訳に頼ることになるが、ためらいながらであることは書き留めておく。なぜ、バタイユの『エロティシズム』なのか。むろん、それなりの理由はある。ここでは、バタイユと岡本太郎との秘められた線文《ライン》が気にかかる、とだけ言い捨てにして、あらためて触れることにする。

さて、『エロティシズム』の「序論」のはじまりに、エロティシズムとは「死にまで至る生の称揚だ」とバタイユは書きつけている。それはしかし、エロティシズムについての定義そのものではない。その含意するところも、じつはかなり複雑によじれている。ただ明らかなのは、エロティシズムとはたんなる性的《エロティック》な活動、つまり生殖や生命の再生産のためにおこなわれるセックスからは独立した、ひとつの心理学的な探求であるということで、これはまず押さえておきたい。その探究はなにより生の称揚や横溢をめざすとしても、それが同時に死とも無縁ではなく、そこに大きなパラドックスが見いだされることになる。

バタイユの原注には、心理学はエロティシズムと宗教を抜きにしては空っぽの袋でしかない、と見える。わたしはふと、この心理学を、たとえば物語や伝承を読み解くための知の営みと読み換えてみたい気がする。三島由紀夫などはたしかに、『遠野物語』について、そのような認識を示唆していたのではなかったか。エロティシズムや生と死の交歓、それゆえに宗教といったテーマを抜きにしては、物語を読む、さらには食べることはできない。

いずれであれ、性的な恍惚《エクスタシー》と死とのあいだに、なんらかの関係があることは、経験的にも否定しようがないことだ。そうしたエロティシズムがもたらす死にいたるまでの生の称揚は、死にたいする無差別な挑戦である、という。セックスにおいて果たされる連続性への接近や陶酔は、「死を思い煩う感情を支配する」ともいう。ずっとあとに見えている、「二人の恋人の結合が情熱の結果であるとすれば、それは死、殺人あるいは自殺の欲望を招き寄せる」という言葉を想起しておくのもいい。たとえば古代七世紀の常陸国風土記に語られていた、歌垣の庭でたがいに禁忌の恋に落ちて、夜明けを迎えて恥じらいに耐えられず、松の樹と化した美しい少年と少女の物語を思わずにはいられない。ロミオとジュリエットの物語の、はるかな前身であったか。こうして、死のなかに、不可知にして不可解な連続性への抜け道が発見されるとき、ようやくエロティシズムの秘密が開示される道筋が見えてくる。ともあれ、エロティシズムが死に向かってこそ開かれていることを記憶に留めておきたい。

連続性／非連続性という対比が鍵となっているが、わかりやすい叙述ではない。たとえば、「生殖は非連続の存在に活を入れる」という。なんとも微妙な表現である。活を入れるとは、活性化するとか、揺らぎや衝撃をあたえるとか、といった意味合いであったか。いずれであれ、有性生殖をする存在は、それゆえ人間はたがいに他なる存在とは切り離された、いわば非連続の存在であり、男と女の交接から生まれてくる存在もまた、かれら自身とは切れた非連続の存在である。「ある存在と他の存在とのあいだには深淵があり、非連続性がある」と、バタイユはいう。「あなたが死ぬとしても、死ぬのは私ではない」という厳粛なる事実は、わたしたちが例外なしに、ひとしく非連続の存在であることを明かし立てている。そうして、非連続な存在であるわたしたちにとって、死は存在の連続性への誘いという意味をもつ。生殖はひとつになることへの憧憬のはてに、ついには挫折して存在の非連続に帰着するが、それでも、死に近接することによって存在の連続性のために活を入れるのだ、という。

基礎的には、連続から非連続へ、あるいは非連続から連続への過程がある。私たちは非連続の存在であり、理解できない運命の中で孤独に死んで行く個体であるが、しかし失われた連続性への郷愁《ノスタルジー》をもっているのだ。私たちは、偶然の個体性、死ぬべき個体性に釘づけにされているという、私たち人間の置かれている立場に耐えられないのである。この死ぬべき個体の持続に不安にみちた望みをいだくと同時に、私たちは、私たちすべてをふたたび存在に結びつける、最初の連続性への強迫観念《オブセッション》をも有している。

この、非連続性という避けがたい運命によって分断されながら、それゆえに失われた原初の連続性への郷愁と強迫へと駆り立てられるが、そこに、人間に固有のエロティシズムの三つの形式が生まれてくる。そう、バタイユは考える。肉体のエロティシズム／心情のエロティシズム／神聖なエロティシズムである。それらに通底するテーマは、いかにして「存在の孤独と非連続性とを、一つの深い連続性の意識に代えること」ができるか、ということであった。だからこそ、失われた連続性への郷愁と強迫は、ある暴力を招き寄せずにはいない。エロティシズムの現場は、本源的に暴力と侵犯の領域なのである。

暴力だけが、暴力と暴力に結びついた名づけがたい混乱だけが、このように全体に活を入れることができるのである！　組織された存在、非連続性のなかで組織された存在への侵犯がなければ、私たちは、ある一つの状態から本質的に異る他の状態への移行というものを想像することができないのである。生殖に従事する極微動物の混乱した過程のなかに、私たちは、肉体のエロティシズムのなかで私たちを窒息させる暴力なるものの基盤を発見する。そればかりか、この暴力の真の意味がここで明らかになるのだ。肉体のエロティシズムとは、相手の存在への侵犯でなくて何であろうか。死にも等しい侵犯、殺人にも等しい侵犯でなくて何であろうか。

別のところで、この肉体のエロティシズムには、「何か重くて不吉なもの」があるとも指摘されていた。それは個人という非連続性から逃れられず、臆面のないエゴイズムに縛られ、そもそも欲望の物質性から無縁ではありえない。恋人たちの心情のエロティシズムはときに、はるかに自由であることも忘れてはならない。肉体のエロティシズムは向かいあう存在への侵犯、殺人にもひとしい侵犯となる。侵犯の暴力は避けがたく、「何か重くて不吉なもの」とならざるをえない。

あらゆるエロティシズムの遂行は、存在の最も深部に意識を失うまで到達せんとすることを目的としている。正常な状態からエロティックな欲望の状態への移行は、非連続の秩序の中で組織された存在の相対的な解体が、私たちの内部で起っていることを予想させる。この解体《ディソリュシオン》という言葉は、エロティックな活動に関係づけられた放埒《ディソリュ》な生活という、日常的な表現に対応している。存在の解体運動においては、男性パートナーが主として能動的役割を演じ、女性の当事者は受動的である。組織された存在として解体させられるのは、本質的に受動的な、女性的な当事者なのである。男性パートナーにとって、受動的な相手を解体するということには、一つの意味しかない。すなわち、二つの存在が混り合って、最後には同じ解体の瞬間に共に到達し得るような、一つの融合を準備することである。

（傍点引用者）

エロティシズムはすべて、存在のもっとも深部へと忘我の状態になって到達することをめざす。分断されたそれぞれに非連続の存在が、エロティックな活動のなかで内的に解体されてゆく。解体とは意味深い言葉だ。エロティックにしてアナーキーな放埒こそが自己の解体のトリガーであり、導きの糸となるはずだ。その解体運動のなかで、能動的な役割を演じる男は、受動的な女を組織された存在として解体する、という。解き放つというべきか。その解体のための運動は、性を異にする二つの存在が、最後に訪れる解体の瞬間にともに到達できるような融合を準備することである、とバタイユは述べている。男根的なオブセッションについては猶予が必要かもしれない。

肉体のエロティシズムはきっと裸体に繋がれている。決定的な行動は裸にすることだ、という。裸体そのものが、非連続な生存という閉ざされた状態に反している。身にまとう薄物を剥ぎ取られただけで、まるで荒野に投げ出されたかのような、根源的な不安に見舞われるのは、なぜか。それはいわば、なんの準備もなしに自閉のかなたへと、存在の可能かもしれぬ連続性を探求することへと向かうように求められている、いわば無防備にすぎる交流や交歓を強いられている状態といっていい。あの猥褻と感じられる秘密の行為によって、肉体はみずからを連続性へと開こうとする。猥褻とはまさに、確立された堅固な自己の支配にふさわしい肉体の状態を揺るがせ、狂わせる、ある混乱を意味している。その裸体のあとに、たがいに寄せたり引いたりする波のようなエロティックな往復運動が続くならば、その融合のなかで、自己の支配の喪失がもたらされる。いよいよ他人の目から逃れたいという気持ちが強まるはずだ。相手を裸にするという行為は、文明の見地からすれば、「危険性の少ない殺人の等価物」なのだ、とも語られている。

ここでは、エロティシズムの女性パートナーが犠牲者の役割を演じ、男性パートナーが犠牲執行者の役割を演ずるということ、そして両者とも、犠牲執行の過程で、最初の破壊行為によって目標と定められた連続性のなかに、徐々に自分を見失って行くという事実を強調しておきたいと思う。

エロティシズムの極致ともいうべき、第三の神聖なエロティシズムが範型として招喚されている。生け贄を殺す儀礼の破壊によって、連続性のなかへとすこしずつ非連続の自己は見失われ解体されてゆく。そこに見いだされるのが、犠牲者としての女と、犠牲執行者としての男という役割の分掌であった。この構図それ自体を疑うべきではないか、とも思うが、いま、ジェンダーにおける暴力の非対称性から逃れることはむずかしい。

それにしても、存在の連続性は存在の根源にあるために、死はこれに到達することができない。死は存在の連続性には触れることがない。むしろ逆に、死が存在の連続性を炙り出すのである。それこそが、いわば「宗教的犠牲の演出法の基礎」となっている。神聖なるものとは、荘厳な儀式のなかで、非連続の存在を生け贄として捧げるなかに顕現してくる存在の連続性を指している。暴力的な生け贄の死という現実から、存在の非連続性の解消がもたらされる。宗教の荘厳さと集団性によって規定されながら、見世物的な犠牲者の殺害がおこなわれ、そこに聖なるものが顕われるのである。

こうして、エロティシズムの秘密が解き明かされていった。バタイユはこんなことも述べていた。人間は労働のなかで、やがて死ぬということをあらかじめ知りながら、「羞恥心を知らない性欲から羞恥心を知った性欲へ」と移行し、やがて動物性を脱していった。そして、エロティシズムはこの「羞恥心を知った性欲」から生じたのだ、という。このエロティシズムの渦中において「私」は失われる。羞恥をまとう「私」がそうして解体され、あるいは、なにか名づけがたき光満つる薄明の領域へと解き放たれるのである。

2

バタイユと岡本太郎は、若き日に、パリで出会い、詳しくは知られていないが、深い交流を果たしている。太郎は戦後の日本に前衛芸術家として生きながら、バタイユの大きな影の下に生きていたかと思う。『エロティシズム』の澁澤訳は一九七三年に刊行されている。太郎が『エロティシズム』を原書か、この澁澤訳で読んでいた可能性を退けることは、おそらくむずかしい。

ところで、ここで取りあげてみたいのは、太郎のパートナーであった岡本敏子の『奇跡』という小説である。ささやかな思い出がある。まだ、雑誌に掲載されたばかりで、単行本化されてはいなかった。そのころ勤めていた山形の大学に、縁があって、敏子さんをゲストとして招いて公開の対談をおこなったのだ。そのとき、わたしはこの『奇跡』の一節を朗読している。敏子さんにはあらかじめ伝えてあったが、壇上で朗読を始めたとき、その眼にたじろぎの色が浮かぶのを見逃すことはなかった。あきらかに、それは『奇跡』という自伝的小説のクライマックスに当たる箇所だった。四、五百人の、ほとんどは女子学生ばかりの聴衆が埋めた大教室は、静まり返っていた。あとで、記録映像を撮っていた男子学生から、敏子さんが涙ぐんでいたと聞かされた。

わたしは雑誌の一、二ページにわたる、かなり長い一節をゆっくりと読んでいった。どの箇所であったか、さだかには思い出せない。書棚を探ると、その雑誌が見つかった。『すばる』の二〇〇三年一月号である。どこにも印はなく、やはり朗読箇所の確認はできない。登場人物は二人、謙介が太郎であり、笙子が敏子である。
このあたりから、恐るおそる読みはじめたのであったか。

「さあ、脱がしてあげよう。」
無雑作に上着のボタンを外し、大きくリボン結びにしたブラウスの飾りも解く。そして二の腕をとってくるりと向う向きにすると、笙子がさからう間もなくスカートの脇のボタンを外し、ファスナーを下げながら、ストンと下に引き落した。無駄のない、素早い動きに笙子は呆然としてしまう。そのまま上体を抱き込むように腕を胸にまわす。はらりとスリップの片紐が落ちた。笙子はブラジャーをしていない。やわらかい丸み、ピンクの乳首が片方だけ、それは全身裸よりももっとなまなましくエロティックで、女だった。

いうまでもなく、これから幕を開けようとしているのは、敏子と太郎のはじめてのエロティックな交接の場面である。おそらく、敏子さんはこの晩の記憶を数えきれないほどに、くりかえし反芻し、何枚もの細密画として思い描いてきたにちがいない。だから、描写には微細なところまで揺らぎがない。なぜならば、それこそが二人の恋の原風景であり、二人の恋がほかには比べようのない特権的な交歓であったことを確認させてくれる、聖なる拠りどころであったからだ。そして、それがきわめてバタイユ的なエロティシズムの実践であったことに、わたしは特異な関心を覚えてきたのだった。

たとえば、ここでは、男がまるで儀礼執行者のような熟練の所作で、生け贄の女を裸に剥《む》いてゆく姿が描かれている。それから、もう片方のスリップをするりと落として、女の丸くてやわらかい肩に唇をつけた。それでも逃げようとする女を、裸の男はがっしりとその胸で抱きとめる。エロテックな欲望に翻弄されているわけではない。かぎりなく受け身なのである。あくまで男は儀礼執行者なのである。女はしかし、かみずからの役割を知らない。かぎりなく受け身なのである。女は終わりなき反芻のなかで、いつしかみずからの役割に気づかされ、それとして理解していったにちがいない。敏子もまた、あるとき、バタイユとその『エロティシズム』との邂逅を果たし、太郎の意志を深いところで受けとめ直したことだろう。

裸になるとは、いかなる出来事なのか。決定的な行動は裸にすることだ、そう、バタイユは書いていた。裸体は自閉から交流や交歓の時空へと女を押し出してゆく。そのとき、守られていた堅固な個体性の支配は崩され、混乱が招き寄せられる。そして、裸体に続く融合のなかで自己の支配はまったく失われる。

謙介は優しく髪をかきあげて耳たぶにキスした。唇が瞼、鼻、唇、顎とまさぐって行く。触れられた皮膚から、その内側のやわらかいいのちが目ざめ、うずき、わなわなとふるえ、燃えあがってくるのを、笙子は戦慄的な驚異で抱きとめた。

はじめての感覚だった。自然に身がよじれ、あえいだ。熱い息が細いうめきとなって、とだえとだえ洩れた。

「君はエロティックだよ。君が好きだ。食べてしまいたい。」

強い手が腿を滑り、股を割って侵入してきた。ピクッと全身がふるえ笙子の膝はきつく閉じられた。処女の本能的な抵抗。だが謙介はひるまなかった。柔く、また強硬に、攻めながら抱きしめ、もだえて逃れようとする笙子を押し倒した。決して許そうとしない。

「もう君は僕のものなんだ。ね、いいだろう。」

やわらかくうねって逃げる笙子の上に、彼全体がかぶさり、おおいつくそうとしていた。のけぞる胸を、両の掌が不思議な強さと柔らかさでもみあげ、乳房の谷間に顔をうずめる。そして片手は腰の外側を撫で、滑り、すうっとまた割れ目に迫ってくる。微妙なリズムで女の芯を刺激する。思わずうめく。自分の声が思いがけない高さで耳に響いた。

彼はやさしく、執拗に攻め、唇を吸い、耳たぶを、のどを、乳房を吸いながら脚をひらかせようとした。熱い、固いものが腿のあいだに押しあてられた。笙子は夢ともうつつとも意識できない熱い潮にもちあげられ、引き込まれ、ただのたうつ無限の時を漂わされる。

男は一生懸命に攻めてくる。申し訳ないという思いが女の胸を締めつける。はじめて男に挑まれる女の裸身は、思いとはまったく別の反応をして、きつく膝を合わせ腿を締め、異性を受け入れようとはしない。つらい。思いを遂げさせてあげたい。それは異なる性にたいするかぎりない優しさであり、自己放棄でもあった。バタイユ風にいえば、自己の支配の喪失である。このとき、「君はエロティックだよ。君が好きだ。食べてしまいたい」と囁きかけてくる男の声を、女はどのように聴いたことか。非連続性のなかに自閉していた女は、外に誘《おび》き出され、ついに喰らい尽くされる。

謙介はもう無言だった。乳房をもみしだく、その手をすうっと横腹を滑らせて尻のくぼみに下げて行く。腰をもちあげるようにして、ついに男は突き刺した。

激しい痛み。貫かれた。

とじた眼から、つうーっと涙が一すじ流れた

謙介はあえぎながら笙子を抱きすくめ、より深く、より熱く、入り込もうとしていた。女性の芯に突き刺さり、雄たけびをあげて迫っている。もがく笙子の動きに呼応するように、責めて責めて喰らいつくさずにはおかぬ。男は襲う神だった。

男の人って哀しい。それが、女が総身に受けとめた感動だった。女の情感はおおらかに、「地母神になったような憐憫と慈愛の情」に満たされたのである。襲う神としての男と、地母神のような女という構図に眼を留めておきたい。その翌朝の食卓では、恥じらいが微香を放つ靄のように全身を包んで、女は初々しい色気を散らしていた。羞恥心に目覚めた性欲から、いまエロティシズムがくっきりと輪郭を顕わす。失われた「私」の背後から、地母神が姿を覗かせる。

帰りの電車に揺られながら、女の身体は熱をもってうずき、全身がばらばらに崩れ落ちそうだっ

た。「笙子という乙女の全身が解体された」のである。それから、「陵辱」という言葉が、文字通りの響きで女を襲った。そう、女はまさに陵辱されたと感じたのである。襲う神と地母神という構図、エロティックな恥じらい、解体という言葉。なんともバタイユ的ではあるが、ここでの陵辱が解体と同義語であったことは確認しておいたほうがいい。

それから、再会のときが訪れる。女は人の悪意というものを知らず、あまりに無防備だった。そんなことで、生きてゆけると思うのか。男は凶暴に女を抱きあげ、隣室のベッドのうえに叩きつけた。憎んでいるかのように、着ているものを引きむしって剥いだ。抗いようもない凶暴な激しさで、男は泣きながら嵐になって女に襲いかかった。

ひっくり返され、ねじられ、小さく悲鳴をあげながら、その狂おしい激しさの中で、笙子は孤独ではなかった。熱い炎に焼かれ、愛されている……。性に未熟な笙子だが、泣きながら襲ってくる男の熱さ、激情の純粋さは疑いようがなかった。一体であった。

「ああ。もう許して。堪忍して。」

「許さない。笙子がクチャクチャになって、その甘さがなくなるまでいじめてやる。」

うつぶせに、ほとんど四つんばいのような形にされる。笙子の背後から獣のように迫る。腰をおさえて押しつける。無理矢理、さし込んだ。激しく前後動して責め立てながら、右手の指は執拗に前をまさぐり、あえがせる。

「お前なんか、お前なんか、こうしてやる！」

肩口に噛みつく。歯形に血がにじむほど。

「痛ッ。」

その傷口を更に吸い、ねぶり、悲鳴をあげるのを快感のように。

その晩は修羅だった。

泣きながら襲ってくる男の狂乱。

乳房に、二の腕に、内股にまで、更に歯形がつき、攻める方も攻められる方も、共有する痛みの奥に聖なるエクスタシーを見た。

襲う神。犯すもの。それはまたいとおしい、わが愛し児の如く不憫な者でもあった。


なぜか、その修羅の夜のことは、男も女も二度と口に出すことはなかった。二人だけの秘め事になったのである。そして、敏子はその秘め事を、太郎の死後になって、小説に仕立て直したうえで、はじめて世間にさらした。まるでスサノオのような太郎が、荒ぶる泣き神と化して、敏子を襲い、犯し、痛みの奥処《おくが》へと降り立って、敏子と「聖なるエクスタシー」を共にしたのだった。敏子は「私」を奪われ、悲鳴にのたうち悶えながら、孤独ではなかった。非連続の殻が破られ、ほんの一瞬ではあれ、男とひとつになり、聖なるエクスタシーのかなたへと連れ去られたのである。

その残響のように、ある交歓があった。


笙子は夢ともうつつともわからぬ、漂う意識のなかに、雌蕊のなかが燃え狂う炎の暑さで彼のものをしっかり抱いている、なまなましい感覚が残った。

「うむ、うっ」

瞬間に、彼は果てた。

冒してはならないものを犯すおののきと、男性そのものが火の粘膜に押し包まれる至上の歓喜。

「凄かったよ。あんな昇天ははじめてだ。」

「また熱が出たら、そんなことなさるの？　人身御供におそいかかる、森の神みたいね。」

「そうさ。男と女はそういうものなんだよ。」

そうして謙介はいっそう強く、自信にみち、新しい火を笙子から貰ったようだった。


男は熱にうなされる女を犯し、「新しい火」を獲得したのか。敏子さんが火の起源神話をどの程度知っていたのかは、確認することができない。世界の創世神話のなかでは、火の起源は男女の性行為と結びつけられたり、火が女性の陰部から取り出されたと語られることは多い。女の腹にいだかれてあった火を盗む男の物語を、敏子さんは想起したのかもしれない。すくなくとも、このとき太郎は敏子の胎内から火を盗む男を演じていたのである。そう、敏子さんは眺めていた。いや、のちにそのように解釈を付加したということか。くりかえすが、敏子さんの『奇跡』という小説は、バタイユの『エロティシズム』を導きとして、二人の若き日の恋と性を神話学的に再解釈する試みではあった。朗読するわたしを前にして、敏子さんは歓喜の涙を流していたのかもしれない、と思うことがある。

アマゾネス的な哀しみ、そして希望

1

さて、岡本敏子の『奇跡』という自伝的小説を仲立ちとして、バタイユの『エロティシズム』から岡本太郎へと繋がるラインに眼を凝らしてきた。そこには、太郎の敏子にたいする性愛の囁きとして、「君はエロティックだよ。君が好きだ。食べてしまいたい」という言葉が拾われていた。それは太郎の言葉そのものではなかったか、とわたしは想像している。太郎は性愛の儀式のはじまりに、きっと「食べてしまいたい」と囁いたにちがいない。敏子の創作とは思えない。

ともあれ、バタイユ的な性愛の構図においては、襲う神としての男／襲われる生け贄としての女という対比は絶対的なものだ。そこでは、「食べてしまいたい」と囁くのはいつだって男である。孕むことも産むこともない性にとって、「食べてしまいたい」という言葉はいかなる意味を宿しているのか。セックスがあらたな命を受胎させ、子孫を残すことをめざす行為であることは当然だが、そこにはしばしば食べる／食べられるという喩が持ちこまれる。そのとき、それは相手を暴力的に支配し、所有し、同化することに収斂されてゆく導きの糸となるはずだ。すくなくとも、食べる主体が男であるかぎり、男が女を食べることは、とりあえず観念のドラマとしては成り立つが、避けがたく挫折を強いられずにはいない。そもそも男は女の血をすすり、肉を喰らいたいわけではない。欲望はいつだって、秘められた皮膚《はだえ》に執着する。つまり、殺したいと願っているわけではなく、「食べてしまいたい」ほどに可愛いと恋い焦がれているだけのことだ。永遠の愛といった幻想にまぶしてやることなしには、男は女を食べることを現実的に正当化できない。

この時代には、女たちが食べる側に回ることを企て、男を食べるという出来事について語りはじめているようだ。それはしかし、どこか物悲しさを感じさせずにはいない。食べる／食べられる関係が互酬的なものではなく、非可逆的なものであり続けてきたことに苛立ち、怨念をもって拒絶する姿のように映るのである。

倉橋ヨエコの「いただきます」という歌を呼び返してみるのもいい。重ね書きの再論である。

あなたを食べてもいいですか
愛しているからいいでしょう
他の誰かに盗られるんなら
私の血となり肉となれ

くりかえすが、これは相聞歌ではない。切ない呪文のかけらであり、どこまでもモノローグの歌であって、この断定的な命令形はけっして男の耳には届かない。男はきっと、「あなたを食べてもいいですか」などと許しを乞うことはしない。「愛しているからいいでしょう」と言い訳をすることもない。ほかの誰かに愛する女を盗られることは、ひたすら敗北であり、所有の否定としての空虚でしかない。岡本太郎は敏子に、「君はエロティックだよ。君が好きだ。食べてしまいたい」と囁きかけた。芥川龍之介は恋文に、「この頃ボクは文ちゃんがお菓子なら頭から食べてしまひたい位可愛い気がします」と書いた。お菓子ならば、という婉曲な仮定法には、どうにも潔さが感じられない。それはあくまで、寓話的な、腰の引けた物言いなのである。

男たちはたぶん、「私の血となり肉となれ」と呼びかけることもしない。それはきっと、カマキリのメスがまぐわいながら、腹が減ると、オスの頭を丸ごとボリボリと喰らう姿にこそふさわしい。オスは息絶える瞬間、耳元で囁かれる「私の血となり肉となれ」という咆哮の声を聴いて、ぶるっと安堵に身を震わせるにちがいない。わたしはふと、宮沢賢治の「蜘蛛となめくじと狸」という童話のある場面を思いだす。そこでは、とかげがなめくじに足からお腹へと舐められてゆき、ついに心臓が溶けたとき、やっと恐怖から解放されて、安堵する。そして、なめくじにペロリと食べ尽くされるのである。それはたぶん、性愛におけるエクスタシーの場面にとても似ている。陶酔の果てにかりそめの自己消滅、すなわち死がもたらされる。舐めることは、食べること／交わることがひそかに共有する快楽の技法である。忘れるわけにはいかない。

性交の現場においては、むしろ女のヴァギナという生殖器こそが男のペニスを呑みこみ、食べているのが実態であるのかもしれない。唐突ではあるが、サルトルの怯えはとても真っすぐなものではなかったか。サルトルは『存在と無〈Ⅲ〉』のなかで、コンプレックスの起源をめぐって、こんなことを語っていたのだった。すなわち、女の性器は口である、ペニスをむさぼり喰らう貪欲な口である、そこから、去勢という観念が出てくる、愛のいとなみは、男にとっては去勢に繋がっている、女の性器が穴であるからだ、と。去勢の恐怖は、女の貪欲な口によって演出されていると、サルトルは怯えを隠さなかったわけだ。

「私の血となり肉となれ」という呼びかけがふさわしいのは、やはり女であって、男ではない。女の下の口は男を食べる。まさにそこでは、ひとつになるという喩が生きている。男の精子を、みずからの子宮へと誘導し、卵子と受胎させて、あらたな生命の源を産み落とす。男はそうして女の血となり肉となるのだ。男はそれを知らない、みずからの関わりをリアルに想像することができない。男の身体には、なにか決定的なものが欠けているのだと思わざるをえない。

2

男を喰らう女が、ここに登場してくる。まさしくカマキリのメスを思わせる女である。たとえば、小野美由紀の『ピュア』（早川書房）に眼を凝らしてみようか。そこに収められた同名の小説は、はじまりの一行に、「「男を食べたい」と思ったのは、一体いつからだろう」と見える。まさしく、女が男を喰らう小説なのである。千年後の未来のことだ。これもまた、SF的な実験小説の一編といっていい。どれほど稚拙なかたちではあれ、哲学的な問いがむきだしに問われている。

「ピュア」という短編小説には、千年後の性愛《セックス》のかたちがくりかえし描かれている。いや、それは性愛ではない、「狩り」と呼ばれている奇怪な行為である。セックスは捕食のかたちで行なわれる。遺伝子操作の果てに、女の身体はセックスのあとで男を食べないと受精しない仕組みになってしまったのだ、という。ここでは比喩ではなく、そのままに精液を搾り取った男のからだを喰らうのである。交わる／殺す／喰らうという、因果で結ばれた一連の行為が、狩りと呼ばれていることになる。

思えば、フォークロアのなかでは、狩りの獲物となる四つ足の動物たちはシシの名のもとに、ほかの動物からはあきらかに区別されていた。川での漁撈についても、川狩りという言葉が散見される。サケ・マスなどの大きな魚を捕ることは、狩りと認識されていたのである。昔話の世界では、これらの人間によって狩られ、捕られ、食べられる動物たちのいくつかは、異類婚姻譚との深い関係を有している。交わる／殺す／喰らうといったひと連なりの場面は、狩りという言葉に串刺しされているのではなかったか。

たとえば、「ピュア」の冒頭には、こんなふうに千年後のセックスが描かれていた。主人公の「私」はそれを、すぐかたわらで、みずからも男にまたがりながら眺めているのである。ヒトミは人工衛星ユングで暮らす仲間である。

荒い息を吐きながら、ヒトミが男を犯している。大きく上体を揺らし、ほおを紅潮させ、恍惚に身を震わせながら、またがった男に夢中で腰を打ちつけている。男は白目を剥き、手足をひくつかせ、意識があるのかどうかすらわからない。ヒトミが腰を持ちあげた。大きく開いた脚のあいだの、艶やかな朱が露わになる。ぱっくりと割れたざくろみたいに、果汁を滴らせ、赤く色づき、ペニスを深々と飲みこんでいる。動きがひときわ激しくなった。上体をのけぞらせ、男の腕に爪を食いこませて下腹を打ちつける。脚のあいだの充血が濃くなり、ペニスが膨らんで、丸いお尻が痙攣する。ヒトミが歓喜の声を洩らすのとほぼ同時に、男はびくびくとからだを震わせながら、果てた。満足げな、慈愛に満ちた表情で男を見下ろしている。ヒトミはそれから、男がすっかり射精しきったのを確認すると、鋭い二本の牙で、ためらうことなく男の喉を食いちぎった、……といったところだ。

遺伝子の改良を重ねることによって、新しい人類が作り出された。しかし、進化したのは女たちだけだった。女たちは平均身長が二メートルあって、鱗に覆われたからだ、岩をも噛み砕く強い牙、一撃で敵を撃ち殺す長い爪をもっている。地上のどんな生き物よりこの世界での生存に適した、強いからだを手に入れたのである。絵に描いたようなアマゾネスであったか。そして、女たちはただ、子どもを産み、戦争に行って国を守ることを求められた。ここでは、女たちが為政者であり、権力を握っていた。女たちは人口の一割にすぎず、人工衛星に暮らしていた。男たちは人口の九割を占めるが、シティと呼ばれる狭い居住可能区域で労働に従っていた。「汚くて、不便で、小さくてかわいそうな男たちの世界」が、そこにあった。

地上で蟻のように働いている男たちを守るために、戦闘機に乗って出撃するのも女たちの仕事だった。強い牙と爪は、狩りのときに暴れる男を押さえつけたり、首筋を噛み切るために使われるだけで、ほかに用途はなかった。子どもを産むためには狩りが必要だった。単純すぎる明確なルールがあった。男と見れば襲うこと、性交はできるかぎり速やかに終えて、ただちに捕食すること、それが倫理にして摂理であると教えられた。女たちはもはや、「妊娠するために食べたいのか、食べたくて食べたいのか」すらわからなくなっている。

狩りの現場ではためらいはない。狩りは愉悦に満ちている。むせるような血の匂いがあり、引きちぎれる繊維質の重たい感触があり、「生きている命をそのままもらいうける、熱気と質量」がたまらない。昔は、男が女を「食う」と言ったらしい、そう、誰かがいう。いまは、女が男を喰らう。食べられる男の気持ちはよくわからない。食べられる瞬間、男はつらいらしいが、ほんとかなと思う。射精したばかりの男は、すべてを悟ったみたいな顔をしている。多幸感に包まれるホルモンが出ている気がする。そうでなければ、女に黙って食べられないと思う。男とセックスしているときには、祭壇のうえにいるような気分がする。すべてをあなたに捧げますといわれているようだ。もしかすると、自分以外の誰かに命を渡すことは、至上の快楽なのかもしれない、と考えたりする。祭壇のうえとは何か。生け贄の捧げられる祭壇にちがいない。バタイユ的な性愛の構図がすっきり裏返されている。千年後の女は襲う神となり、殺される瞬間の生け贄の男にとりとめもなく思いを寄せている。

ところで、念のために言い添えておくが、「ピュア」という作品は、ごくシンプルに戦前の日本の戯画化された陰画となっている。現代の、というよりは、戦前の女たちの陰画として、未来の男たちは描かれている。「男だって本ぐらい読むよ」というセリフには笑いを誘われる。さすがに、百年も前のことだが、女たちはたしかに、本を読む存在としては認知されていなかったかもしれない。「男の生態なんて、授業でも習わない。男は美しくて、健康で、元気な精子を持っていれば、それでいいんだもの」と見える。いまだに、学校の授業のなかでは「女の生態」なんて習わないし、太平洋戦争に負ける前には、女は美しく健康で、元気な赤ん坊を産んで、お国のために奉仕することが第一義として求められていたはずだ。東日本大震災のあとの福島で、その類いのことがおぞましくも囁かれていたことを、わたしは忘れない。

3

さて、「ピュア」における対話篇のテーマは、「穴と窪み」である。こんな言葉に関心をそそられる。すなわち、「だって、いくら女が男より弱かったって言ってもさ、身体の構造的には、女が男を〝食ってる〟のは、ずーっとずーっと、太古の昔から変わんないじゃん、ねぇ?」と。むろん、わたしが問いかけられているわけではないが、返答にはとても困る。たしかに、身体の構造としては、女のヴァギナや子宮が男のペニスを受け入れ、呑みこんでいるわけで、男こそが女に食べられているように見える。太古の昔から、女たちは荒ぶる男たちをやさしく食べてきたのかもしれない。

奇妙な言葉を、ヒトミが洩らしている。ほんとうはみな、退屈が怖いんだ、退屈したくなくて、戦争もするし、子どもも産むし、男も(食べる)。そして、きっと、埋めなければ気が済まないような穴が、わたしたちのからだには開けられていて、わたしたちがやっていることはすべて、それを埋めるための作業なんだ、といったことだ。

ここであらためて、サルトルの『存在と無〈Ⅲ〉』を想起してみるのもいい。そこには、穴をめぐる実存的精神分析とでも名づけるべき思索のかけらが示されていた。それがしかし、男の去勢恐怖に収斂されてゆくところに、あくまで男のペニスを主人公とする物語に終始していることを感じずにはいられない。そのあたりは、以前に『性食考』のなかで触れたことがある。ときに、ペニスをむさぼり喰らう貪欲な口として、男によって体験され、表象されているらしい女のヴァギナについては、どのように、女性自身によって語られているのか。思えば、わたしはサルトルほどには怯えを感じていないが、あまりに「女の生態」に疎いことを痛感する。

とはいえ、ヒトミが語っていたのは、ヴァギナと呼ばれる穴に限定された話ではなかった。戦争もセックスも出産も、根源的な退屈を紛らわすために必要とされるのだ、という。退屈が穴と呼ばれている。その穴を埋めずにはいられない、穴を埋めることこそが人が生きることだ。そもそも退屈とは何か。気が遠くなりそうな問いかもしれない。ともあれ、退屈と穴をめぐる哲学の、ほんのかけら程度が語られていたのだった。いつか、穴の哲学について考えてみたくなった。

それから、ヒトミとユミ（私）の対話は、思いがけぬ方位へと転がってゆく。

「私たちの膣とか子宮ってさ、身体の内側にあるって思ってるじゃない？　あれってさ、本当は外側なんだよ」

「え、どういうこと？」

「だからさ、考えてみてよ。人間の身体って一本の空洞なわけ。食べ物を入れる所があってさ、出す所があるわけでしょ。それでさ、子宮と膣も〝内臓〟っていうくらいだから、身体の内側だと思ってたんだけどさ、あれって本当は、身体の中のどこともつながってない、外側に穿たれた、窪みみたいなもんなんだよね。つまり、ただの、表面にできた、へっこみ」

「へっこみ」
「そう。ただの、へっこみ。……だからね、ユミ、私たちが普段、ペニスを出し入れしてるのもさ、子供を宿して生み落とすのだってさ、実は全部、身体の外側で起きてる出来事なんだよね。コドモだってさ、私の体の外側の窪みに、ちょこっとだけ宿ってさ、そんでまた、外の世界にもどってく、ただ、それだけのことなんだよね。誰もさ、オトコだってコドモだって、私たちの身体の中に、入ることなんてできないんだよ」

とりあえず、膣も子宮ももたず、ペニスを穴に受け入れたことも、妊娠したことも、出産したことも、いずれも経験したことがない身としては、いくらか途方に暮れざるをえない。穴と窪みとはどのように異なり、どのように同じなのか。そもそも、穴は内側で、窪みは外側だなんて、あっさり区別できるのか。わからないけれども、大切な問いかけが隠されているような予感はある。人間の身体は一本の空洞であるというイメージは、縄文の土偶を見ると妙に納得される。ときに、そこには二つの口が、つまり、物を食べる口と糞を排泄する肛門が見いだされる。縄文人はもしかすると、ひとの身体を一本の空っぽの管のように認識していたのかもしれない。クネクネと蛇行する空洞＝管に、肉やら骨やら、顔やら手足やらが貼り付いている、といったイメージである。人間がまず食べる動物であり、消化／排泄の器官を備えた存在であることを思えば、泥から人間を造形した創世神話の語り部＝シャーマンたちは、一本の空洞としての人間像を知っていたかもしれない、などと妄想が膨らんでゆく。口から肛門へと繋がってゆく空洞＝管にとって、その表面を覆った肉壁は、むしろ外から侵入してくる異物との戦いの現場ではなかったか。それをもうひとつの皮膚と考えれば、人体に穿たれた穴そのものが、皮膚の延長のように見えてくる。

いずれであれ、人間の内／外を分かつ境界としての皮膚には、不思議がたくさん見いだされる。穴や窪みだけでなく、裂け目や傷跡などはどれも、それぞれにひと筋縄ではいかない問いが凝縮されている現場である。とりわけ、身体に穿たれたいくつかの穴は、まるで世界に向けて開かれた神秘の劇場ではなかったか。日本の神話では、殺されたオオゲツヒメという女神の身体のいくつもの穴から、作物の種が産み落とされる。身体の穴が作物が人間に贈与されるための、血まみれの現場となったことは、偶然ではない。

それから間もなく、ヒトミは死んでしまった。彼女が遺した言葉が、耳の奥処《おくが》に貼りついたように忘れられない。

　別になにやってたってさ、所詮、私の身体の外側を、ぜんぶ滑ってくだけだからさ……、そう考えたら、どんなことだって別に、たいしたことじゃねーなって、思うよ。だから、一周回って、せめて私ができることなら、なんでも精一杯、やろうと思うんだよね。いくら退屈だって叫んでてもさ、なにも入ってきてはくれないからさ。……たとえ、私が決めたことじゃ、ないにしてもさ。（略）だからさ、ユミも、その恋とかいうの？　自分で決めたんならさ、ま、精一杯やんなよ。応援、してるからさ。

なぜか、わたしは思った、千年後の女たちも幸せそうではないな、と。進化の果てに強靭なからだを手に入れ、男を鋭い牙と爪で暴力的に犯すことができる力を手に入れても、性愛は女たちに歓びをもたらすことがない。これはまるで、ひどい虐待を受け、近親相姦を強いられてきたサバイバーの少女の諦念の呟きではなかったか。みずからの身体の内／外を分かつ境界を幻想的に引き直し、生殖器を外部にあるモノと見なし、それゆえに、いま・そこでの暴力を他者の身体に加えられている遠い現実として受容する。そうして、耐えがたい残酷と痛みを回避しようと足掻いている。穴をたんなる窪みとして外在化すること、それはきっと、千年後の女たちを精神的に救済する手立てとはならない。

アマゾネス的な世界の哀しみ、といってみる。いずれにせよ、ヒトミは実戦訓練中に敵機に襲撃されて、十五人の仲間たちと共に死んだ。一か月の小さな命を宿していた、という。

4

さて最後に、「ピュア」に描かれた、「私」つまりユミの恋のゆくえに眼を凝らしておきたい。

ユミは地上の最下層地区で、男に出会った。エイジという。そこでは、聖女教会の教えが広まっている。ある日、聖女さまが空から降りてくるから、男たちは黙ってありがたく喰われるのが一番の幸せだと、子どものときから教えられているのだ。一生、労働に従事して、ちょうどいいところで女に喰われて、精子を搾り取られる。そんな人生しか選べない。

ユミは食べないことを約束して、エイジと会うようになった。やがて葛藤が生まれる。奇妙な感情を覚えるようになった。つまり、好きになったわけだ。恋に落ちた。エイジの顔が見たい、もっと近くに寄りたい、抱きしめて骨を粉々にして、腱を噛み切って、ひとかけらも残さずすべてを飲み下してしまいたい、やわらかそうな腹部に歯を立てて、内臓を引きずりだし、噛み潰して、温かい血が喉に流れこむのを感じたい、髪も爪も眼球も、すべてを糧にして、すっぽりと体内に収めてしまいたい。恋するエイジを食べたかった。こんなにも強い食欲があるなんて思ってもみなかった。あああ、食べたい、食べたい、好き、食べたい。一緒にいるためには食べられない。でも、ほかの女に食べられるのは、もっと嫌だと思った。

こんなヒトミとの会話があった。彼女は恋の秘密を洩らしたユミに向かって、食べちゃえばいい、食べて、自分のものにしちゃえばいい、とすすめた。しかし、ユミには恋する男を壊すことなんて、絶対にできない。わかっているけれど、そばにいたい。食べられなくたって、妊娠できなくたって、ずっとそばにいたい。そう思いながら、それは嘘だと感じる。やはり、セックスしたい、男の子どもがほしい。エイジを口いっぱいに感じたい。そのペニスが、からだの中心を突き上げるところを想像して、身震いする。わたしのやわらかい下腹部が、かれの下腹部とこすり合わされるところを想像する。内側から、こんこんと、甘くてねばっこくて熱い何かが湧いてきて、子宮がびくんとふるえる。痛いくらいに敏感になっている、わたしの臓器。ただの、ひとつの器官のはずなのに、なんでこんなにも、わたしを支配するのか。いっそ、この器官だけになってしまえたら、どんなにいいだろう。そうしたら、ためらうことなくかれを食べるのに。

ついに、そんな葛藤に満ちた恋は終焉を迎える。

エイジがマミに犯され、死に瀕している現場に遭遇したのだった。ユミはマミの首を薙ぎ払い、殺した。エイジのからだからは、このうえなく官能的な匂いが漂う。思わず身を固くした。エイジがいう、「お前さ、俺を食ってよ。（略）女になんかぜってー食われたくないって思ってたけどさ、お前にだったら、いいよ……俺、なんつーかさ、お前にだったら、遺されたい。お前ん中に遺されたいよ。（略）なぁ、頼むから俺のこと食って」と。

ユミは、「私、エイジくんのこと、ずっと食べたいと思ってた」という。エイジは笑った。空気と血の混じりあう音が響いた。「両思いじゃん」「エイジくんの命、もらっていい?」すると、うん、というようにエイジは目を伏せ、ユミの頭を引き寄せた。熱い唇と唇が触れあう。かれの手がそっと確かめるように、ユミの、そこだけ鱗に覆われていない胸に触れる。溶け落ちるような甘い痺れが、触れられた箇所から全身に広がっていった。ユミはエイジのうえにまたがった。ユミの脚のあいだに、破裂しそうに尖ったエイジのペニスがあった。その腰を抱きしめるように太腿で固くはさみながら、ゆっくりとかれをなかに引き入れた。熱い波がからだを駆け抜け、内臓の表皮が粟立った。すべての細胞が屹立するような歓びが、お腹の奥から湧きあがった。エイジはもう、答えない。痛みなのか、快楽なのか、それすらわからない朦朧とした顔で、必死に腰を動かすユミの顔を見あげている。いままで見たことのない、優しい表情だった。

このあと、ユミはエイジを殺して食べる。だから、すでに引いた作品冒頭のヒトミの狩りの情景と、ここでのユミとエイジの狩り=性愛の情景とは、ほとんど変わらぬものとして描かれている。しかし、その意味するところは対照的にかけ離れている。いや、むしろ隔絶している。あえて確認しておきたい。
それから、こんな場面がやって来る。

不意に、お腹の底から、あつくて、かたくとがって、さきっぽのある、エイジくんのペニスよりも大きくて強いなにかがつきあげてきて、わたしは赤ちゃんみたいに泣きじゃくりながら、海の水と同じものを、目からぽたぽたこぼしながら、エイジくんのお腹に、なんどもなんども、腰を激しく打ち付けて、そのたびに、エイジくんはびくんとふるえて、首筋から血が流れて、もう、どうしようもなくて、もう止めらんない、止めちゃダメだって誰かが言って、そう、止めちゃだめなのだ。私は生命の流れを、止めちゃだめだったのだ。その鋭い敗北が、私と、死にかけているエイジくんと、私のお腹の中にもうすぐ誕生しようとしている新しい生命を、一本の槍のように、深く深くまっすぐに、三つあわせて串刺しにして、私はお腹の中で鳴り響く、エイジくんのもう一つの鼓動を子宮の壁で聞きながら、自分よりもずっとずっと大きな誰かの声に従うように、すでにだらんと垂れ下がったエイジくんの首筋に牙を突き立て、根っこから食い千切った。

狩りという名の食事である。この食卓シーンのすぐ手前には、ある根源的な転回が見いだされる。エイジはまさに死に瀕して、こう語ったはずだ。「お前にだったら、遺されたい。お前ん中に遺されたいよ」と。おまえのなかに遺される、とは何か。男は恋する女に食べられることで、女のなかに何ものかとして遺されることを願ったのだ。食べる女はそれを深いところで受けとめた。だからこそ、恋する男と交わり、それを殺して、その血をすすり肉を食べることは、それゆえ、その命をいただくことは、ひとつの命に閉ざされた出来事ではないということに、聡明にも気づいたのだ。それはきっと、数も知れぬ死せる人々、命という相似形を編み、継いで、「細胞ひとつ遺さずに地上から消えていった、たくさんの女たち」の数も知れぬ命と繋がることだ、と思った。そこには、「エイジくんのペニスよりも大きくて強いなにか」が、海の水のように、巨大な生命の流れのようにあって、「自分よりもずっとずっと大きな誰かの声」がこだましていたのだった。

このとき、「ピュア」という作品はささやかに、しかし真っすぐに創世神話のかけらに成りあがったのかもしれない。わたしはふと、火の神を産んで、ホトを焼かれ、糞や尿や反吐を撒き散らしながら死んでいった女神のイザナミや、みずからの穴からとり出した唾液や嘔吐物や糞で料理した捧げ物を忌まれ、スサノオによって殺された女神のオオゲツヒメらを思う。しかし、ユミは殺されることはなく、したたかに生き延びる。殺される女神ではない。全身を鱗に覆われ、鋭い牙や爪をもつ異形の女神へとメタモルフォーゼを遂げて、相変わらず男たちを喰らいながら、エイジの残していった捨て子の娘たちと共に、生まれてくる新しい命を育てながら、たくましく母なる神として生きてゆくのである。

螺旋だった。終わることなき螺旋が私の身体を貫こうとしていた。
そこに突き刺さっているのは私だけじゃない。ほかの女たち、これまでにこの地上で命を紡いできた、何千何万何億の途方もない数の女たちが、同じくこの螺旋に身を貫かれて、遠い宇宙の彼方まで、永遠に連なっているのだった。多くの女を突き刺したまま、無限に伸び続けるその螺旋の槍の、一番先端に今、突き刺さろうとしている私の胸には、こんこんと燃える命の火が、その摩擦によって、灯ろうとしているのだった。

おそらく、この終わることなき螺旋は、DNAの螺旋から着想を得ているに違いない。それは、数も知れぬ女たちを突き刺しながら、無限に伸び続ける螺旋の槍とされ、そのもっとも先端に「私」の命が突き刺さろうとしている。ここにも生け贄のイメージがゆらゆらと揺れている。交わること／食べることを、ひとつになると表現することがある。それはとりあえず、呑みこむ・同化する・吸収するといった位相を超えて、やがて摂取することや継承することといった位相へと深まってゆくものだ。性と食をめぐるステージでは、そうして両義的な、ひき裂かれた出来事が一瞬のなかに生起するのだ、といってもいい。それはあるいは、二重螺旋という形象をもって描かれることになるのかもしれない。

第三章

怪物をめぐる血まみれの形而上学

1

三月十六日付け（二〇二三年）の『東京新聞』の夕刊記事は切り抜いてあったが、読まずにいた。記事の見出しには「人を食べたい苦悩を昇華」とあって、気にはなった。ただ、そそられるほどではなかった。最近は、そうして読まずに終わる記事やエッセイや本がめっきり増えた。それから半年も過ぎて、どこかネットの配信で偶然のように視聴することになった。グァダニーノ監督の『ボーンズ アンド オール』という映画である。いい映画だとは思った。しかし、あとから読んでみた夕刊記事にあったような、十八歳未満の若者に見てもらえないことが残念だといった感想は持たなかった。たしかに、人喰いを演じる少女と青年がたいへん魅力的で、惹きこまれはしたが、その、生きた人を喰らうシーンにはうまく寄り添うことができなかった。とはいえ、わたしはホラー映画が好きではないので、それが予期に反して扇情的なホラー映画ではないことには共感した。いたずらに恐怖を煽ることが抑制されていると感じたのだ。

原作小説が映画の公開に合わせて、ハヤカワ文庫から公刊されているのを知り、買い求めて、読んでみた。とても繊細にして美しい翻訳であった。訳者は川野靖子と見える。原作の著者は、カミーユ・デアンジェリスというアメリカの女性作家である。この作家や訳者については何ひとつ知らない。映画版はたしかに、原作小説にたいしてきちんと敬意を払っているが、いくつかの点において、原作とは大きく異なっている。原作の設定やストーリーを忠実になぞっているわけではない、ということだ。注意が必要である。切り離して論じられるべきだと思う。

たとえば、人喰いゆえに、あるとき、少女のマレンは思春期になるまで育ててくれた親に捨てられる。小説では、優しかった母親は、「わたしはあなたの母親で、あなたを愛してる、でも、もうこれ以上は耐えられない」という書き置きとともに、去っていった。映画では、父親がテープに録音を残して姿を消した。かれら自身は人喰いではなかった。もっと幼いときに少女の元を去った父親や母親が、どうやら人喰いだった。そうして独りぼっちになった少女は、まるで顔も知らず記憶もない人喰いの親と会うために、はるかな旅に出る。ついに、みずから選んで精神病院に幽閉されていた父親／母親との邂逅を果たすことになる。

映画化において加えられた変更は、人喰いの血筋が父系でたどられるか、母系でたどられるかといった問題を顕在化させるかもしれない。その問いに意味があるのか否かは、とりあえず捨てておく。この設定変更はあきらかに、映画における人喰いの中年男・サリーのイメージに揺らぎを与えている。この男のマレンへの執着の意味が大きく変わらざるをえない。たんなる少女嗜好の変態なのか、人喰いの血で繋がる一族の物語へと転成を遂げてゆく起点なのか。ほんの一例ではあるが、原作と映画とを一緒くたに論じることは避けたほうがよさそうだと感じている。

タイトルの『ボーンズ・アンド・オール』（*BONES AND ALL*）には、骨まで丸ごと喰らい尽くしてこそ、真の人喰いだといった意味合いが込められている。かれらイーター（喰らう人）は同族という意識をゆるやかに共有している。しかし、それは表立って共有されているものではなく、偶然の遭遇のなかでしだいに顕在化しながら、連帯に向かうことなく嫌悪や忌避感によってひき裂かれてゆく。イーター同士が喰うか／喰われるかの戦いをくりかえしている。「友だちなんぞ作らないのがいちばんだ」といい、「われわれのような人間はわれわれ独自のファミリーを作ったほうがいい」という。そうして、道連れになった人喰いのサリーは出まかせなことを語っては、マレンを惑わす。

原作小説では、同族の父は古い作文ノートに、訪ねてくる誰か子どもが読むときのために、自分を愛してくれた女性、つまりその子の母への愛を書き綴っていた。その母は父が怪物であることを忘れさせてくれた、ただ一人の女性だった。しかし、母は父が喰らう人であること、その恐怖から逃れられず、ついに妊娠八カ月のときに去っていった。だから、父は少女のことを何も知らなかった。これにたいして、映画版では、同族ではない父は証言者として少女の履歴をテープに語り残している。同族の母は精神病院に入った十五年前に、「私の娘へ」と題した遺言のような手紙を書き残していた。その母は娘に出会ったとき、愛の世界に怪物は必要とされないといい、「マレン、死んで！」と叫んでいる。愛と憎悪がほぐしようもなく交錯する。喰らう人の一族には、人を喰うか／みずからを殺すか／精神病院に監禁されるか、という残酷な選択しか許されていない。それがしだいにむき出しになる道行きが、小説／映画それぞれに描かれている。

さて、ここからはもっぱら、小説の『ボーンズ・アンド・オール』を取り上げることにする。映画版を起点にして、それを原作と位置付けることには、そもそも同意する気になれない。小説／映画の混同を避けたいという思いもある。そして、何よりも川野靖子訳の『ボーンズ・アンド・オール』という小説に惹かれたことが大きい。むろん、そうした読み方をほかの人たちに強要しようとは思わない。わたしはただ、この翻訳された小説の豊かな魅力に寄り添いたいと願うだけだ。それ以外ではない。

作品の末尾には、著者による「謝辞」と題して短い文章が掲載されている。その冒頭には、以下のように見える。

> ヴィーガンのわたしが人喰い《カニバル》の小説（食屍鬼《グール》も出てきますが、ここでは〝人喰い《カニバル》〟に含めます）を書いたと知ると、人は変だとか、笑えるとか、その両方だと思うようです。その意図を短く言うならば、わたしたちが個人として、かつまたひとつの社会として、肉食という習慣を環境的、精神的影響とあわせて懸命に真剣に考えるなら、世界ははるかに住みやすい場所になると信じているということです。

ヴィーガンとはとりあえず、たんなるベジタリアンを越えて、卵や乳製品も摂らない菜食主義者を指している。とすれば、著者の人喰い＝カニバルへの忌避感は、肉食でも魚食でも何でもありのわたしのような雑食家とは比べものにならないくらい、深刻なのではないかと想像する。ヴィーガンの作家はどうやら、ここでは肉食という食習慣そのものを、人喰い＝カニバルという衝撃的なテーマを仲立ちにして問いかけている。いわば、カニバリズムを肉食の喩として描いていたのである。むろん、肉食の喩以外の何か、たとえば思春期の恋愛の喩として読むこともできる。確認はしていないが、これを映画化したグァダニーノ監督は、おそらくヴィーガンではない。映画版は抑制されてはいるが、「禁断の純愛ホラー」として受容されているはずであり、それは監督自身の意図でもあったにちがいない。カミーユ・デアンジェリスの小説はむしろ、禁断の純愛を反ホラーとしてみごとに描き切っている。

2

この人喰い小説は、善悪の敷居を揺さぶりながら、怪物をめぐる血まみれの形而上学的な問いをかぎりなく遠くまで転がしてゆく。怪物とは何か、怪物はどのように誕生するのか、怪物と名指された者たちはそれをいかに受け入れてゆくのか、怪物と化した人は他者とどのように関係を結び直すことができるか、怪物は怪物であることから逃れられるのか……。思春期のあるとき、わたし自身がささやかに異形の怪物だったことを思い出す。そのとき、理解しがたい怪物へと変じてゆくわたしに怖れおののいていた母親や、大人たちの姿を忘れることはない。怪物というテーマはのちに異人論へと姿を変えていったが、あらためて怪物や異形や変身といったテーマを論じてみたくなった。次なるテーマになってゆくのかもしれない。

旅のなかで、マレンはしだいに気がついてゆく。

真実とは口を開けて待ち構えている怪物のようなものだ、あたしがこれからどんな怪物になろうと、それよりも恐ろしい怪物。足もとで大きく口を開け、決して逃げられず、落ちたとたんバラバラに噛みちぎられる。母さんがあたしを恐れているんじゃないか、とはもちろんなんとなくは思っていた。でもほかの誰かに言葉にされると、なおさらそう思えた。母さんは一度もあたしを愛していなかった。あたしに責任を感じていただけ――あたしがやったことはすべて、あたしをこの世に生み出した自分のせいだと。母さんが見せたやさしさはどれも愛ではなく、罪の意識から出たものだった。そのあいだずっと母さんはあたしが自力で生きていける年齢になるのをひたすら待っていた。

（5、原作の章番号）

さて、マレンはもう歯が生えてはいたが、赤ん坊だったある日、子守りの女性を食べた。記憶にはないが、はじめての人喰いだった。幼いときに、何か恐ろしいことをして、また同じことをしそうになっているという感覚だけは、どこか体の奥深くに刻まれていた。とにかく優しい母は、マレンが何をしたかとか、何者か、といったことについて語ろうとしなかった。マレンが「あの人はあたしに罰を与えてる」といい、それが神様のことだと知ると、母は眼を閉じて、神様なんていないの、神様というのは、人が自分の人生に納得するために生み出したもの、何か恐ろしいことが起こったとき、誰かのせいにできるから、と語り聞かせた。やはり、母の愛を疑うことはむずかしい。「神様がいなければ、罰を与えられることもない」と、マレンは悟った。

自分のような人間は図書館の本のなかにしかいなかった。巨人。トロール。魔女。食屍鬼。ミノタウルス。これがギリシャ叙事詩なら、あたしは英雄から命からがら逃げ出す側だ。時間の神クロノスは自分の子に権力を奪われると信じこまされ、妻が子を産むたびに赤ん坊を食べ尽くした。（2）

マレンは知りたかった。自分のほかにも「悪いこと」をしている人がいるのか。ほかにもいたら、あたしは一人じゃないって思える。母さんはしかし、けっして気休めの言葉や、ほんとうでないことは口にしなかった。だから、少女はむさぼるように本を読む子どもになった。図書館が特権的な場所として、くりかえし登場してくるのは、むろん偶然ではない。怪物にまつわる本を探した。ロアルド・ダールの『オ・ヤサシ巨人ＢＦＧ』にはがっかりした。ヒロインは誰も食べないし、おぞましい人喰い巨人はみな天罰を受けたからだ。何を期待していたのか。「あたしみたいな人間がいい人になれるはずがないのに」と思う。怪物の物語を見つけると、片っ端から集めてノートに収めた。物語は書き写して、ゴヤの《我が子を食らうサトゥルヌス》などの絵はかならずコピーした。そんなときは、いつでも、少女は図書館のいちばん静かな隅っこに身を潜めていたのだった。

マレンはあきらかに本フェチでもあった。サリーは喰らった人々から切り取った髪の毛を編んで、繋げて、長いロープにして大事に抱えていた。この髪のロープは、赤や茶や黒や銀色で、巻き毛やちぢれ毛やさらっとした直毛からなり、「これほどグロテスクで、しかも美しいものは見たことがなかった」と語られている。マレンはというと、誕生日にもらった『不思議の国のアリス』や『鏡の国のアリス』と一緒に、食べた相手にゆかりのある「彼らの本」をリュックに押しこんでいたのだった。

だから、リュックのなかの本は、二つにはっきり分けられる。ひとつは「自分の本」であり、『詳注つきアリス──完全決定版』『指輪物語』『ナルニア国物語』やサーカス絵本などだ。いまひとつは「彼らの本」で、『銀河ヒッチハイク・ガイド』『八十日間世界一周』『アドベンチャーブック〈ユートピアからの脱出〉』『巨匠とマルガリータ』などである。さらに、この小説のいたるところに、マレンの愛読書として、『マイロのふしぎな冒険』『五次元世界のぼうけん』『スコットランドの不思議伝説』『ジキル博士とハイド氏』などが呼び返されている。よく本を読んでいたけれども、読み終わった本には執着しなかった。

それでも、風変わりな本フェチではあるだろう。マレンは「本を読むと別の誰かになれる」と思い、「あたしには本が必要なの。あたしが持てるのはそれだけだから」と考える。旅の大切な道連れになるリーという若者は、ほとんど本を読まなかった。小さいころに、母親に絵本を読んでもらったこともなく、小説と友だちになったこともなかった。そういえば、マレンは縫いぐるみをひとつも持ったことがない。母が絶対に買ってくれなかったのである。

この母がいなくなった朝、キッチンのテーブルにはお金の入った分厚い白封筒と、しわくちゃの青い紙の出生証明書が置かれてあった。出生証明書は「その人の神聖な記録文書のようなものだ、たとえあたしみたいな怪物にとっても」と、マレンは思う。怪物というテーマは、人喰いにとっては上位概念であったか。旅する少女が、「怪物であることから逃れられないのなら、どうしてあたしにはこの状況をどうにかする魔力みたいなものが備わってないんだろう」(8)と呟く場面があった。物語のなかの怪物には与えられている魔力のようなものが、少女には何ひとつなかった。

人喰いの父もまた、魔力らしきものを持ち合わせなかった。父のノートの一節に眼を凝らしてみようか。――精神病院の何もない部屋で目覚めて、心のなかで幸せを感じるときがある、母さんが一晩中ベッドの隣りにいたかのように、「枕に残るシャンプーや、隣の部屋で焼けるベーコンのにおいを感じるような気がして」、その瞬間にできるだけ長くしがみつこうとした。この男は人喰い以外には、いかにも平凡な怪物だったのだ。母はたしかに、父が人喰いであることを知ったあとにも、父が「怪物だという事実」を忘れさせてくれたが、結局はマレンをお腹に宿したままに去っていった。おそらく、人喰いの血がわが子に伝わっていないことを願っていたはずだ。

精神病院で長年にわたって父を介護していたのは、トラヴィスという不可解な男だった。マレンが、「本当にあたしたちみたいな人を探しに行ったの」と問いかけると、トラヴィスは肩をすくめながら答えた。「魅せられていた。誰だってそうだろう。どこから見てもまったく普通の、きみのような人間が、どうしておとぎ話に出てくる鬼のように誰かを食べることができるのかを知りたかった。まだこの目で見たことはないが、それが実際にあることは知っている」(9)と。それは疑いもなく現実の話だった。警察のなかでも限られた人間しか話題にはしないし、遺体が見つからなければ、そもそも立証するのはむずかしい。人喰いが普通の人、ときには立派でまともな市民である場合だってある。そんな人たちが、どうしてお伽話に出てくる鬼に変化して、誰か人を食べることができるのか。トラヴィスの好奇心は、ぎらぎらと異様に研ぎ澄まされている。

そういえば、マレンに魅せられて近づいてくる男の子たちがいる。その一人、スチュアートの息はツナの匂いがした。こんな注釈が見える。「あたしたちのようなのけ者は自分たちを同心円状に並べたがる、だからスチュアートみたいな子は円のいちばん外側にいるあたしみたいな子に悪いと感じ、自分は違うと思って安心するのだ」（2）と。怪物の形而上学は、外に暮らす人々にとっても思いがけぬ魅惑に満ちているということだ。

きっと、怪物からは遠い女の子を相手にしては、こんな問いはありえない。スチュアートはマレンに、謎かけのように、なぜ、セアカゴケグモが「黒い未亡人」と呼ばれるか知っているかい、と問いかけている。むろん、女の子は誰だってそんなことは知らない。スチュアートは何か図鑑で仕入れたばかりの講釈を垂れるのだ。すなわち、交尾の相手はみんな死ぬ、メスがオスを食べる、メスは交尾が終わったらすぐにオスを食べるのだ、ときには交尾の最中にだって食べる、オスはそうしてメスに捕食される、メスには子孫のためにタンパク質が必要だから――と。これを性的な共食いという。そんな注釈が補足されたところで、危うくませた少年は帰還を果たした。喰われずに済んだ。

3

人喰いの少女は、ときどき、不意に口中に、まともな人は誰も知らないあの味を感じると、トイレに駆けこんで、リステリン（薬用マウスウォッシュ）を取り出すのだ。何度も何度も、口のなかがヒリヒリするまでうがいをするが、吐き出したとたんにまたあの味を、そう、「悪いこと」をしたあとの嫌な味を感じるのだ。この味覚はむろん、人喰いの残滓として口腔のなかに残されたものだが、それはきっと匂いと敏感に結びついている。

映画版では、この匂いが人喰いの表徴《シルシ》となっている。サリーによれば、同族は匂いでわかるという、イーターはみな固有の匂いを発しているのだとされる。小説では、この匂いというものには、はるかに根源的にして多様な意味合いが託されている。これはまさに、匂いの小説なのである。世界はさまざまな匂いに満ちている。たとえば、カーニバル会場のなかでは、「揚げ生地と粉砂糖のにおいが、タバコの煙とがちゃりと回転する歯車の機械油のにおいと混じりあっ」(7)ていた、という。人はみな、それぞれの匂いを身にまといながら暮らしている。たとえば、キッチンに入ってゆく父の育ての母は、「ムッとするような、微かに脂っぽい――何週間も髪を洗っていないようなーーにおいがした」(8)という。マレンは誰かが息がかかるほどの距離に近づいたとき、その匂いで相手がどんな人かを判別する。匂いとの遭遇から始まるのだ。「夢のなかではにおいがしない」(5)といった言葉もあって、油断がならない。

だから、ライアル・ワトソンの『匂いの記憶』といった本を、かたわらに置いておきたくなる。そこにはたとえば、「嗅覚は記憶と欲望の感覚である」というルソーのものらしい言葉が引かれている。たしかに、ある匂いに遭遇したとき、遠い記憶の底にしまいこまれていたものが、不意に蘇ることがある。その記憶はきっと何か匂いにまつわる欲望にまみれている。あるいは、匂いと個人のアイデンティティのあいだには繋がりがあり、「自分自身の匂い」がある、といった言葉が見える。そんな自分の匂いは自分で識別することも、説明することもできないが、嗅覚に敏感な人は他者をその人に固有の匂いをもって識別することができるらしい。いずれであれ、ほとんど『ボーンズ・アンド・オール』という小説のために用意されてあった、導きの書であるかのように感じられる。

ここからは、小説のなかに散りばめられた匂いの描写を拾ってゆく。

たとえば、ゴミ箱のうしろに乗り捨てられてあった車は、「カビとタバコと最後に運転した人の洗っていない体のにおい」(2)がした、という。マレンは一夜の眠りをその後部座席で手に入れることになる。リーの大叔母は二カ月前に亡くなり、その家はまだ買い手がついていなかった。「空気はよどみ、病と、長く使われていなかったにおい」(5)がする、この家に泊まることにした。住宅展示会場のなかの、鍵を壊して忍びこんだ家のベッドのシーツは、「ごわごわしてプラスチックのにおい」(8)がした、という。「シーツにはリーのにおいが残っていて心が慰められた」(10)ともあって、この小説では、シーツの匂いには特別な関心が寄せられている。シーツこそはその人の体臭が凝縮されている現場だ。田山花袋の『蒲団』を想起するまでもない。あるとき、老婆の家にいた。汚れた靴下を脱いで、雪のような布団に潜りこむと、「洗濯せっけんのにおい」にほっとした。「こうしてシーツを洗う人がいるかぎり、世のなかにはまだ救いがある」(3)と見える。

いっときの寝場所に選んだ学生寮のカウチのクッションには、むろんシーツは敷かれていなかった。その代わりに、「ビールと汚れた靴下みたいなにおい」(11)がした。リーに抱かれた瞬間、すべてが溶けて流れ出し、浄化された。目覚めるとリーの姿はなく、口のなかには人喰いの嫌な味が残っていた。シーツに残るかれの匂いを吸いこんだ。それから、一人になったマレンは貸し部屋を訪ねると、その玄関には「カビと咳止めドロップのにおい」(12)がしたが、小さな部屋のシングルベッドにはぱりっとした白いシーツが敷いてあった。このシーツへの執着には、人喰いたちが強いられる遊動生活の影があるのかもしれない。

また、お金を渡して乗せてもらった女の車に置き去りにされたあとで、マレンは「ひょっとしてにおいのせい？　学校でも女の子は誰もあたしを好きにならなかった」(4)と思う。人喰いの匂いに気づかれて忌避された、と感じたのである。同族らしき匂いに気づくときがある。若い歴史の女の先生が、肩越しに覗きこみ微笑んだとき、マレンはたしかにその息に、「マウスウォッシュの下に隠れた、腐った古いペニー硬貨のようなにおい」(4)を嗅ぎ取ったのだ。ペニー硬貨が腐るのかは知らないが、マウスウォッシュでは隠せない嫌な匂いの先には、同族が潜んでいたのである。マレンがそのことに気づくのは、ずっとあとのことだろう。

4

人喰いの場面に漂う匂いに眼を凝らしてみようか。

八歳のとき、サマーキャンプで知り合ったルークの場合(1)——。

森のなかの簡易テントで、マレンはルークの隣りにすわり、「チリパウダーと腐った卵と綿くずのにおい」だけを感じていた。ルークの熱意や心意気、野外にたいする渇望、そのどれにも、「湿った木の葉のような、塩辛い肌のような、彼の手の形を知っているブリキのカップに入ったホットココアのような」匂いがあった。ルークにもたれ、匂いを嗅いだ。あの、チリパウダーと腐った卵と綿くずの混ざりあう匂いだ。マレンがルークの喉に唇を押しつけると、その体が期待にこわばった。ルークが息を吹きかけてくる。チリパウダーの匂いを嗅いだ。それから先は、もうあと戻りができなかった。

パーティの晩に出会ったジェイミーの場合（2）――。

マレンはコートの山の下に潜りこんでいた。そこは暖かく、居心地がよくて、息を吸うたびに「香水とタバコの煙のにおい」がして、いつのまにか眠りこんでしまった。ジェイミーが不意に現われる。望遠鏡を見せてくれる。この少年はすぐそばに、「アイリッシュ・スプリングせっけんのにおい」とともに立っていた。地下室に移った。ジェイミーが体を寄せてくる。「これ以上、近づかれたらもう止められない」と感じた。マレンは唇をかれの首に押しつけ、呑みこんだ。かれの息は「カクテルソースのにおい」がして、口のほの暗い隅っこからは「細かく砕かれたエビの腐るにおい」が漂った。一歩あとずさって見ると、ジェイミーは眼を閉じて、まるで「きみの望むことならなんだってしてくれていいし、それでぼくは天にものぼる気持ちだ」とでもいうように、微笑んでいた。

優しく泊めてくれた老婦人ミセス・ハーモンの場合（3）――。

翌朝、眠りから覚めると、ハーモンは亡くなっていた。マレンは夕方になって、生きている誰かの気配を感じた。扉を開けると、廊下の向こうから「味わわれるのは一度きりであったはずの、酸っぱくなった食事の匂い。血のにおい」（3）が漂ってきた。それは知っている匂いとは違った。

死んだ人間の血は匂いも味も異なっているらしい。廊下の暗がりの向こうで、耳が半分欠けた老人がミセス・ハーモンの腹の奥まで頭を埋めて、人喰いをする場面に遭遇したのである。この食屍鬼《グール》のサリーは「生きたのは食べない」といい、死体をもっぱらに食べるが、「死期が近い人のにおい」がわかるらしい。それを嗅ぎつけてやって来たのである。

万引きを目撃されたアンディの場合（4）――。

アンディの車に乗り、助手席で手渡されたビニール袋のオレオやバナナやヨーグルトを食べた。アンディは手を伸ばして、マレンの手を取り、指を絡ませた。アンディの息は「フリトスとペプシとタバコのにおい」がした。頬を撫でた。その「コーンチップとシナモンガムとタバコの煙」の混ざった匂いに、体がひきつった。抱きしめるだけでいいから、と首にキスをしながら、指を膝まで這わせそっと開こうとした。アンディは孤独で、マレンを望むままにできたかもしれないが、そうはしなかった。マレンはかれを食べた。小さな声が囁いた、誰だって孤独で、孤独だからという理由だけで何かができるわけじゃない、と。

酔っ払いカウボーイの場合（4－5）――。

マレンがアンディを食べるのを目撃したリーは、そのカウボーイを食べた。マレンとリーは足を止め、見つめあった。同類の人喰いに出会った。それから、酔っ払いカウボーイの黒いピックアップトラックに乗りこんだ。そのトラックは予想した通り、「ビールとタバコのにおい」がした。またもや予想した通り、この男は一人暮らしだった。居間の奥にキッチンとバスルームと寝室があるだけの狭い家は、家じゅうから、「百年間、毎日ここでタバコを吹かし、ビールを飲む以外何もしていなかったようなにおい」がした。

鬼婆ピンカーの場合その他（6・8・11）——。

リーが最初に食べたのは、マレンと同じようにベビーシッターだった。サディスティックな女だったから、食べた。鬼婆ピンカーと呼んでいた。ベビーシッターのほんとうの名前は知らなかった。顔はよく覚えていないけど、ひどく歯が長くて、作り笑いを浮かべたときに見える歯が嫌いだった。でも、匂いは覚えている。「すえたような、酸っぱいにおい——何年も部屋にこもって汚い言葉だけをしゃべりつづけて一度も歯を磨いてないような」匂いだった。そういえば、リーはまた、母さんの男の一人を食べたことがある。この飲んだくれは、カウチから立ちあがって目の前に立ったが、「この一週間にやってきた吐き気のするようなあれこれのにおい」と「路地で小便して、ゴミ箱に吐いたにおい」がした。その人喰いを恋人のレイチェルが見た。リーは家を出るしかなかった。あるいは、女子学生を食べたあとで、リーがふっと息を吐き、マレンはその匂いを嗅いだ。「ミントの下に潜む嫌なにおい」だった。たぶん、食べた女の歯ブラシを使ったのだ。

ところで、サリーとマレンの関係がやがて明らかになるが、伏せておきたい気がする。そのうえで、サリーがマレンを襲撃する場面に眼を凝らしておきたい。「あなたはほかに何を食べるの？」とマレンが問いかける。死体のほかにには。サリーは笑った。

〝酢漬けした息子の舌、シチューに入れた祖母の心臓〟。そのときサリーが吐いた息は、一日たった戦場と逆流した下水管と百個のゴミ埋立地をひとつに合わせたようなにおいがした。想像できるだろうか？　死体を食べつづけて一度も歯を磨かなかった人間を？

（10）

ナイフは見えなかったが、サリーがリンゴの皮を剥くのに使った刃でマレンを殺そうとしていることはわかった。「逃げて、さもないとシーツをかけられて羽交い締めにされる」という、母さんの声が聞こえる。またしてもシーツか。冷たいナイフの刃を上腕に感じる。サリーが凄んだ声で囁き、その息が顔にかかって、マレンは気が遠くなりかけた。「俺が食べるのは死んだ人間だけだ。いつもそいつの都合に合わせて死なせるわけじゃない」と、サリーがいう。どうしてここまで、マレンのために時間をかけたのか。「楽しむため。そうでなければ、おそらくあたしを太らせたかっただけだ」と、マレンは考える。グリム童話の「ヘンゼルとグレーテル」を思い出す。男の子を、ただ喰らうために太らせる、お菓子の家の老婆の姿が浮かぶ。マレンはやっとのことで、逃げた。

ふたたび、サリーに襲われた。マレンにナイフを突きつけながら、サリーがそっけない口調で話しはじめる。昔、こんな男がいた、そいつは自分の母親を喰った、もちろん驚かれるだろうと思って言ったんだろう、俺はだれも、何も怖くない、自分の母親を喰った男でさえ、と。マレンは答える、リーは自分の父親を食べたかもしれない、あなたを食べるくらいわけない。重くて力強い足音が近づいてくる、リーがやって来る。どうなるかはわかってるはずよ、あたしを殺して食べても、かれがあなたを食べる、リーはそういうタイプなの、「この世にいないほうがいい人間を食べる人喰い《イーター》」だから。リーがついに、サリーを殺して、食べた。このあとにまた、シーツを剥がす場面がちらりと見える。さらに、最終章の始まりには、目覚めるとリーの姿はなく、マレンはシーツに残るリーの匂いを吸いこむのである。

最後に、図書館で出会ったジェイソンの場合(12)――。

ジェイソンのはじめての匂い。そのシャツはかすかに、「洗濯洗剤のにおい」がして、息からは「ミント味リステリンの下に焦げたベーコンのにおい」がしたのだった。それから、十二月になり、ジェイソンは貸出依頼票を手に書棚の奥へと誘ってきた。そばに近づいてくると、熱い息が首にかかった。あたりは「ほこりと古い本――おそらく一生読むことはない言葉でできた壁――が発するカビのにおい」がした。マレンはブラウスのボタンをはずし、それを脱いで振り返った。ジェイソンは息をはずませ、手を伸ばし、その指が体のわきを撫で、指先を腰のくびれに沈めた。またしても熱い息がかかり、「ミント風味の化学薬品の下に健康的な朝食のかすかな痕跡」が匂ったのである。

マレンは、デューイ十進分法でカニバリズムは何番か知っているか、と問いかけた。ジェイソンはきょとんと見返した。どうしてそんなこと知っているか、知りたい、とたずねる。ジェイソンは片手を腰のゴムにかけたまま、笑みを浮かべた。「ぼくを食べようっていうの、かわいい本の虫さん?」「悪魔学、一三三」「もっと教えて。きみはサキュバスかい」と緊張が高まってゆく。サキュバス、女の夢魔。マレンは心のなかで呟く、「もし――いますぐ――立ち去らなかったら、あたしはあなたを食べる。最初は喉、それから残りを全部」と。書庫の暗がりで、ジェイソンはマレンの顎の先に舌を這わせて、「きみがそんなに変わった趣味だとは思わなかった」と囁く。マレンはため息をつき、ジェイソンの首に唇を押しつけた。あたしが人喰いだとは、誰も思わない。長編小説はここで幕を下ろし、そのあとのことは語らない。

あらためて、ライアル・ワトソンの『匂いの記憶』を想起しなければならない。そこに見えていた、「嗅覚は記憶と欲望の感覚である」という言葉がこだましている。『ボーンズ・アンド・オール』という小説に描かれていた匂いは、ほぼ例外なしに、身体の生理にじかに根ざした匂いではなく、人工の所産である。部屋の匂い、車の匂い、食べた物やタバコの匂い、石鹸やマウスウォッシュの匂い。とりわけ人の息が複雑な履歴を宿している。その意味ではまさに、記憶と欲望にまつわる匂いのカタログなのである。例外のひとつが、人喰い自身の匂いであることに、読み解きの鍵が隠されているのかもしれない。

そういえば、この小説にも穴にかんする思索のかけらが転がっていた。ジェイミーを食べたあとに、こんなふうに語られた一節があった。

その夜、空腹には二種類あることを学んだ。ひとつはチーズバーガーやチョコレートミルクで満たすことができる空腹。でも、あたしのなかにはじっと機会をうかがう、もうひとつの空腹がある。あんなふうに何ごともなく数カ月はやっていけるかもしれない、ひょっとしたら数年でも。だけどいずれあたしは屈する。それは、あたしのなかにおそろしく大きな穴があって、それがいったん形を取りはじめたら、その穴を満たせるのは穴そのものしかいないようなものだった。（2）

大きな、大きな穴がある。怪物の抱えこまされた穴はとりわけ、巨大すぎて、「その穴を満たせるのは穴そのものしかいない」ような、非情にして残酷な穴なのかもしれない。すでに触れた、小野美由紀の『ピュア』に見えていた、「きっと、埋めなきゃ気が済まないような穴が、私たちの体には開けられていてさ、……私たちがやっていることは、全部、それを埋めるための作業なんだ」というセリフを思い出してみるのもいい。穴の形而上学には、いずれ眼を凝らさねばならない。

異端の鳥たちが空を舞う

1

いつか忘れたが、『異端の鳥』という映画のＤＶＤは買い求めてあった。そのジャケットの表紙が見るからに怖い。坊主頭の少年が地面に顔だけ出して、一匹のカラスと対峙しあっている絵柄なのだ。眼を背けずにはいられないほどゾクゾクする。カラスに啄《ついば》まれても、抵抗しようがない。それでも少年はカラスを睨みつけている。その背後の遠い空には、たくさんの鳥たちが舞い騒いでいる。そして、異端の鳥というタイトルが煽るように覆いかぶさってくる。もうこれだけで怖すぎて観るのを避けたかった。

だから、実際にこの映画に巡り会うまでには時間がかかった。

原題は『ペインティッド・バード（*THE PAINTED BIRD*）』であり、『異端の鳥』は内容に即した意訳といったところか。たとえば、戦火とホロコーストを逃れて、たった一人で生き延びるために、少年は行く先々でかれを異物と見なす人々の酷い仕打ちに遭いながら、彷徨の旅を続ける。カバーの説明文からは、そんな情景が浮かんでくる。わたしはいま、それがはたして可能なのか否かは知らず、この『異端の鳥』という映画を、あえて怪物というテーマにおいて読み解いてみたいと考えている。怪物とはいったいだれか、少年なのか、それとも……。群れをつくって暮らす人間たちが、だれか他者を怪物に仕立てあげ、凄惨な暴力を加えるメカニズムにこそ眼を凝らしてみたい。わたし自身が若いころに、なりふり構わず追求していた異人・境界・供犠といったテーマにも繫がってゆくが、そこに怪物というテーマを投げこんでやると、それは思いがけぬ屈折を強いられずにはいない。少なくとも、この映画をたんに、戦争と人間をめぐる悲惨を描いた映画として観る気にはなれない。

ともあれ、戦乱の渦中に、親に棄てられた戦争孤児の少年がいずことも知れぬ家をめざして、ただ生き延びるために、みずからの名前すら忘却したかのように、いや、名前そのものを奪われて、残酷な世界の縁を恐怖に追い立てられながら彷徨してゆく。少年は家族から棄てられ、はるかに失われた家を求めて流離の旅を続けている。だから、漂着した村々では、どこでも外なる世界からやって来たストレンジャーとして迎えられる。そして、迷信深き人々から「黒い悪魔の眼」「魔王の手下、吸血鬼」「不幸を呼ぶ、不吉な餓鬼」「ジプシー」「ユダヤ人」などと呼ばれ、忌み嫌われ、怪物扱いをされるのだ。しかし、わたしたち映画を観る者にとっては、少年が怪物として立ち現われる場面は一度も、いや、ほとんどない。むしろ、怪物的であるのは少年を迫害する人々であり、その村々ではなかったか。

まさしく暴力と残酷が渦巻く世界である。いくつかの方位を違える暴力が見いだされる。沼野充義は「コシンスキと「ペインティッド・バード」の残酷な歴史的背景」と題されたエッセイのなかで、原作小説の異様なまでの残酷さは三重に積み重ねられている、と指摘している。第一に、「東欧の田舎の、純朴とはいえ迷信深く野蛮な農民たちの偏見とすさまじい暴力」であり、第二に、「ナチス・ドイツの支配下でユダヤ人に対してふるわれた組織的暴力」、そして第三に、「ソ連軍がナチス・ドイツに協力した村人たちにふるったやはり非人間的な暴力」である。わたしなどは、戦争そのものよりも、ナチス・ドイツやソ連軍よりも、東欧の土着の村々で少年が遭遇することになった暴力の苛烈さに衝撃を受けずにはいられなかった。近代的な軍隊のなかからは、ナチスであれ赤軍であれ、思いがけず戦争孤児の少年に憐れみを向ける兵士が現われるが、野蛮なコサック兵や、厳しい風土と因習に縛られた村人たちはけっして救済者とはならない。いや、少年をかくまえば殺される、救済など禁じられているのだ。教会の司祭だけがかろうじて例外者となった。

さて、わたしは映画を観たあとで、原作とされるイェジー・コシンスキの『ペインティッド・バード』(松籟社)という小説を読んでみた。映画版が映像の生々しさはあれ、抑制されたものに感じられるほどに、そこでは残酷な表現がきわだち、容赦ないものに思われた。小説の訳者である西成彦の「解題」によれば、これを「ホロコースト小説」として読む批評が定着してきた、という。そして、次のように指摘していた。すなわち、これを「ホロコースト小説」として読む者が、それを「ポルノグラフィー」として読まない保証はどこにもない、この書の最大の特徴は「ホロコースト」の背後にひそむ性的なサディズムに執拗にスポットライトを当てたところにある、と。スーザン・ソンタグが『他者の苦痛へのまなざし』で語っていた、「魅力的な身体が暴力を受けるイメージはすべて、ある程度ポルノ的である」という言葉と響き合うものを感じずにはいられない。

この原作小説を、仮にそのままに映像化すれば、まさしく性的なサディズムに色濃く覆われたポルノ映画とならざるをえない。おそらく、十歳の少年を主人公として描かれ、撮られる映画であるかぎり、そこには固有の困難がつきまとうはずだ。実際、いくつかの問題のあるシーンでは、俳優の少年を現場から遠ざける配慮がなされ、カメラを少年の目線にすることで物語を伝えるようにしたらしい。それ以外の暴力的、性的な描写のシーンでは、「大人のボディダブル」を使ったという（ヴァーツラフ・マルホウル監督のインタヴューによる）。それでも、この映画との関わりそのものが、少年にとって苛酷な負荷をもたらすものであったことは想像にかたくない。小説ではそうした問題への配慮は限定的なものとなるはずで、この一点においても映画版の抑制的な表現は避けがたいものであったにちがいない。

映画版のはじまりは、犬かウサギらしい白い小動物を抱いた少年が、森のなかを駆けているシーンである。やがて、少年はだれかに転ばされる。それから、数人の男たちが小動物に油をかけて火をつける。火だるまの生き物はくるくると孤を描いて駆けまわり、やがて命尽きて静かになる。まさに、この映画にふさわしい不条理な暴力の現場、その幕開けである。いっさいの説明が省かれている。観客はみな、いきなり残酷の渦中に投げこまれるのである。

小説では、第二次世界大戦が始まってから数週間ほど、一九三九年の秋のこと、「六歳の少年が東欧の大都市から、何千という子どもたちと同じように、両親の手によって、遠い村へと疎開させられた」と語り起こされる。東方に向かう旅人に、たくさんの金とともに託された少年は、つかの間の里親の元へと連れてゆかれる。それが、戦争を生き延びるための最善の方法だと、親たちは信じて疑わなかったのだ。男との連絡は途絶える。二か月も経たずに、里親になった女性は死んだ。少年は一人ぼっちで身を隠し、追われながら、村から村へと四年間にわたって彷徨の旅を強いられることになる。

その村々は、民族的にも少年が生まれた地域とは異なっていた。周囲からは孤立し、同族結婚を重ねてきた農民たちは、肌の色が白く、ブロンドの髪に青か灰色の眼をしていた。少年はオリーブ色の肌に黒髪で、眼の色も黒かった。だから、ジプシーかユダヤ人の浮浪者と見なされた。かれらをかくまって、ドイツ人に見つかれば、厳罰を覚悟しなければならなかった。

一帯の村々は何世紀ものあいだ顧みられることがなかった。都会からのアクセスも悪く、遠く隔てられていたこの地域は、東欧で最も辺鄙な一角に位置していた。学校も病院もなく、舗装道路も橋もほとんどないに等しく、電気も通っていなかった。ひとびとは曾祖父の時代と同じように小さな集落を構成して生きてきた。川や森や湖の権利をめぐっては村と村のあいだでいさかいが絶えなかった。強く裕福な者が弱く貧しい者に対して伝統的に権利を有するというのが唯一の決まりだった。信仰的にはローマ・カトリックと正教の二つに分かれ、ひとびとはとんでもない迷信と、人間にも動物にも等しく襲いかかる疫病によってのみ結ばれていた。

みんな、べつに好きでそうなったわけではないにしても、無知で残忍だった。土壌はやせており、気候は厳しかった。川には魚が少なく、しばしば氾濫を起こして放牧地や畑を水浸しにし、沼地に変えた。広大な沼沢地と湿地がこの地域を寸断し、深い森は古くから盗賊や無法者に隠れ処を提供してきた。

これは原作小説のはじまりのナレーションの一節に語られていたものだが、『異端の鳥』という映画の背景にあった村々と、そこに暮らす人々の現実でもあったことはいうまでもない。とはいえ、映画は小説に寄り添いながらも、大きく乖離してゆく場面が少なからずあるし、なにより言葉による過剰な説明からは距離を取ろうとしている。いわば説明を映像に委ねることで、ある種散文詩のような感触が生まれているようだ。風景の細部からどれだけの情報を得るかは、観る者の裁量に任されている。わたし自身は小説を読んで、映画の対応するシーンへと舞い戻り、気付いたり納得したことがたくさんあった。むしろ、この映画は原作小説の説明過剰からは一線を画そうとしている。ポルノグラフィーへの傾斜を周到に避けようとしていた、といってもいい。

さて、ここからは映画版の『異端の鳥』をテクストにして、気ままな読み解きに取りかかりたい。原作の小説をじかに論じることはしない。むろん折りに触れて参照はするが、あくまで補助的な位置付けに留まる。たとえば、「ながれ星」と呼ばれる携帯用の小型ストーブなど、映像だけではその重要な意味合いが伝わらず、小説を読んではじめて納得を得た。それはいわば、原作小説にもとづく映画を理解するための作法のようなものだ、と考えている。

2

厳しい飢えのなかで、食と性とが交錯する。少年がになう、生き延びるがための労働の対価として、わずかな食事と粗末な寝床が与えられる。少年は村という共同体の抱えこんだ生々しい現実を、たいてい家の暗がりから凝視している。残酷な暴力がそこかしこに渦を巻き、少年はそこから逃れることができない。しばらく、そんな物語の跡をたどってみる。

はじまりは「マルタ」の章。少年はマルタという名の里親らしき老婆と暮らしている。庭にはつるべ井戸があり、木造の貧しい家であった。少年は裸のからだを拭いてもらい、芋と肉のスープを食べ、ピアノを弾いている。かたわらには少年の家族の写真があり、バイオリンを弾くネジ巻き人形があった。老婆はベッドで本を読んでいた。そして、揺り椅子に座ったまま死んでしまった。その死に遭遇して、幼い少年は驚いて手にしたランプを落とし、火事になる。逃げ出した少年は、家が丸焼けになるのを眺めている。ここでは、少年はささやかな幸せを享受していたのかもしれない。家族の絵を描いた紙を帆にした木製の帆かけ舟を小川に浮かべて、そこに「迎えに来て」というメッセージを託した。まるで、わたしたちのお盆の風物詩の精霊流しのようだ。それはむろん、あの世へと死者たちの魂を送り返す行事であり、方位が異なっている。そうして里親との暮らしはあっけなく失われ、少年の流離の日々が始まったのである。「火事」の章であった。

それに続く「オルガ」の章——。少年はたどり着いた村で、村人たちから、黒い悪魔の眼をしている、魔王の手下だ、吸血鬼だ、こういう連中は死を招き寄せる、と罵られ、凄惨なリンチを受ける。それから、老婆に売り渡される。縄に繋がれ曳かれてゆく。魔女のような老婆のもとで、坊主頭の少年は奴隷のように使役される。老婆は病気治しを仕事にしており、その助手として働かされるのだ。薬を作り、妊婦の腹を蛇で撫でまわし、老人の耳に蝋を垂らす。伝染病の男たちの死体は布に包んで、焼くように命じた。老婆はあきらかに魔法をあやつる呪医であった。少年が病気になると、裸にされ、荷車でどこか野の高みに運ばれ、首から下を土中に埋められた。邪悪な力を沼に返すのだ、という。夜中、四方に火が焚かれていた。明るくなると、カラスの群れに取り囲まれた。悪魔祓いの儀礼なのか、少年はカラスたちに襲撃され、頭を啄まれて血だらけになり、ようやく救い出された。それから、釣りをしていたとき、なんの予告もなしに村の男に川へ突き落とされ、流木にすがって流されるのだ。家に帰りたいと願った。

「ミレル」の章――。水車の村に流れ着き、若い男に助けられ、かれが作男として使われている家に連れて行かれる。主人の老人は、そいつは不幸を呼ぶ、不吉なガキだ、と言い放った。ここでの少年の仕事は、水車小屋での粉挽きの手伝いだ。食卓が惨劇の舞台となる。老人は妻と作男との関係を疑っていた。三人は食卓につき、たがいに窺いあいながら、言葉もなく粗末な食事を食べはじめる。少年は部屋の隅っこで壁にもたれ、食事も与えられず、ただ眺めている。老人が拾ってきた猫と家の猫が、唸り声をあげながら、やがてまぐあいへと入ってゆく。そのとき、妻と作男の微妙な表情を窺っていた老人が、いきなり木のテーブルをひっくり返して、作男に飛びかかった。作男を床に押さえつけ、握りしめたスプーンでその両の眼をえぐった。床に転がった、ふたつの眼玉を猫が舐めまわす。そのまま男は外に叩き出された。妻は皮のバンドで苛酷な折檻を受けた。少年は雨の戸外へと逃げ出してゆくしかなかった。

「レッフとルドミラ」から「ペイント」の章へ。鳥を捕って売ることを生業《なりわい》とするレッフという男に、少年は拾われる。「おまえはジプシーか」と問われて、少年は首を振り、十字を切ってみせる。少年の仕事は鳥を捕る手伝いだ。高い木に登って、罠をかけた。男は口笛を吹いて鳥を呼ぶ。野原では、鳥籠を手に現われた全裸の若い女と激しくセックスをする。それを少年は眺めている。女は行き会った少年たちを誘惑して、木の根元でセックスを仕掛けた。それから、女は村の女たちに恨まれて、収穫後の野原で報復のリンチを受けた。最後に、陰部にガラス瓶を押し入れられて、悲鳴とともに壊された。助けようとした男は、女たちの返り討ちに遭った。女は死んだ。彼女はルドミラといい、レッフにとっては大切な愛人だった。女のあとを追って、首吊り自殺をする男を止められず、少年は逆に、しがみついて手助けをした。そして、少年はたくさんの鳥籠から、鳥を一羽ずつ取り出して、空に向けて解き放った。そうして、この村を離れるのである。

どこかに、『ペインティッド・バード』というタイトルに繋がるシーンが挿入されていたが、女の死の前であったか、後であったか。記憶が混乱している。男が一羽の鳥にペンキを塗って、空に放った。塗られた鳥は空に舞う鳥の群れのなかへと飛びこんでゆく。すると、鳥たちは大混乱を起こして、この異物の鳥を寄ってたかって攻撃するのだった。その鳥はやがて、男の横で空の戦いを見上げていた少年の足元に落下してくる。むろん、こと切れている。ペインティッド・バードはそうして、まるで少年自身の似姿のように、仲間たちから異物として忌まれ殺されたのである。少年もまた、ペンキを塗られて異物に仕立てあげられたスケープゴートだったことが、鮮やかに示唆されている。

「ハンス」の章――。森のなかで、少年は脚を怪我している馬を助けた。その馬を手土産のようにして、村人に迎えてもらうことを願ったのか。馬を連れて入ってゆくと、村人たちが農具などを携え集まってくる。傷ついた馬は二頭の馬に曳きずられて、息の根を止められた。少年は悲しんだが、その馬に生き延びる術はなかったのだ。酒場の主人に拾われた。騎馬の男たちの群れが姿を現わす。コサック兵であったか。酒をあおり、喰らい、歌い騒ぐ男たちのあいだを縫って、少年は給仕のために立ち働いていた。将兵の指図で酒を乱暴に飲まされた少年は、テーブルの下に酔い潰れていた。翌朝になると、コサック兵は酒や食べ物を奪い、店の主人に命じて、手足を縛られた少年を荷車に乗せて、ドイツ軍の駐屯地に運んでゆかせる。まるで貢ぎ物のように。「ユダヤ人を森のなかで見つけて、届ける」というメモ書きとともに、少年はドイツ兵たちに引き渡された。志願した兵士によって、少年は裸足で線路を歩かされてゆく。線路が切れたところで、兵士はひそかに少年を殺すことを拒んで、森へと逃がした。空砲を二発撃って、少年の殺害が報告された。

「機関車」の章――。少年は樹のうえで寝ていた。むろん、獣たちの襲撃を避けるためだ。そこに、収容所へとユダヤ人を護送してゆく列車が通りかかる。木の扉を壊し、列車から飛び降りて逃げる人々は、次々に撃ち殺された。そのあとには、転がっている死体を身ぐるみ剥いで、カバンから食い物やなにやらを奪うために、近所の村々から男や女が現われる。少年はそのあとを追って、死にかけている男の子から靴を奪った。

「司祭とガルボス」の章――。男と少年が荷車に積まれ、どこか街のなかの建物に囲まれた、処刑場の庭に運ばれてゆく。男はユダヤの豚野郎と罵られ、リンチの末に殺されていった。背後に、柱に縛られた裸の女の死体が見える。少年はナチスの将校の靴を舐めるように服で磨いて、なんとか殺害を免れた。外で待つ司祭の足元に放り投げられて、解放される。イエスがみずからの死の贖いによって、人々を救ったように、と司祭は少年に語りかける。肺病らしい司祭は無力だった。一人の男が申し出て、少年は引き取られてゆく。司祭は少年の首に十字架をかけてやった。

「穴」の章へと続く。家へ帰るところらしいな、家はどこだ、そう、男が問いかける。家に着くと、少年は粗末なスープとパンをあてがわれた。水やたき木を運ぶのが仕事だった。ここでも棒で叩かれ折檻された。夜になると、少年は泣きながら男に犯された。司祭が心配してやって来るが、それがかえって男を追いつめる。男は納屋の天井から少年を吊るして、黒い猛犬をけしかけ、司祭にはなにも言うな、言えば殺すぞ、と脅した。少年は奸計をめぐらして、森のなかの古いトーチカに男を誘導して、殺される寸前に、穴に引きずり落とすことに成功した。穴の底に蠢いている飢えたネズミたちが、たちまち男のからだを喰らい尽くした。そうして復讐を果たしたのだった。それから、教会に戻された少年は、司祭の葬儀でミサ聖書を床に落とすという失敗を犯したために、村人たちによって糞尿の池に投げこまれた。

「ラビーナ」の章――。一面の雪原のなか、少年は凍傷になり、追手に怯えながら逃げていた。凍った沼に落ちるが、やっとのことで這いあがり、沼のほとりの一軒家にたどり着いた。年老いた父親を介護しながら暮らしている若い女に助けられた。どこから来たの、と問われる。ここにいたければ、いてもいい、と女は受け入れてくれた。芋を煮て食べさせてもらった。吊るされた鮭があった。この映画には、天井や樹から人や物が吊るされるシーンが幾度となく見いだされるが、なにか象徴的な意味合いが託されているのかもしれない。老人はやがて死んだ。夜ごと、女はマスターベーションに耽り、喘ぎ声をあげた。少年はそれをそっと聴いている。それから、女は少年を誘って、脚にキスをさせ、スカートにもぐって陰部を舐めさせて、快楽をむさぼった。

さらに、「山羊」の章へ。魚籠《びく》を仕掛けて魚を捕り、それを処理するのが、少年の仕事だった。夜には、女は少年のからだに跨り、セックスを仕掛けたが、幼い少年にはむずかしい役割だった。叩かれ、役立たずと蔑まれ、無視されるようになった。そして、女は山羊の乳搾りをしたあとで、山羊との獣姦の仕草を見せつけたのだ。少年は復讐へと向かった。山羊を吊るして、殺し、血まみれの首を女の部屋に投げこんだのだ。窓が壊れ、女の悲鳴が聞こえた。少年はそのまま女の家から逃亡した。そして、森のなかで通りすがりの老人を殺して、荷物を奪うのだった。

「ミートカ」から「目には目を」の章へ。少年は見ていた。コサック兵に襲われる村。村人たちは次々に殺され、女たちはレイプされ、家々は焼かれ破壊された。その虐殺の村に、今度はソ連兵が飛行機と戦車でやって来て、コサック兵たちを蹴散らし、制圧する。そうして、コサック兵たちは森の木に逆さ吊りにされるのだ。それを少年は目撃する。赤軍の兵士たちは、少年の傷だらけの背中を見て、戦争孤児として庇護することを選んだ。少年に党やスターリン、共産主義について教えた。そして、少年はかれらの軍服を着せられ、兵士の靴を磨き、樹上から報復のために村人たちを狙撃するのを手伝わされた。別れぎわには、その狙撃兵から布に包んだ小銃を贈られるのである。

「ニコデムとヨスカ」の章——。孤児の収容施設では、片足の子がいじめられている。それを壁の隅から眺めている。夜には、施設を抜け出して、捕まった挙句に折檻される。線路に寝かせられて、恐怖を味わわされる場面があった。廃墟になった街の市場では、少年は馬のおもちゃに触り、男に「汚ないユダヤ野郎」と罵られ、殴られた。少年は復讐の機会を窺い、その男のあとを追いかけ、ついに狙撃兵からもらった小銃で撃ち殺した。

「名前」の章――。父親が現われて、少年は家族のもとへと帰ることになる。父は語りかける、家に戻ったら、まともな服を買ってやろう、母さんが待っている、おまえのためだった、ほかに方法がなかった、と。父は泣きながら、自分の名前も忘れてしまったのか、という。少年は泣かなかった。バスのなかでは、はじめて父の腕に刻まれた囚人番号を見つけた。少年は車窓のガラスに、指で「JOSKA（ヨスカ）」と書いた。映画のフィナーレは、家へと続くひと筋の道をゆくバスの映像だった。

わたしはあらためて、異端の鳥たちについて考えている。ゆるやかに、少年と関わった登場人物たちの姿を想起している。村から村へとさすらいながら、ともあれ少年を受け入れてくれたのは、思えば、みな、村はずれに暮らすマージナルな人々だった。たとえば、里親となってくれた老婆マルタ、病気治しの魔女のような老女オルガ、水車で粉挽きをする男と妻と作男、鳥捕りの男レッフと誘惑する女ルドミラ、司祭から引き取った少年を犯し折檻した男ガルボス、少年を犯そうとした女ラビーナなど、どれもこれも村という共同体の周縁部にしがみつくように暮らしている人々だった。かれらがみな異端の鳥として殺されたわけではないが、いつ、そこに転落してゆくかわからぬマージナルな人々の仲間であったことは否定しようがない。

少年はどこかで、奪われる側から奪う側へと転換していったのではないか。少年はいつまでも、残酷な暴力に黙って耐えていたわけではない。村のだれもが少年を折檻したり犯したりをくりかえしたが、いつしか復讐のドラマらしきものが幕を開ける。死にかけていた子どもから靴を奪ったあたりから、受け身の被害者からはあきらかに逸脱してゆく。少年を犯した男は、ネズミの穴に落とされ喰らい尽くされた。少年のからだをむさぼろうとした女には、血まみれの山羊の頭を投げ込んで返礼とした。森のなかで通りかかった老人を理由もなく殺して、荷物を奪った。廃墟の市場で少年に折檻を加えた男は、小銃でひそかに撃ち殺した。もはや、受け身で不条理な暴力に翻弄されている存在ではなかった。転換点はどこかに、確実に存在した。不条理なまでに、さまよえる少年はユダヤ人やジプシーといった黒い標付けを施され、蹴られ鞭打たれ、肥溜めに投げこまれ、男からも女からも犯された。異端の鳥として迫害されつづけたのである。ペンキを塗られた鳥が、仲間の鳥たちから集団リンチに遭って殺されたように、少年は幾度も殺されかけた。みずからの名前を封印し、あるいは忘却し、言葉を奪われ唖になって身を守ることしかできなかった。その少年が映画の後半にいたって、ひそかに復讐を開始していたことは、どのように読まれるべきか。

映画では、最後に近く、市場で少年を殴った農夫について、「目には目を」で、赤軍の狙撃兵からもらった拳銃で撃ち殺し復讐を遂げている。ところが、小説では、それは列車の転覆を仕組んでたくさんの犠牲者を出しながら、農夫だけは死をまぬかれるという結末に終わっている。復讐は失敗して、意味なき大量死をもたらす怪物的な所業にたどり着いたのである。少年と友人が茫然自失する姿はなんとも痛ましい。それはいかなる意味でも、罪や悪として断罪されることはないだろう。

無垢なる復讐がもたらす災禍は、物語そのものに巨大な影を落としている。少年が無垢なる怪物へとメタモルフォーゼを遂げてゆく未来は、赤軍の狙撃兵によって「目には目を」という正義を教えられ、スターリンと共産主義によって洗脳された少年の姿のうえに暗示されていたはずだ。少年はおそらく、やがて『動物農場』の凶暴な犬の親衛隊の一員となり、文化大革命下の中国であれば、無垢なる暴力装置と化した紅衛兵の一人へと成長していったにちがいない。

たしかに、映画が原作小説から訣《わか》れてゆく分岐点があった。小説は最後に、少年が無垢なる怪物と化してゆく姿を描いていた。それにたいして、映画はそれを避けたのだ。西成彦が邦訳の「解題」のなかで、以下のように述べている。

しょせん、死刑囚である彼ら彼女らは、「あそばされ」ていたにすぎないのだが、そうした子どもたちにとっては生き延びる営みそのものが「あそび」なのだ。おもちゃがない代わりに、偶然手に入れた兵器や地雷がその玩具となり、意味のない殺人の目標であったはずの彼ら彼女らが、逆に意味もない人殺しに手を貸してしまうことさえある。強制収容所のような監視空間はべつとしても、本書が舞台とするような、前線に位置する隔離空間では、魔女の歯牙にかかりかけたヘンゼルとグレーテルが、一転して魔女を焼き殺す立場にまわるというようなことが日常でありえたのである。

子どもたちは、事態の無法性に憤るよりも先にそれに馴れてしまい、戦争が終わってからも、周囲での秩序回復じたいが、身近には感じられなかったりする。本書は、まさしく受苦の経験が、子どもを怪物に変えていくさまを描いた小説である。

いわば、映画はそれを描かなかったのである。異端の鳥として残酷な受苦を強いられた少年が、スターリンの子どもという無垢なる怪物として蘇るかもしれない未来には届かなかった、ということだ。そして、みずからを迫害した東欧の伝統的な村々と、そこに暮らす人々の怪物性を身をもって知るがゆえに、赤い少年ははるかに巨大な怪物の群れの一員となって、それを存分に蹂躙し尽くすにちがいない。受苦と残酷の経験こそが、子どもたちを無垢なる怪物に変貌させる。それは中東でもアフリカでも、まさしく「現在の事実」として、「目前の出来事」として再生産されつづけていることを忘れるわけにはいかない。

3

それにしても、この映画にはさまざまな鳥が登場する。

原題の『ペインティッド・バード』は、作中でペンキを羽根に塗られた鳥が、空を群舞していた鳥の群れのなかに放たれる場面に拠っている。その羽を塗られ、標付けを施された鳥は、仲間であるべきほかの鳥たちから寄ってたかって攻撃され、地面に落下していった。少年はそれを拾いあげたが、無惨に傷だらけの屍だった。むろん、戦争孤児としてさすらう少年がこの鳥に重ねられていた。少年こそがまさしく、内なる他者へと仕立てあげられたペインティッド・バード、つまり異端の鳥だったのである。

そういえば、鳥捕りの男が登場してきたが、とても気がかりな人物であった。鳥たちのそれぞれの生態を経験的に知り尽くし、それゆえに、鳥を捕獲することが巧みで、それを売ることを活計《たつき》としていた。わたしはふと、日本古代のエトリ（餌取り）と呼ばれた職掌の人たちを思わずにはいられない。あるいは、宮沢賢治の『銀河鉄道の夜』に登場していた、天の川の河原で鶴や雁や鷺や白鳥を捕るのを商売にしている鳥捕りが浮かぶ。それを平べったいお菓子のようにして売りさばいていたのだった。ハンセン氏病の施設にいた鳥捕りのことを、北條民雄が短編小説のなかに描いていたことを思いだす。鳥を捕るという仕事は、なかなか興味深く不思議の詰まったものなのである。

映画では、鳥捕りの男はあきらかに、呪医の老婆と同様に、村のなかではマージナル・マンとして処遇されていた。この男の愛人の女、これもまた、小説では村の秩序から追われ逸脱した存在として描かれていたが、村の女たちによって死にいたる制裁を受けている。それを止めようとした男は反撃されて、女を救うことができず、悲嘆の末に、首吊りによる自死を遂げたのだった。むろん、その男がみずからの運命を仮託するように、空にペインテイッド・バードを飛び立たせたのである。異端の鳥は死んで、異端の女も男も死んだ。少年は男が飼っていたすべての鳥をそのまま鳥籠から解き放って、男の家を離れた。

あるいは、地面に顔だけ出して埋められた少年が、カラスの群れに襲われて、坊主頭から血を垂れ流す場面は、とりわけ凄惨なものであった。これもまた、少年を取り囲んでいた現実の生き写しであり、無抵抗の少年の頭を啄むカラスたちは、無知で残忍な村人たちの姿に重ねられていた。それはさらに、それら村人たちを無慈悲に虐殺するコサック兵やナチスの姿へと地続きであったはずだ。鳥はいつだって寓意的に、だれか人間の似姿をまとっている。

思えば、鳥の群れが人間たちを襲う映画は、ヒッチコックの『鳥』をはじめとして、枚挙にいとまがない。人間と鳥との関係は複雑によじれている。人間は鳥たちを鳥籠に入れて愛玩するとともに、鷲やヒクイドリと限らず、鳥が群れをなして人間を襲う姿を想像して恐怖を覚えるのだ。もしかすると、鳥が蛇と並んで恐竜の子孫であることと関わりがあるのかもしれない。小さな恐竜がしだいに飛ぶ能力を獲得していって、鳥になった。もっとも古い鳥とされる始祖鳥は、骨の形から羽ばたいて飛ぶ力はなく、滑空するだけだったといわれている。一億四千万年前の白亜紀のころには、いろいろな鳥が出現していたことが、化石から確認されている。鈴木まもる作・絵の『鳥は恐竜だった』という愉しい絵本を眺めながら、そんなことを教えられて。鳥という生き物の不気味さを思い巡らしてみたくなった。

妖精と出会うこと、病むこと

1

　気づかずにいたが、怪物というテーマはなんとも魅惑的だ。異人論の文脈のなかで触れてもよかったはずだが、それを真っすぐに論じたことはなかった。本書ではいつだってさだめなく漂流しながら、みずからの無意識との思いがけぬ邂逅を重ねてきた。たとえば、『ボーンズ・アンド・オール』という人喰いの小説／映画のなかで、自身を怪物と認識せざるをえない異形の人々とはじめて出会い、それが複雑にして精妙なテーマであることに気づかされた。しかも、怪物という自覚は他者との喰う／喰われる関係を仲立ちとして顕在化するもので、揺るぎなく存在するアイデンティティの核といったものではない。

　あるいは、『異端の鳥』という小説／映画では、怪物として迫害される少年にはそもそも怪物性は稀薄であり、むしろ迫害する村人たちこそが無知蒙昧にしてグロテスクな怪物の群れに見える。しかも、無垢であった少年がやがて怪物へと成りあがる未来が、あきらかに暗示されて終幕を迎えていた。異人という表象は両義的であることから逃れがたく、つねに正にも負にも、清浄にも不浄にも揺れており定まるところがない。怪物＝モンスターは、そうした異人という表象の負の側面であるのかもしれない。しかし、われわれが使う怪物やモンスターといった日本語には、ときに称賛や畏怖が含まれているから、いささか厄介なのである。

しばらく、この怪物というテーマの周辺で遊んでみたくなった。

あらためて、怪物とは何か。たとえば、石田一の『図説 モンスター』というムック本は、副題に「映画の空想生物たち」とあって、映画草創期のモンスター映画として『魔人ドラキュラ』『フランケンシュタイン』『ジーキル博士とハイド』から『キング・コング』へと、怪物たちのはじまりの系譜をたどっている。さらに現代へと連なるモンスターの系譜学が繰り広げられているが、それを眺めていると、あきらかにホラーやＳＦなどのジャンルに偏っている。特撮技術によって描かれるモンスターには、わたし自身は関心が薄い。そのことを逆に突きつけられるようで、いささか狼狽させられる。おそらく、『ボーンズ アンド オール』や『異端の鳥』のような特撮などとはおよそ無縁な映画たちが、モンスター映画として論じられることはないだろう。

ここで取りあげてみたい『ミツバチのささやき』もまた、『図説 モンスター』には登場しない。たしかに、モンスター映画とは分類できない作品である。しかし、それは『フランケンシュタイン』という映画へのオマージュに満ちた、それなしには誕生することのなかった映画なのである。そこでは、怪物とは何か、が問われているのではなく、怪物に出会う、という体験がはらむ意味こそが問われている。それは幾重にも深刻な問いとならざるをえない。

だから、ここではやはり、異人論という小道具は似合わない。それはいくらか人臭くて、窮屈なのだ。そこで、わたしは妖精論に助けを乞う。とはいえ、わたしが呼び返そうとしているのは、誰もが知っているような妖精のイメージ図鑑ではなく、ひとりの精神科医の語ったほんの数ページの妖精に触れたエッセイなのだ。それは中井久夫の『治療文化論　精神医学的再構築の試み』(同時代ライブラリー、岩波書店)に収められた、どこか不思議な文章の一節、「「妖精の病い」と神話産生機能」というエッセイである。若き日にはじめて読んで以来、忘れがたいものであり続けている。これに触れて、宮崎駿監督の『となりのトトロ』について語ったことがある。『ミツバチのささやき』という映画に関しても、いつか中井の「妖精の病い」論を参照枠として論じてみたいと、ひそかに願ってきた。

中井のエッセイはいわば、妖精と出会うとは何か、をめぐる思索と実践のささやかな結晶なのである。だから、妖精とは何か、が問われることはない。妖精を見る、妖精に遭遇する人間の側をあくまで主役として、治療現場の内側から紡がれる物語といっていい。

中井はそこで、ひとりの卒業間際の女子学生との出会いについて語っていた。彼女は分裂病(統合失調症)という診断をされて、中井のもとにやって来た。「夜な夜な妖精が訪れて、対話する」のだ、という。いろいろな妖精について具体的に語ってくれた。彼女が実際に妖精を見ているのか、それはわからないままでいい。妖精は「在と非在の間を揺曳する存在」なのだから、どちらでもよいではないか、と思った。机のうえの二つの鉢植えの草の葉むらに籠もる妖精たちについて話してくれたが、その語りには「邪悪な」妖精のいるほうの鉢を遠ざけたくなるような、たとえば説得力があった。彼女は「ほら、見えるでしょ、ここに」と、中井にも見えることを確信していたが、無理強いすることはなかった。中井はただ、「この秘密をうかうか他人に打ち明けないように」と伝えた。

その女性は地味な会社を選んで、社会に出てゆき、いまは家庭の人である、という。彼女はついに常同的・類型的なところに陥ることなく、誇大的にもならなかった。孤独を否認せず、すくなくとも少数の人間を信じることができて、それに応じる少数の人がいた。そうして、ほとんど薬物を用いないままに、治癒していったのである。

私は、この治療の持つ危うさ、あるいは治療関係の内包する危険性を決して忘れないように心がけていた。私は「フェアリー・エンカウンター」（妖精との遭遇）という現象が、西洋において非常に危険なものとされていることを知っていた。それは森のはずれで「逢う魔が刻」に起り、しばしば生命や精神の危難を予告するものであった。しかしまた、友好的な妖精もあり、悪い妖精と戦ってくれる。夕方訪れる妖精たちはどうもおおむね友好的らしかった。妖精話を聞いているうちに私は、彼女の孤独がひどく身に沁みて身体が冷え冷えしてきた。しかし、不快では決してなかった。恐怖でなく、彼女の「夜の世界」の冷えがくるぶしまでは私をも浸したのであろう。私は、しかし、バリントのことばを護符のように唱えた。「治療者は、舟を浮べる水、鳥を支える空、いろいろなものを支える大地、要するに「四大」になれ」ということばである。

妖精との遭遇と名づけられている現象は、森のはずれのような境界の場所で、逢う魔が刻という昼から夜への境界の時間に起こるのだ、という。生命や精神に降りかかるかもしれない危難を予告するものとされ、何か危険なものの予兆と信じられていたのである。妖精にはどうやら、友好的な妖精／悪い妖精があるらしい。記憶しておくことにしよう。幼い子どもらには、この善悪を隔てる敷居や壁はあきらかなものではなく、それゆえに危険の度合いはより高まるはずだ。異形の怪物ですら、子どもには忌避の対象とはならず、憧憬の対象となり、出会いがひそかに願われるのだ。『となりのトトロ』では、メイという幼い女の子は正体も知れぬトトロに出会い、その異形の怪物をたちまち友達にしてしまった。しかし、言うまでもなく、トトロが友好的な怪物ないし妖精でなかったならば、メイは『フランケンシュタイン』の少女のように、異界へと拉致されていったにちがいない。

中井はあくまで、治療者として妖精を見る女性と向かい合っている。彼女の孤独に寄り添い、彼女が生きている「夜の世界」の冷えをくるぶしあたりまで感じながら、地や水や火や風となって支えることだけを心がけている。そうして、中井はここで、治癒というものが「無意識の持つ神話産生機能」（エランベルジエ）と関係しているのではないか、と考える。彼女は「円盤坊や」とあだ名される少年ではなかった。その円盤を毎日のように見たと語る子どもの場合には、ただ円盤を見たというだけでそれ以上に話がふくらむことがなかった。妖精を見る少女の「創造性」や「ミュトス産生力」と比べれば、いかにも常同的であり、ユニークさにも欠けていたのである。

エッセイの終わりには、以下のように、注釈的なメモが付されてあった。

「妖精の病い」（faerie illness）は今日もなお西欧にみられるらしい。それは、普遍症候群の立場からみれば単一ではない。アルコール中毒の果ての振顫性譫妄の際に見える小人たちのこともある。地底の深い鉱山のカンテラに映る壁の凹凸や、森の老樹の幹の木目のこともある。盗掘者や花盗人の「風のそよぎに対する驚き」もある。いずれも不安が兆候的認知の優位をもたらすのであるが、また、妖精を見る人が境界に住む人、何らかの境界性を帯びていることも付言しておこう。

いわば、境界的な場所に棲まう人たちを捉えている不安によって、何らかの「兆候的認知の優位」がもたらされるとき、その人は妖精を見たり、妖精に出会う。それを、西欧では古くから「妖精の病い」と呼びならわしてきたらしい。念のために言い添えておくが、中井久夫という精神科医はなかなか捉えどころがない不思議な存在である。「妖精の病い」という名の西欧に土着のフォークロアに、無条件に身を委ねているわけでは、むろんない。そもそもそれを、この極東の島国のフォークロアに引き写しにすることができないことには、自覚的であった。そして、中井はそれを、近代精神医学によって、病的な妄想の類いとして斥けているわけでもない。あえて、そこが曖昧にして危険に満ちた場所であることを知りながら、どこか古代のシャーマンの面影すら宿して立ち尽くしている。そんなものは壁のシミや傷にすぎない、風のそよぎにすぎないと指摘したところで、妖精という幽けき存在が消え去ることはない。その人が抱えこんでいる根源的な不安は、薬物で消去されるわけではないからだ。

ふと思いだしたことがある。ごく幼いころ、汲み取り便所の木の床、その視線が落ちるあたりには、背丈が十数センチ足らずの人形《ひとかた》が寝転がっていた。木目がそのように見えるだけであり、起きあがって話しかけてくるわけでもなかったが、五、六歳のわたしは、ほんの短い凝視のあとにはきっと浮き彫りになる人形に、すこしだけ魅入られていたのだと思う。ともあれ、汲み取り便所というのは、たしかにどこか異界への入口ではあった。そのかすかな感触はいまも残っている。残念なことに、妖精に遭うことはなかった。

2

さて、『ミツバチのささやき』という映画を、いかに読むべきか。これはスペイン内戦後のフランコ独裁時代を代表する映画として評価されてきた、という。たしかに、オープニングの川沿いの村の情景には、壊れた家々や塹壕やどぶの軍靴など、戦争の傷跡を見てとれるし、内戦の影が色濃く沈められている。そして、フランケンシュタインと重ねられてゆく脱走兵はおそらく、ゲリラとも名指される共和派の残党であるにちがいない。独裁体制下の厳しい検閲を潜り抜けながら、内戦の記憶が映像に刻まれたのはたしかなことだ。

そのあとに、子どもたちの絵によるタイトル・クレジットが続いている。その終わりには「昔々、あるところに……」という文句が置かれて、物語への扉が押し開かれてゆく。日本人にとってはいかにも耳慣れた、昔話の時空が幕を開けるための呪文の言葉である。くりかえすが、内戦のひそかな記憶のかたわらに展開されてゆく物語である。危機の予兆に満たされてはいるが、幼い少女らの物語がどこか牧歌的に転がされてゆく。その冒頭に、「昔々、あるところに……」という発句が置かれている。まるで、眼の前の残酷から逸らすかのように。そして、字幕には「一九四〇年ごろ、カスティーリャ台地のある場所」と見え、「オエエロス村」という標示板が立っているのだ。これは、昔々、あるところに起こった出来事ではないことが、あらかじめ告知されているわけだ。

わたしはすでに書き留めておいたように、この映画を精霊や怪物との出会い、いわば「妖精との遭遇」の物語として読んでゆくつもりだ。映画という体験の核にあるのは、さまざまに表層の意匠は異なるにせよ、この「妖精との遭遇」ではなかったかと思う。異界から訪れた生き物との、思いがけぬ出会いと別れ、ということだ。『ミツバチのささやき』はそうした意味合いでは、真っすぐに「妖精との遭遇」をテーマとした映画的な映画であり、アナ・トレントという七歳の愛らしい女優なしにはありえなかった映画である。『ビクトル・エリセＤＶＤ・ＢＯＸ』に付された「解説」には、この映画について、「子供がはじめて映画に触れ、映画における至福の瞬間を知る、そしてそれにより成長していくという話」と指摘されている。それもこの映画の一面ではあったか。

だから、『フランケンシュタイン』（一九三一）という、モンスター映画の元祖のような映画からの引用が過剰なまでに見いだされる。その小さな村に『フランケンシュタイン』を、それゆえフランケンシュタインという怪物を運んできたのは、巡回映画のトラックなのである。それが上映される公民館の前には、子どもたちが寄ってきて、フィルムの缶を下ろすのを手伝う姿があった。やがて、それぞれに椅子を抱えた観客たちが次々と集まってくる。前のほうに陣取るのは、むろん子どもたちだ。

映画のなかの映画が、そうして始まる。子どもたちはスクリーンに眼を奪われている。あの有名な出会いのシーンになる。水辺の家族のもとに、フランケンシュタインが近づいてきた。少女は花を摘んでいる。「いっしょに遊ぶ？」と問いかける。少女とフランケンシュタインは手を繋いで、汀《みぎわ》に寄ってゆく。「わたしの花が欲しい？」と、さらに問いかける。花は野に咲くマーガレットか。少女が手渡した花を、フランケンシュタインが池に投げる。花は水のおもてに浮かんでいる。それを、アナが息を詰めたように、驚きの表情で見つめている。『フランケンシュタイン』では、このあとに、フランケンシュタインが笑いを浮かべながら、少女をまるで花のように池に投げる場面が続くのだが、それは『ミツバチのささやき』では引用されていない。

それから、フランケンシュタインが花嫁を襲うシーンがあり、それに被さるように、父親が少女の死体を抱きかかえて、結婚式の祝いの場に現われる。アナはそのシーンのあと、隣りの姉のイザベルに「なぜ、怪物はあの子を殺したの？」と囁きかけるが、イザベルは「あとで教えてあげる」とかわしている。

『フランケンシュタイン』からじかに映像の引用がなされるのは、ここまでである。とはいえ、この先では、『ミツバチのささやき』は『フランケンシュタイン』の模倣をさらに重ねてゆくはずだ。『ミツバチのささやき』の細部に眼を凝らしていると、安置された死体のはだしの足や、医学教室の骸骨の模型など、あるいは『フランケンシュタイン』からの断片的な引用ないし模倣かと思われるシーンが、少なからず見いだされる。『フランケンシュタイン』では、市長に率いられた町中の男たちが松明を掲げ、犬を引き連れ、山狩りをして、少女マリアを殺した怪物を追いつめるが、

『ミツバチのささやき』では、村の男たちはランプで照らしながら、犬をひきいて、行方知れずになったアナを探し求める。また、『フランケンシュタイン』では、風車小屋に立て籠もった怪物は風車とともに焼き殺されるが、『ミツバチのささやき』では、ゲリラらしき脱走兵は原野にある小屋にひそみ、銃で撃たれて殺されている。くりかえし引用ないし模倣が試みられていることは、否定しようがない。

さて、二つほど歳上のイサベルは、アナに問いつめられて、映画のなかの出来事はみんな嘘だと答える。怪物は殺されていないし、村はずれの小屋に棲んでいるから、眼を閉じて「わたしはアナよ」と呼びかければいい、と教える。そうして、幼い姉妹は翌日には、学校からの帰りに村はずれの井戸のある小屋を訪ねるのだ。人影はなく、何かの気配もなかった。アナはそれから独りで、そこを訪ねるようになる。草原のなかの廃屋のような小屋だった。アナは井戸を覗きこんで、呼びかけてみた。石を投げて、水音に耳を澄ました。小屋のなかには誰もいない。大きな靴跡があって、小さな足を乗せてみる。何かの気配はあるが、姿は見えない。その夜、イサベルは「あの人、いた?」と問いかけ、アナはただ「いない」と答えた。アナが母親に、「精霊って、なんだか知ってる?」と問いかける場面もあった。イサベルとアナが、線路に耳を当てている。汽笛が聞こえ、汽車が迫ってきて、アナは危うく逃げた。線路の彼方からは、やがて訪れ人がやって来るのかもしれない。妖精との遭遇は近づいている。

イサベルが死んだ振りをするシーンがあった。アナを呼ぶ声がした。イサベルは床に倒れ、死んだように動かなかった。開け放たれたミツバチの巣を模した窓を閉める。「あの人はもう行ったよ。

何があったか、「話して」と、アナが語りかけるが、イサベルは死んだままだ。昼になると、少女たちが焚き火の火を跳び越える遊びをくり返している。イサベルの姿もあった。アナはそこに加わるには幼すぎたのか、ただ眺めている。このとき、イサベルは火を越える通過儀礼とともに、妖精を見る季節から離脱していったのかもしれない。

夜中、アナはベッドから抜け出して、外に出た。映画ではこのとき、闇のなか、列車から飛び降りる男の姿が挿入されていたはずだ。精霊の、いやゲリラ兵の訪れである。翌日であったか、アナは村はずれの小屋で、はじめてゲリラに出会った。リンゴらしき果物をおずおずと差しだした。さらに、飲み物やパンをあたえた。男は足をけがしていた。アナはその靴ひもを結んであげた。父のコートを渡した。そのポケットには懐中時計があり、男が蓋を開けるとオルゴールの音色が聞こえた。

その夜のことか、ほんの一瞬、原野の小屋から閃光が走り、機関銃の銃声が響き渡るシーンが挿入されてあった。この映画には、そんな風に唐突に差しこまれた映像がところどころに見いだされる。アナは列車から飛び降りる男を幻視したのかもしれない、と根拠もなく想像する。しかし、小屋に走る閃光と銃声は知らなかったのではないか。

先の「解説」には、アナがゲリラにリンゴを手渡すシーンこそは、「映画の語りを構成するあらゆる要素などを無化してしまうほどに『ミツバチのささやき』を語り尽くす一瞬と言っていい」（「解説」）と見える。たしかに映画的な体験として、比類なき鮮烈な場面であった。わたしもまた、このときのアナの月に照らされた美しい顔を忘れがたいものとして大事に記憶している。まさしく妖精との遭遇の瞬間が捉えられていたのである。

朝の食卓で、父親は警官から返却された懐中時計のオルゴールを、みなに聞かせた。誰がゲリラの男を助けたのか、知りたかったのだ。アナは呆然とすくんだ。それから、アナはひとりで小屋に向かったが、男はいなかった。井戸を覗きこんだ。男の残した血痕に見入った。それを父親に目撃されて、アナはそのまま姿を消した。夜の闇のなか、行方不明のアナを探す村人たちの姿があった。アナは夜の森を彷徨していた。毒キノコに触れた。気がつくと、アナは水辺にいた。近づいてくる足音がある。水面にフランケンシュタインの顔が映った。向かい合い、フランケンシュタインがアナを抱き寄せようとした。身を震わせ、失神するアナ……。翌朝、崩れた石の門の下で、アナは男たちに発見された。

家に帰ってきたアナは衰弱していた。眠らず、食べることもしなかった。夜も更けて、寝室のベッドから起き出して、水を飲んだ。それから、ミツバチの窓に寄っていき、射しかかる光のなか、開け放った。お友達になれば、いつでもお話ができる、とイサベルが教えてくれた。だから、眼を閉じて、精霊に呼びかける、「わたしはアナよ、わたしはアナよ」と。

これほど真っすぐに、不純物を取り除いた形で、「妖精との遭遇」が描かれたことはあっただろうか。それはしばしば、「生命や精神の危難を予告するもの」とされ、そうした妖精を見る人が境界に暮らし、何らかの境界性を帯びている人であることを、中井久夫が指摘していた。『ミツバチのささやき』という映画においても、アナをめぐる環境は不安に満ちたものであった。父と母の関係は、そこかしこで不満や澱にまみれ、壊れてゆく予兆を垣間見せていた。父が旅に出て不在のときに、姉妹が大騒ぎする場面はおそらく、人間嫌いの偏屈な父という存在を浮き彫りにしている。あるいは、スペイン内戦とその後のフランコによる独裁体制のもたらす不安は、巧みに秘め隠されながら、随所に暗示されていた。とりわけ精神の危機は、子どもたちのかたわらにむき出しに転がっていたのではないか。アナとイサベルという姉妹には、その年齢的な条件に加えて、妖精を見る人の資格が十分過ぎるほどあったにちがいない。かれらは幼い境界の人であった。それはほとんど、『となりのトトロ』のメイとサッキの姉妹の似姿のようにも感じられる。

妖精とは「在と非在の間を揺曳する存在」であると、中井が語っていたことを想い起こすのもいい。柳田国男の「神隠しに遭いやすい気質」という言葉にならえば、「妖精に逢いやすい気質」といったものも存在するのかもしれない。「妖精の病い」は、たとえば宮沢賢治の童話のいたるところに見いだされる、ありふれた出来事でしかない。

それにしても、この映画のなかでは、脱走兵かゲリラであろう怪物が具体的に描写されることはなかった。それでも、怪物とは誰か、という問いは浮遊していた。共和派の残党のゲリラはまさに、フランコ独裁下では忌まれるべき怪物や虫ケラであったはずだ。アナはしかし、その孤独のさなかに、それを映画のフランケンシュタインと重ね合わせにして、生ける精霊と感受していたのだった。井戸のなかの精霊の化現であったか。それが水辺であったことは偶然ではない。いずれであれ、幼い少女アナにとって、フランケンシュタインも共和派のゲリラも、存在と非在のあわいに影を曳く妖精のような存在だったのだ。傷ついた怪物、と呟くように思う。それが妖精の正体だ。

怪物は神話とともに黄泉還る

1

モンスターといえば、真っ先に浮かぶのはフランケンシュタインだろうか。あまり関心はなかった。ただ、『ミツバチのささやき』がオマージュに満ちた引用を重ねていることに気づいて、はじめて『フランケンシュタイン』という古典的な映画を観ることになった。ジェームズ・ホエール監督の『フランケンシュタイン』(一九三一)と『フランケンシュタインの花嫁』(一九三五)を観てから、このフランケンシュタイン映画の系譜がたくさん存在することに気づいて茫然とさせられた。さらに、ケヴィン・コナー監督の『フランケンシュタイン』だけは気になって観たが、それでやめた。きりがない。

『フランケンシュタイン』という映画には、原作があることすら知らずにいた。遠く、フランス革命からさほど離れていない一八一六年に、その小説は刊行された。作者はメアリー・シェリーという、有名なイングランドのロマン派詩人シェリーの妻である。何種類もの日本語訳があって、それぞれに文庫版が刊行されている。驚いたことに、『現代思想で読むフランケンシュタイン』といった研究書があり、翻訳も出ていた。それどころか、すでに買い求めてあり、わたし自身の書棚の隅っこに身を潜めていたのだった。著者はJ＝J・ルセルクルといい、原題は『フランケンシュタイン　神話と哲学』であるらしい。たしかに、こちらのほうが内容に即した題名である。

というわけで、わたしが迂闊にも知らなかっただけで、フランケンシュタインという名の怪物はなかなかに人気者だったのである。ところで、この怪物＝モンスターに関しては、角川文庫版『フランケンシュタイン』（山本政喜訳）に付された風間賢二の解説「モンスターとしての作品」に、とても興味深い指摘が見える。

今日では怪物（MONSTER）と言えば、〝不気味で反自然的な恐ろしいもの〟といった意味で用いられているが、十九世紀初頭まではそのような意味合いではなかった。それまでは、〝見せる〟（ラテン語でMONSTRARE）という意味であり、語源的には〝警告〟（ラテン語でMONERE）から派生した言葉であった。つまり、理性的な神が創造したこの世界に出現（誕生）した反自然的なおぞましいもの＝奇形は、凶事の前兆であったり、神の教えに背いた罰と見なされた。モンスターは生理学上の用語ではなく、道徳上の言葉だったのである。したがって、奇形児が生まれるのは、母親が妊娠中に不道徳な行いをしたり、良からぬことを想像したり、忌まわしいことを聞いたり見たりした結果と考えられていた。

いわばモンスターは、現代には生理学的な意味合いにおいて反自然的でおぞましきものであるが、『フランケンシュタイン』という小説が書かれた時代には、神の教えに背いた罰としての道徳上の言葉であったのだ。妊娠中の母親の不道徳にして「おぞましい想像力」が、いったい何を意味しているのかは曖昧であるが、ここにはすでに切断があった。なにより、『フランケンシュタイン』のなかで怪物を産み落としたのは男であり、その「おぞましい想像力」は道徳から切り離され、生理学的な現代へと繋がるものであった。だから、ここには中世的な悪魔祓いや魔女狩りは存在しない。それはたしかに、「断片の集合体としての怪物を十八世紀の美学（ロマン派の想像力論）と政治学（フランス革命）」によって織りあげた寄せ集めのキメラであるとしても、そこに埋め込まれた神話や哲学はいま・ここに通底している。

それにしても、シェリーの原作小説とホエール監督の映画『フランケンシュタイン』とのあいだの微妙な距離が、とても気にかかる。「外観こそたいへん異なってはいるが、ホエイルの映画は物語に極めて忠実である」（『現代思想で読むフランケンシュタイン』）といった見方もあるが、わたしはいくらか懐疑的だ。『フランケンシュタイン』と『フランケンシュタインの花嫁』を補完的に眺めることが許されるならば、それは原作小説にきわめて忠実であったかもしれない。そのうえで、はたして異なっているのは外観だけなのか、わたしはあくまでそれを問いかけてみたいと思う。

たとえば、ルセルクルは『現代思想で読むフランケンシュタイン』のなかで、映画のシナリオが「物語のなかから、少女（メアリー・シェリーのモンスターは彼女を殺さない）にかかわる副次的なエピソードを選択し、ウィリアムという中心的なエピソードを無視した」ことを指摘している。小説と映画のあいだに覗けた裂け目のひとつであるが、『フランケンシュタイン』の受容史における変更ないし屈折の徴候として見過ごしがたいものだ。『ミツバチのささやき』が、この映画のなかの怪物による少女の殺害を畏怖すべきできごととして、固有の光を当てながら引用していることを想起しなければならない。原作小説においては、怪物が少女を殺す場面そのものがなかったのである。殺されたのはモンスターの創造者の弟にあたる少年であった。

さて、確認してみようか。

映画『フランケンシュタイン』の水辺の場面である。湖のほとりの貧しい家族が暮らす家のかたわらで、猫を抱いた幼い少女が一人、マーガレットらしき野の花を摘んでいる。そこに怪物が現われる。少女は近付いて、「あなたはだれ？　わたしはマリアっていうの。一緒に遊ぶ？」と話しかける。二人は手を繋いで、水辺に寄ってゆく。少女が花を手渡すと、怪物は匂いを嗅ぐかすかな仕草をした。二人はその場に腰を落として、向かい合い、少女がさらにいくつもの花を手渡す。「お舟が作れるの」と言って、少女が花を投げると、水のおもてに浮かんだ。それを見た怪物は真似をして、花を投げた。三つの花びらが連なり、小舟のように浮かんでいるのを見て、怪物は笑みを漏らした。声にならぬ声をあげた。次の瞬間、頬笑みながら少女を抱きかかえると、花のように水に向けて放り投げた。溺れる少女を見て、怪物はうろたえながら逃げ去ってゆく。

あきらかに、怪物には少女を殺そうとする意志がなかった。性的な意味合いも見いだせない。少女が無邪気に自分を受け入れてくれたことに、ささやかに歓喜の笑みを浮かべながら、怪物はただほんのつかの間遊んだのである。それから、花を投げて水に浮かべたように、少女をかかえて投げたのだった。結果として、少女は舟のように浮かぶことなく溺れて死んでしまった。怪物はその事態に狼狽して、逃走したのである。

そのころ、フランケンシュタイン男爵家の婚礼に合わせて、町の人々は総出で浮かれ騒いでいた。そこに、マリアの遺体をかかえた父親が、放心しきった表情で現われ、「マリアが溺れ死んだ、殺された」と市長に訴える。婚礼は一転して、「怪獣を殺せ」という叫び声に包まれ、松明をかかげた男たちが犬を先頭に、山へ湖へと怪獣狩りに繰り出してゆくことになる。このとき、男爵家の城や塔のなかから町全体へと、婚礼から山狩りへと、物語は風車の塔の焼き討ちというフィナーレに向けて突き進んでゆく。

確認しておくが、少女の以前には、怪物が殺したのは実験助手のせむし男とワルドマン博士だけであった。ホエール監督によって、四年後に『フランケンシュタイン』の続編として制作された『フランケンシュタインの花嫁』においても、白い服の少女フリーダや羊飼いの娘が殺されている。怪物による少女の殺害というホラー風味のイメージが、たんなる偶然の挿入や付加であったとは思えない。いや、それをロリータ・コンプレックス的な方位へと旋回させたり、美女と野獣といったテーマの変奏と解釈したいわけではない。フランケンシュタインはみずからの同族の女性を、花嫁として切望していたのである。それを描いていたのが、ほかならぬシェリーの小説『フランケンシュタイン』だったことを想い起こす必要がある。

あらためて、怪物はだれを殺したのか、と問いかけてみるのもいい。小説版では、怪物を産み落としたフランケンシュタインの一族や彼と関わりの深い人物だけが、怪物による殺害の対象になっている。少女は殺されずに、弟のウィリアムが殺されたのである。映画版においても、念のために確認しておくが、少女を殺意もなしに殺す以前には、怪物は実験助手のせむし男とワルドマン博士だけを避けがたい状況で殺しただけであった。モンスターはけっして、無差別殺戮を存在に根ざした習性としていたわけではない。モンスターはむしろ、「その自然状態にあっては、ひとを信頼しやすく、思いやりがあり、争いを好まない生き物であり、醜いのは身体だけである」と、ルセルクルもまた指摘していたはずだ。

このことを想起させるには、一つのエピソードがあれば十分であろう。ホエイルの映画では、モンスターは、予測不可能で恣意的な暴力行為によって、一緒に遊んでいた少女を溺死させる。モンスターは、この行為によって、その真の暴力的な本性を露呈するのである。悲嘆にくれた父による遺骸の提示が、風車の焼き討ちで終わりを告げるモンスターの追跡の口火を切る。しかし、物語では、モンスターは少女を殺害するどころか、彼女を溺死から救うのであって、モンスターがその腕に彼女を抱えているのを見た父が、彼の意図を取り違え、外観（それも特に彼の体つき）のみに惑わされて、銃を発砲して彼に傷を負わせるのである。フランケンシュタインの弟である幼いウィリアム、目の前に現れた二人めの子どもであるウィリアムに出会ったときの、モンスターの激しい怒りと暴力的な反応とを、理解しないでいることができようか。

いわば、モンスターの暴力の質や方位がまるで異なっている。小説／映画のあいだには、やはり裂け目が覗けている。このモンスターはそもそも、みずからを人工的に創造した男（かれこそがフランケンシュタインだ）の美しき花嫁を攫い、山の洞窟に監禁するが、彼女に性的な欲望を差し向けるわけではなかった。『フランケンシュタインの花嫁』のなかで、モンスターはほかならぬ怪物の友達として、花嫁として創られた女のモンスターに出会い、歓びを露わに触れようとして拒絶され、絶望的に傷ついたのだった。それすら孤独を癒す仲間として望んだのであり、性的な欲望の対象であったようには思えない。だから、わたしはモンスターが「真の暴力的な本性を露呈する」といった解釈には、ただちに従うことができない。無垢にして根源的な暴力を抱えこんだ怪物の姿をもっとも鮮やかに描いていたのは、メアリー・シェリーの小説『フランケンシュタイン』であったかもしれない。そこには怪物の子孫というテーマが顕われており、性の契機が無視されているわけではない。

2

さて、ルセルクルの『現代思想で読むフランケンシュタイン』から、わたしが示唆を受けた箇所を拾ってみる。そこでは、『フランケンシュタイン』という小説／映画の深層に沈められている、起源や創世にかかわる神話の影が明らかにされている。

この、人間が神に成り代わって人間を産み落とす物語には、二つの神話としての側面がある、という。ひとつは、ギリシア民族の火の神プロメテウス、つまり神々の世界から火を盗んだ反徒としての側面と、ラテン民族の人間を創造する者プロメテウス、つまり粘土から人間を創りだすという側面である。二つのプロメテウス神話が見いだされているわけだが、思えばそれは、創造者となったフランケンシュタインが主役となった解釈である。フランケンシュタインは神の仕事であるはずの人間の命の創造にたずさわり、しかも、それを粘土ならぬ、人間の複数の死骸を素材として、それから取りだした身体や脳や心臓を自在に組みあわせて、もうひとつの人造人間を創造している。最終実験の段階にいたって、突然死の女の（つまり、新しい）心臓が欲しいと命じられて、助手の男が闇に紛れて通りすがりの女を殺す場面があった。まるで現代の臓器移植を先取りするかのような場面だ、と感じずにはいられない。

この神話は、原初のカオスからのコスモスの出現を物語る。また、それは無からの何ものかの自由意志による創造について語る。この創造はしばしば性的な意味をあたえられ、創造の行為は宇宙的な価値を持つ性的な行為であるとされる。最後に、創造の後には、性的な原理と道徳的な原理という二つの原理の間の、あるいは二つの世代（旧世代と新世代、父と息子）の間の闘争が続く。

原初の無＝カオスからのモンスターの創造が、性的な行為であることがくりかえし指摘される。たしかに、小説版では、孤独に悶えるモンスターのもっとも切実な欲望は、同族の花嫁を獲得すること、そうして新たなモンスターの血筋を創出することであった。あらかじめ、存在の連鎖から、社会的かつ家族的なさまざまな関係の網の目から排除されているモンスターには、名前が与えられていない。血筋も家系も存在しない。それゆえに、同族の花嫁が必要なのであり、それが性的な欲望に見えるとしても、はたしてモンスターの生殖機能が生きていたかは疑わしい。

ところで、神に等しい創造者を演じたフランケンシュタインは、いったい映画の主役であったのか。つねに見られる異形のオブジェではあるとしても、モンスターこそが真の主役であることは自明ではなかったか。このモンスターがいつしか、映画のあとに、まるで憑依でもするかのように、その創造者のフランケンシュタインという名前を簒奪したのは、おそらく偶然ではない。創造者とモンスターとは、二人でひとつの人格をなしている、いわば表裏なす分身のようなものであったからだ。そういえば、この創造者もまた小説では「聖なる放浪者」と呼ばれていたのではなかったか。モンスターと瓜二つといったところか。

モンスターの創造はただちに、二つの世代間の、まさに父と息子のあいだの闘争を惹き起こす。そうして、世代間の血まみれの戦いが主旋律と化してゆくのは避けがたい。だから、モンスターは創造者の世代を構成する、その弟や友人、妻を選んで殺害しようとするのである。旧世代の権力に向けての反逆が、そこには沈められている。権力や女性の分配にあずかるためには、その父を殺さなければならない。避けて通ることができない現実である。

しかも、この父と息子の関係は、父がけっして認知することのない息子との淫靡きわまりない関係である。小説では、この父は息子の奇形の姿に耐えられず、それを「わたしがつくりあげたあの惨めな怪物」と嫌悪し、「あの悪魔のような屍、わたしが生命を与えてしまったあの怪物」と怯えているのだ。モンスターはだから、「おれはおれをつくったおまえにも嫌われている」と呟かずにはいられない。そのために、永遠の私生児であるモンスターが、固有の名前を与えられることはない。父を追ってのモンスターの遍歴は「長い父探しの旅」とならざるをえない、そう、ルセルクルは指摘する。とても魅力的な解釈である。

あるいは、モンスターはまた、家族や故郷、さらに幼年期を持たぬ者として創造されたために、追放者という運命を背負わされている、という。いかなる追放された者にも何らかの記憶があるはずだが、モンスターはそれさえも奪われている。そして、根源的な飢えに苛まれる孤独な存在であり、寄る辺なき者でもあった。小説のなかのモンスターは、「おれだって優しく善良だったのに、惨めな境遇のために悪魔となったのだ」と語りかけ、「おれもかつては善良だった。心には愛と人間性が輝いていた。だが、今おれは一人、惨めで孤独なだけではないか」と訴えている。モンスターはくりかえし、友愛を求めるが、その外見のために拒絶されて、「不幸であるがゆえに、邪悪な者となる」ほかなかったのだ。

この、モンスターの「生来の善良さと後天的な邪悪さとの矛盾」にこそ眼を凝らさねばならない。そこには、二つの両立しがたいディスクールが見られる、という。ひとつは「自然人、善良なる野生人にかかわる哲学的ディスクール」であり、いまひとつは「自然の外部、存在の連鎖からは排除された者、悪魔にかかわる宗教的ディスクール」である。モンスターは善／悪が渾然一体となって内在化された存在であることを、記憶に留めておきたい。それはすくなくとも、絶対的な悪を具象化する悪魔のごとき存在ではなかった。

あるいは、『現代思想で読むフランケンシュタイン』に付された解説のなかで、今村仁司が「神話上のプロメテウスは人間のために火を盗みだしたが、現代のプロメテウス（フランケンシュタイン）

は科学者としての情熱から死人を蘇生させ、モンスターを作り上げる」と述べていた。しかも、この創造者はモンスターを産み落とした瞬間から、「わが子」を放り出して、ひたすら恐怖し、破壊しようとする。それは「子殺しの罪」を犯すことだ、と今村はいう。こうした振る舞いは、近代知性にまで一般化することができる。すなわち、近代の科学技術的な知性は、「自分の制作物に責任をもたず、あたかも魔法使いの弟子のように、自分の魔術によって大地から呼び出した制作物の働きにうつべき手段を知らないまま、それに対して進歩の名の下に盲従する」のである。メアリー・シェリーの物語には、「産業革命によって登場した技術文明への寓意」がこめられている、ともいう。おそらく、『フランケンシュタイン』という小説／映画はそれぞれの時代背景のもとで、科学やテクノロジーの現実に根ざした寓意をはらむことによって、あらたに物語としての再生を重ねている。すでにして現代の古典なのである。

3

あらためて、モンスターの誕生の現場に立ち会ってみたい。むろん、メアリー・シェリーの小説『フランケンシュタイン』である。そのエピグラフには、『失楽園』から、「創造主よ、土塊《つちくれ》からわたしを人のかたちにつくってくれと頼んだことがあったか？　暗黒からわたしを起こしてくれと、お願いしたことがあったか？」という言葉が引かれている。まるで、モンスターから発せられた未熟な創造者への非難と呪詛の言葉ではなかったか。

この原作小説のなかには、実は、モンスターによる内的な独白が文庫本にして七十ページにわたって挿入されている。そこに見られた言語能力と哲学的ですらある知性を、映画版『フランケンシュタイン』は否定し奪い尽くした。続編として制作された『フランケンシュタインの花嫁』では、どこか恥じ入るように、わずかな言葉と知性をモンスターへと返還したのだった。盲目のバイオリンを弾く老人から、はじめて友達と認められ、いくつかの言葉の意味を教えられる場面は、示唆に富んでいる。ホエール監督はあきらかに、続編においてモンスター像に少なからぬ修正を加えていたのである。

モンスターは創造者を前にして語りはじめる。

生まれてすぐの頃を思い出すのは、ずいぶんと骨の折れることだな。出来事がすべて混乱して、おぼろげに見えるのだ。妙な感覚が次々と襲ってきて、おれは一瞬にして見たり、触れたり、聞いたりした。実際、さまざまな感覚の働きを区別できるようになるまでは、かなり長い時間がかかったものだ。

今でも覚えているが、まず強い光がおれの神経を圧迫したので、目をつぶるより仕方なかった。すると闇が迫ってきて、今度は不安を感じた。ところがそう感じた途端、今から思えば目を開いたに違いないが、光がまた一挙に押し寄せてきた。おれは歩き出し、たぶんどこかへ降りた。そして自分の感覚が大きく変わった。

それまでは、黒く不透明な物体が自分を取り巻いていていて、触覚も視覚も遮られていた。しかし、そのときは自由に歩き回ることができ、邪魔者があっても、乗り越えたり、よけたりできるようになっていた。光はますます強く迫ってきて、歩いていると暑さのために疲れたので、日陰を探した。

どこか、折口信夫の「死者の書」を思わせるような、などといえば笑われるにちがいない。これはむろん、死せる者の幽かなモノローグではない。生ける人造人間が語った誕生の瞬間にかかわる、たとえば現象学的な記憶の掘り起こしである。生命を吹きこまれたモンスターが、世界そのものをどのように、視覚や聴覚や触覚などの感覚器官によって捉え、受けとめたか。その試行錯誤に満ちた記述である。未知なる感覚の氾濫、不安に彩られた光と闇の交代劇、二足歩行がもたらした感覚の変容……。それらはいわば、泥から生まれた原初の人間が世界と出会った体験の、たどたどしく不細工な、それでいて神話的な記述といってもいい。

こんな一節もあった。

頭のなかには、はっきりした考えは何もなく、すべては混乱していた。感じるものと言えば光、飢え、喉の渇き、そして闇だ。数知れぬ音が耳の中で鳴り響き、四方八方からいろいろなにおいが押し寄せてくる。唯一はっきりとわかるものと言えば、あの輝く月だけだから、おれは喜んでそれをじっと見つめていた。

混沌のなかに、光と飢えと喉の渇き、そして闇が、さらに、わけもわからぬ音や匂いが交わり揺れている。ぼんやりと世界をその眼球で捉えはじめた赤子は、輝く月光に眼を奪われるかもしれない。しかし、このモンスターは赤子として生まれ、ゆるやかに世界を受容していったわけではない。突然、命を吹きこまれた、とりあえず人間の形だけはまとった継ぎ目だらけのキメラである。裸形のままに、いきなりむきだしの世界と対峙することを強いられたのだ。モンスターにはいっさいの猶予が許されていなかった。

たとえば、プロメテウスが神界から盗んできた火と、人間がはじめて遭遇する。そんな神話的なできごとが、ここには語られていたのだった。ある日、寒さに震えていると、浮浪者たちが残していった焚き火を見つけた。モンスターはその暖かさに驚喜しながら、そこに手を突っこんで、痛さに悲鳴をあげる。火とはなんと不思議なものであることか。恵みと災いとが背中合わせに転がっている。それから、火というものをさまざまに体験し学んでゆく。夜になると、火は暖かさだけではなく、光も与えてくれることを知った。食べ物のためにも役に立った。旅人の食べ残しのなかに焼いたものがあり、それは集めた木の実よりもおいしかった。調理の火を学んだのである。メアリー・シェリーがモンスターの誕生を仲立ちにして描こうとしたものは、まさしくプロメテウス以後の火の神話であった。

あるいは、盲目の老人が弾く楽器の音色は、ツグミやナイチンゲールの声よりも愛らしかった。それは美しい光景であり、それまで美しいものなど見たことがなかった哀れなモンスターの眼を奪った。年老いた農夫の穏やかな表情には、尊敬の気持ちが湧いたし、そのかたわらにいる娘の優しい態度もまた愛情を誘った。小屋にひそんで、その隣家の人々の姿を観察し続けた。言葉や文字を知らなかったモンスターは、二カ月ほどで隣人たちの話す言葉が理解できるようになった。文字も隣人たちを盗み見て学んだ。眼の前に大きな世界が広がって、驚きと喜びを覚えた。モンスターは美しき隣人家族から、文化を盗んだのである。それもまた、文化の起源を語る創世神話のひと齣ではなかったか。

だからこそ、モンスターは隣人たちが「愛を込めた麗しい表情をこちらに向けてくれる」ことを、なによりも望んだのである。そうして、モンスターがその異形の姿を美しき人々の前にさらしたとき、すべてが一瞬にして壊れ去った。モンスターは怒りと復讐に駆られて、耐えがたい悲惨をもたらした人間にたいする永遠の戦いを挑むことを宣言する。

ではいったい自分は何なのか？　おれは自分がどのようにして、誰につくられたのか、まったく知らない。金も、友達も、およそ財産と呼べるものは何もない。それどころか、おぞましい容姿でみなから嫌われている。性質も人間とは異なる。敏捷で、粗末な食べ物でも生き延びられるし、どんなに暑く、あるいはどれほど寒くても、身体はびくともしない。おまけに体格は人間よりも遥かに大きい。まわりを見ても、同じような存在はいないし、聞いたこともない。では自分は怪物で、この地球上の穢れなのか？　だから、誰もがおれから立ち去り、誰もがおれを捨てるのか？

モンスターが挫折の果てに獲得した、みずからのアイデンティティをめぐる原風景であった。グロテスクな継ぎ目だらけの身体に宿された知性こそが、いかにも悲惨であり、残酷の源泉となる。この地球のうえに穢れとして身をさらしているという感覚は、モンスターの孤独をいっそう深めずにはいない。

ここで思い返しておこう。それでも、このモンスターは知性なき、人類への無差別の殺戮者に堕ちることがなかったということを。モンスターは鬼ごっこをしていた少女が川に落ちたときには、流れに飛びこんで救いだした。少女はしかし、突然現われた若者によって引き離され、森の奥深くへと連れ去られるのである。それから、通りかかった少年に、「離せ、怪物！　化け物！　ぼくを食う気だな」と口汚く罵られた。彼がフランケンシュタイン男爵の息子、それゆえ、あの創造者の幼い弟であることを知ったときには、ただちに喉をつかんで殺した。くりかえすが、遊んでいる少女は殺したのではなく、助けたのだ。その一方で、フランケンシュタインの血筋に連なる少年は殺したのである。その殺人にこそ避けがたい必然が認められる。

とても長い独り語りのあとに、モンスターが創造者にある要求を突きつけていたことを想起しなければならない。

おれのために女をつくるのだ。一緒に暮らして、こちらの心がわかる女をつくって欲しい。これはおまえにしかできぬことだ。このことはおれの権利として要求する。おまえは拒否できないはずだ。

たんなる性欲の問題ではなかった。モンスターは心を通わせ合える女が欲しかっただけだ。しかもそれは、あくまで同族の女である。モンスターははっきりと、「おれと同じ生き物、おれと同じくらい醜い生き物をつくって欲しい」と哀願した。そして、その願いさえ叶えられたら、人間の前には二度と姿を現わさずに、南アメリカの広い荒野へ行くつもりだ、と思いを伝えたのだった。そのとき、南アメリカがいかなる場所として幻視されていたのか、それは知らない。

『フランケンシュタイン』という小説／映画と、すこしだけわかりあえた気がする。神話を抱くことで、物語はいま・ここに幾度でも黄泉還るのだ、と呟いてみる。モンスターはやはり、はるかな神話の時代に世界を創造した神々の愛すべき末裔なのである。

怪物はささやき、物語の使徒になった

1

言うまでもなく、『怪物はささやく』という小説／映画を取りあげてみようと思ったのは、そのタイトルが怪物＝モンスターを抱いていたからだ。その怪物がいったい何を囁くのか。怪物ならば吠えるほうがお似合いだが、どうして囁くというのか。いや、原題を確認してみると、*A MONSTER CALLS* であって、どうやら囁き声ではなく呼び声のほうがふさわしい。よくあるのは、荒野の呼び声や野生の呼び声であって、それはどこか遠い彼方から、何か姿なきものが呼びかけてくるといったイメージだろうか。しかし、『怪物はささやく』では、そもそも怪物は主人公の少年にしか見えないし、その声は少年の頭のなかで聴こえているらしい。怪物の声がそよ風のように少年の全身を包んだ、といった表現もあった。そして、怪物は遠くにいるのではなく、すぐかたわらにやって来て、触れ合うほどに異形の顔を寄せてくる。たしかに吠えるや呼ぶよりも、囁くといったほうが適切な気がする。ここでの怪物との出会いが、あくまで少年の内的体験として語られていることを記憶に留めておきたい。

ところで、この『怪物はささやく』(二〇一二)という小説には、二人の著者がいる。まず、シヴォーン・ダウドが遺した原案メモがあり、そこにはキャラクター・物語の舞台・導入部が揃っていた。それを引き継いで自由な発想で物語を仕立てあげたのが、パトリック・ネスという若手作家である。五年後には、ネス自身が脚本を執筆して、J・A・バヨナ監督によって映画化(二〇一六)がなされている。だから、小説から映画にいたるプロセスには、ほとんど違和感や澱みが感じられない。訳者のあとがきには、「怪物はどこからやってきたのか、新しい解釈の余地を生むようなヒントが登場人物のせりふや目の動き、原作とはやや異なるエンディングなどでさりげなく示されている」と見える。そう指摘したくなるほどに、小説/映画は逸脱や裂け目が少なく、真っすぐに幸福感をもって結ばれている。この映画版のエンディングには、わたし自身もあとで触れてみたいと考えている。

さて、ここからは『怪物はささやく』という小説の読み解きである。

怪物ははじまりに、これから三つの物語を語って聞かせると少年に伝える。それを受けて、少年は第四の物語を語らねばならない。そう、怪物は宣告するのである。しかも、少年はその物語において、真実を語らねばならないが、それは少年がもっとも畏れ、ひた隠しにしている真実であることが告知されている。この小説は、少年による第四の物語の表白という結末に向けて蛇行を重ねてゆく。そうして、物語とは何か、という問いを避けようのない実践のなかで追求してゆくメタ物語ともなっているのは、むろん偶然ではない。

いたるところに、物語をめぐる問いが転がっている。怪物はまるで、少年の身体に物語の本義を痛みや哀しみとともに刻みつけることをめざしているかのように、物語そのものに執着する。怪物はむしろ、物語の化身にして唱導者であるのかもしれない。いずれであれ、ここに提示されていたのは、まったく新しい怪物像ではなかったか。いや、それは神の似姿であるというべきか。神殺しをくりかえし、神への信頼の大方を失った人間たちの前には、神は異形の怪物として顕現することしか許されていない、といってもいい。

それにしても、ここには物語の力への信頼が揺るぎなく存在する。怪物にこんな言葉を語らせている。「物語は大事な意味を持っている。(略) ときには、この世の何より力を持つこともある。そこに真実が含まれているならば」と。物語の力はときに、傷ついた人を癒し導くことがあるが、ときには人々の悲哀や憎悪を煽り騒乱をもたらすこともある。あえてする誤読によって、物語が逆の方位へと捻じ曲げられることだってある。豊穣な物語であれば、なおさら多様な解釈へとやわらかく開かれているから、あらたな発見も生まれる。物語を食べるひそかな愉しみは、だから、かぎりもなく深く、隠微である。そして、物語が避けがたくはらんでいる定型は、いつだって野生の力に蹂躙されながら、もうひとつの真実への道行きをたどろうとする。真実はとても危うい。

物語の使徒である怪物は、轟くような声で物語の本義を唱導しつづける。たとえば、物語は「この世の何より凶暴な生き物」であり、人を追いかけ、噛みつき、狩りだってする。人は物語に狩られるのか。さらに、怪物の挑発はヒートアップする。この「油断のならない生き物」を、野に放してみるがいい、どこでどんなふうに暴れまわるか、想像しようもないだろう。とにかく、物語ってて奴は凶暴なのだ、「野生の獣みたいなもの」だってことを知らずには付き合えない。だから、ときとして、「だれも予想していなかった方角へ、とんでもない勢いで走りだす」ことがある。置き去りにされたくなければ、息を切らして暗がりのなか追跡を続けねばならない。それが物語の魅力だってことだ。

むろん、物語のなかにはひ弱で穏やかなものもあるし、あえて予定調和の展開を嫌わず定型の力に身を委ねるものもある。しかし、騙されてはいけない。物語にかならず善玉がいるとはかぎらないし、悪玉についても同じことだ。そもそも、「人間のほとんどは、善と悪のあいだのどこかに位置している」のだから。一見したところ、物語がとても無邪気に世界を善／悪の二元論で分割して、悪者の征伐と正義の勝利を寿ぐように見せかけながら、じつは敗者の鎮魂を行なう、といったことも稀ではないのだ。

とりわけ、日本的な文脈においては、しばしば敗者の哀しみは笑いと背中合わせに演じられることで、浄化へと導かれてゆく。まつろわぬ一族は敗れたあとにも、根絶やしに殺されることなく、勝者によって生かされ、勝者を寿ぐことを求められる。その末裔たちは、みずからの一族の敗北の歴史を、物語や芸能に仕立てあげ、くりかえし演じることを役割として生き延びることを許されるのだ。そこにはつねに道化的な笑いが寄り添い、悲劇は勝者を寿ぐ笑いによって宙吊りにされている。物語はときに、かぎりなく残酷である。かつて、角川源義が『悲劇文学の発生』という、忘れられた小さな書物のなかで明らかにしたことだ。

2

この小説は、「怪物は真夜中過ぎにやってきた」という一行とともに始まる。怪物は真夜中をまわったばかりの、十二時七分、漆黒の闇と、風と、悲鳴の夢のなかに現われる(……いや、顕われる、というべきか)。コナーという少年は先月、十三歳になった。もう子どもではないが、まだ子どもと大人のはざまである。怪物を怖がるのは小さな子どもだけだ。おねしょをするような子どもだけだ。怪物なんか、だれが信じるものか——。

けれども、ついに怪物は姿を現わしたのだ。怪物だ。ほんものの、正真正銘の、怪物だった。現実の、夢のなかではない、ちゃんと眼が覚めている世界に現われたのだ。すぐ眼の前に、部屋の窓のすぐ外に、怪物がいた。大木のてっぺんの枝が集まって、巨大でグロテスクな顔が作られたかと思うと、光を跳ね返しながら口と鼻が、二つの眼ができた。その少し下の枝は、からまり合って長い腕になり、一本だけ生えた脚が太い幹のかたわらの地面を踏んばっていた。さらに、木の残りの部分が背骨や胴体を作った。怪物の開いた口のなかに、節くれだった堅い木でできた歯が並んでいた。少年を生きたままに喰らおうとする怪物の、ぱっくりと大きく開いた口が記憶に残った。

少年が「じゃ、おまえはだれ?」と問いかける。怪物は翻弄するかのように、「わたしは歴史とともに過ぎた歳月と同じ数の名を持っている」と答える。そして、たくさんの名前を次々に放り投げてよこす。わたしは狩人ハーンだ、樹木神ケルヌンノスだ、森の不朽の番人グリーンマンだ、山々を支える背骨だ、川が流す涙だ、風を吹かせる肺だ、シカを殺すクモだ、捕食者に食われるシカだ、ネズミだ、ハエだ、自分の尾を喰らうヘビだ、飼い慣らされないすべてのものだ、この荒れた大地そのものだ——。

ここでの怪物は、いくらか創世神話の主人公である巨神に似てはいるが、世界を無から創造したわけではなく、その死体から世界が化生《けしょう》したわけでもない。狩人の神にして、樹木や森の神であった。山や川や風などの自然を制御し、喰らい喰らわれる獣や虫などの生き物を支配する神であり、それら獣や虫それ自身であった。人間や文化によって飼い慣らされていない野生の化身でもあった。だから、鍬入れのされていない荒れ果てた未開の大地そのものとして、神とは名乗らず、怪物に留まることを選んでいたのか。

それにしても、怪物は全身が大木の無数の枝がからんで造形されている。その大樹はイチイの木であり、物語の展開からして、この樹種が名指しされていたことには必然があった。少年の家からは、裏手に石の教会と墓地が見えた。その墓地の真ん中に、大きなイチイの木が聳え立っていたのだった。石でできているのかと思われるような、年を経た古木だった。少年がそれをイチイの木だと知っていたのは、母さんに教わっていたからだ。あれはイチイの木、母さんが入院しているあいだ、あの木を見張っていてくれる、母さんが帰ってくるまで、ちゃんとあそこに立っているように……、そう、母さんは話した。イチイは癒しの木と信じられてきた。不治の病いのために入退院をくりかえしていた母さんが、イチイの木によって少年と繫がることを願ったのは、そのためだ。

第二の物語のなかで、このイチイの木が重要な役回りを演じることになる。イチイは薬効をもつ樹木のなかでも、もっとも重要な樹種とされていた。寿命は数千年に達するから、古さびた大樹となる。実・樹皮・葉・樹液・木質部、そのすべてに生命が満ちあふれている、という。この木をよく知る有能なアポセカリーが調合し、治療を施せば、人がわずらう病いのほとんどを治すことができると信じられてきた。薬効のある部位をすべて手に入れるためには、木を切り倒さなければならなかった。しかし、イチイの木ははるか昔からその敷地に立っていたし、墓地はすでにそこにあって、教会が建てられたときにも大事に保存されたのだった。そんな神の樹を切り倒すわけにはいかない。

「嘘みたいな話だけど」母さんはコナーの様子に気づかないまま続けた。「今度の薬は、イチイの木から作られてるの」

「イチイの木から?」コナーは静かな声で訊き返した。

「そうよ、ずっと前、病院に通うようになってすぐ、何かで読んだの」母さんは口に手を当てて咳をした。もう一つ。「ここまで進まずに治ればいいって母さんも思ってた。でも、すごい偶然じゃない? うちの窓からはイチイの木が見える。昔からずっと見えてたのよ。そのイチイの木が、母さんを治してくれるかもしれない」

思考が猛スピードで回転を始めた。めまいがしそうな速さだった。

「緑の大自然の底力を見せつけられたって感じよね」母さんが続ける。「人間は木を切り倒すことばかりに一生懸命だけど、ときにはその木に救われることもあるんだもの」

「イチイの木が母さんを助けてくれる。そういうこと?」コナーはたずねた。驚きのあまり、そう言葉にするだけでやっとだった。

母さんはまたほほえんだ。「ええ、そう願ってる。そう信じてる」

イチイは癒しの木だった。イチイの木は「母さんを治せるんだよね？」と、少年が問いかける。怪物はコナーを見下ろしながら、「それを決めるのはわたしではない。（略）おまえの母さんがよくなる運命にあるなら、イチイの木が癒すだろう」と答えた。ところで、イチイが癒しの木であるとしても、イチイの木は伐採されずには、いわば人の手で殺されることなしには、その癒しの力を十全に汲み出すことができなかった。怪物は少年にたいして、すでに第二の物語のなかで、その二律背反的なイチイの木の秘密を開示していたが、少年は物語をそのように受け取ることはなかった。

それにしても、怪物はイチイという病いを癒す木に身をなぞらえて、少年のもとにやって来たが、たとえば樹木の精や化身であったわけではない。この怪物自身には、どうやら人の病いを癒す力が備わっていなかった。しかし、この怪物がいま・ここに現われた以上、少年は怪物には母を癒す力をあると信じた、信じたかったのだ。そして、母さんの運命に変更がもたらされることはなく、怪物は病いから母さんを救出してはくれなかった。

あらためて、この怪物とはだれか。

怪物はどんな大きさにも、どんな形にもなれるが、歩くときはたいていイチイの姿を選ぶ、という。それが何よりも楽だったからだ。いわば、怪物には物理的な意味合いにおいて、実体というものがなかったのだ。すくなくとも、イチイの木はたまたま纏うことになった仮象、かりそめの姿にすぎなかった。

　同じように怪物やモンスターと呼ばれるにせよ、これは人喰いやフランケンシュタインといった異形の存在ではなく、それゆえ、みずからの異形性に傷つき足掻くことはない。存在と非在のあわいに影を曳く妖精のような、儚《はかな》い実在であったわけでもない。やはり、もっともよく似ているのは神であり、自然や野生を具象化した神＝カミである。しかも、これはいまだ開墾されていない原野のように、「飼い慣らすことのできないすべてのもの」の象徴でなければならない。この普通名詞としてのカミは、歴史のなかに顕現したそのつど、つかの間の名前を与えられて、集合的な記憶の片隅のそこかしこに存在のあかしを留めた。だから、ともに過ごした歳月の数ほど、たくさんの名前を負わされている。

3

　怪物はたしかに、敵を、ドラゴンを倒した物語を語り、悪い女王を遠い海辺の村に逐い放った物語を語った。だから、怪物は少年の敵を倒しに来たのかもしれないと信じたが、そうではなかった。怪物はただ物語りする存在であった。

　そういえば、母さんの病気の連絡を受けて、しばらく振りに会いにやって来た父さんに、少年がさりげなく、「夜になると木がうちに来て、物語をするんだ」と告白する場面があった。父さんはただ、困惑するばかりだった。父さんにイチイの木の秘密を語っても、伝わるはずはなかった。語られてはいないが、父さんはたぶん、この土地の出身ではない。母さんはこの土地で生まれ、育ったのだ。その母さんといっしょに、少年はこの地に生まれ育った。父さんが土地の記憶を共有することのないよそ者であることに、どこかで少年は気づいたにちがいない。父さんはあの怪物を見たことがない。

さて、怪物によって少年のために用意された三つの物語に眼を凝らしてみたい。いや、それは周到に用意されていたわけではなかった。どうやら、そのとき・その場で即興に選び取られた物語だった。舞台はいずれも、少年が母親と暮らしている、この土地である。

第一の物語について。

遠い昔、ここは王国だった。小さいけれど、平和な王国だった。りっぱな王は、国の平和を守るために戦いを重ねたが、その間に四人の王子はみな命を落として、王妃らも死んでしまった。幼い孫が王子となり、王は新しい妃を迎えた。やがて王は亡くなり、妃は女王となった。王の遺志を継いで献身的に働いた。そのころ、王子は美しい農民の娘と恋に落ちた。女王は王子と結婚して、王国の平和が保たれることを望んだが、ある晩、王子は娘を連れて城から逃げた。イチイの大木の陰で休んだ。二人はまだ結婚式を挙げていなかったが、燃えるような情熱に屈した。裸で抱き合ったままに眠りに落ちた。その夜、娘は何者かに短剣で殺された。王子は村人たちに、花嫁が殺された、女王の横暴を許してはいけないと訴えた。暴徒と化した人々は城に乗り込んで、女王を火あぶりにして殺そうとした。しかし、このとき、怪物が介入する。女王を救い出して、遠い海辺の村へと運んだのである。じつは、農民の娘を殺したのは王子だった。そうして花嫁の死を、巨悪を滅ぼすための代償にしたのだ。王子は国民から慕われる王になった。長生きをして、死ぬまで平和に王国を治めた、という。

怪物はここで、物語にはあきらかな善玉・悪玉がいるとはかぎらないと諭したが、少年は「退屈な話だ。それにずるすぎる」と首を振った。

これは実話だ。真実というものはたいがい、ごまかしのように聞こえるものだ。王国にはそれにふさわしい王子が生まれる。農民の娘はこれといった理由もなく死ぬ。魔女が救われるべき場合もある——少なからずな。現実というものを知ったら、おまえは腰を抜かすにちがいない。

十三歳の少年には受け容れがたい物語であり、真実であった。王子はみずから愛する花嫁を殺し、それを女王の仕業として民を煽った。女王を殺すことには失敗したが、王権を簒奪することには成功した。そして、嘘と奸計を巡らしたことは忘却して、善き王として慕われる人生をまっとうした。これが現実だ、そこにこそ人間たちの世界の真実が隠されている、そう、怪物は少年に語り聞かせたのである。第一の物語はかくして、人の世の真実はときに不条理にして、不可解なものであることを少年に突きつけることになった、というべきか。

それから、第二の物語について。

いまから百五十年前のことだ。この国は工業が盛んになり、人々は自然とともに暮らすのではなく、自然を踏みつけ、傷つけ汚しながら暮らしていた。緑の野原と町の境に、一人の男が住んでいた。アポセカリーと呼ばれていたが、いまでいう薬剤師のことだ。遠い時代から、かれらは村の近くの森や野原を歩いては薬草や木の葉を集め、それを煎じて薬を作った。アポセカリーは優れた薬効をもつイチイの木を切り倒すことを願ったが、司祭はかれの人を癒す力を認めなかった。逆に、かれを破滅へと追いやった。それから、司祭の娘たちが伝染病にかかり、アポセカリーに治療を懇願したが、かれはそれを拒んだ。二人の娘は死んだ。怪物はその夜、司祭館を根こそぎに破壊した、という。

いっしょに暴れてみるか、と怪物がそそのかす。少年は、ベッドを放り捨てろ、家具を踏み潰せ、家ごと叩き壊せ、と声をかぎりに叫んだ。自分の思考さえほとんどわからなかった。ただ夢中で、何も考えずに壊し、壊し、壊した。怪物のいう通り、爽快な気分だった。いいぞ、破壊行為というのはそのくらい徹底してやるものだ。次の瞬間、二人はおばあちゃんの家の居間に戻っていた。居間は少年の手で破壊し尽くされていた。第二の物語がトリガーになって、夢と現実とが交錯し、破壊は司祭館から、いがみあっている祖母の家の居間へと広がっていた。帰宅した祖母はそのまま悪夢のなかに放り込まれた。おばあちゃんは絶叫し、からっぽの空間へと足を踏み出していった。少年はしかし、なぜ、司祭の家、そして、おばあちゃんの家が叩き壊されなくてはならなかったのか、まだ完全には理解できていなかった。

さらに、第三の物語について。

第三の物語はどうやら、透明人間が主人公らしい。学校の食堂のなかで、怪物は少年の背後からそれを語りはじめた。「むかしむかし、だれからも見えない男がいた」と、まるで昔話のはじまりの呪文のように。昔話だから、その時代がいつかは定かではない、固有名詞をもたない男がだれかもわからない。やがて、第三の物語の匿名の主人公と、コナー少年が共振れを起こして、ひとつになる。少年こそが、母親の病気とその哀しみに覆われて、いつしか見えない男になっていたのだ。

怪物が少年のうしろから語りかける、どこか人形を操るかのように。――その男は、だれからも見てもらえないことにうんざりしていた。その男は、透明人間だったわけではない。その男を見ないことに、まわりの人間が慣れきっていたというだけのことだ。だれからも見られない人間は、はたしてほんとうに存在していると言えるのか。ある日、だれからも見えない男は、心を決めた。他人から見えるようになろうと決めた。

その男が、だから、少年こそが怪物を呼んだ。

次の瞬間、怪物は巨大な手をコナーの頭越しに伸ばすと、いじめっ子のハリーを殴り飛ばした。ハリーの体が勢いよく転がった。ハリーが眼をぎらぎら輝かせて、こちらに身を乗り出してくる。何も見えないんだよ、おまえは透明だ。前を向いたまま、コナーは怪物にたずねると、怪物の声が答えた。その声は頭のなかで聞こえていた。コナーは両手をさらに強く握り締めた。その瞬間、怪物が飛び出していった。ハリーが、周囲のみなが、コナーを見ざるをえないようにするために。

怪物がハリーにしていることを、コナーは肌で感じていた。自分の両手で感じた。怪物がハリーのシャツをつかめば、コナーのてのひらに生地の手触りが伝わってきた。怪物が殴れば、コナーのこぶしがずきりと痛んだ。怪物がハリーの腕を背中にねじりあげれば、コナーはハリーの腕の筋肉が抵抗するのを感じた。

ハリーは抵抗したが、勝つことはなかった。
だって、少年が怪物と闘って勝てるはずがない。

これでもう無視されることはない。怪物はハリーを何度も殴りながら、そうくりかえした。ハリーはついに反撃を諦めた。あまりに怪物の力は強かった。お願いだから、もうやめてくれと懇願した。二度と無視されることはない。そう、最後に、怪物はもう一度言うと、ハリーを殴るのをやめた。それから、コナーのほうを向いた。しかし、無視されるよりつらいことはまだある。そう言って、怪物は消えた。血を流しながら震えているハリーを見下ろしている、コナーを一人、そこに残して。

間もなく、大人たちの手が伸びて、コナーは食堂から連れ出された。コナーが校長先生に抗いの声をあげる、やったのはぼくじゃありません、怪物です、ぼくはハリーに触ってもいません、と。そうして、コナーはだれからも見えない少年ではなくなった。いまは、だれの眼にもいやというほど見えている。しかし、距離はいっそう遠くなった。

もはや、第三の物語においては、幻想と現実とがひとつに溶け合っている。物語は猛々しくも叛乱を起こし、まさに凶暴な野獣と化して、現実を足元から突き崩した。この『怪物はささやく』という小説は、物語の力への信頼を、アナクロニズムを承知のうえで真っすぐに表明している。物語はときに、この世の何よりも大きな力を持つことがあるが、それは、そこに真実が隠されているならば、という条件を満たせばのことだ。物語の唱導者である怪物の言葉は、とてもまっとうで真摯なものではなかったか。

4

ついに、第四の物語にたどり着いた。

少年が怪物を叩きながら叫んだ。母さんを治せないなら、おまえなんかいる意味がない、くだらない物語を聞かせて、トラブルを押しつけただけじゃないか。すると、怪物は少年を攫い、天高く突き上げ、険しい眼で見つめながら、いう。わたしを呼んだのはおまえだ、おまえの疑問に答えられるのは、おまえ自身しかいない。そして、まるで長いため息に似た風が吹き抜けたかのように、告げるのだ。怪物がやって来たのは、「おまえの母さんを治すためではない。おまえを癒すためだ」ということを。

第四の物語では、少年の秘められた真実が語られる。悪夢はすぐそばに存在していた。少年につきまとい、包囲し、少年を外の世界から切り離して、孤立させた。暗く鬱蒼とした森に三方をふさがれた野原と、さらに深い闇へと落ちてゆく崖があった。その崖の縁《へり》に母さんが立っていた。いつだって、これが夢のはじまりだ。母さん、逃げて。そのとき、崖の向こう側から、地鳴りに似た低い音が聞こえた。何か大きなものが、世界より大きな何かが、崖を登ってくる。ほんものの怪物が姿を現わそうとしている。冥界からの使者のような。低い唸り声とともに、輪郭のあいまいな燃える闇がせりあがる。巨大なこぶしが母さんをつかんで、崖の向こうへ攫ってゆこうとする。少年は野原を駆け抜けて、必死に手を伸ばしている母さんに飛びついた。崖の縁から、漆黒の闇に引きずりこまれないように、母さんの手を握り締めている。いま、化け物の全身がそこに見える。これが夜ごとに訪れる悪夢だった。

本物の怪物、コナーが心の底からおそれている怪物、イチイの木が初めてやってきたとき、きっとそいつが来たのだと勘ちがいした、悪夢のなかの本物の怪物は、塵と灰と黒い炎でできている。だが、本物の筋肉と、本物の力と、コナーをねめつけている本物の赤い目と、母さんを生きたまま食おうとしている鈍く輝く本物の歯を持っていた。

助けて、手を離さないで。放すもんか、ぜったいに放さないよ。手伝ってよ、一人じゃとても無理だ。これが第四の物語だ。化け物に引っ張られて、母さんの体は重くなってゆく。ありえないほど重かった。これが少年の真実だ。いまこそ真実を話さなくてはならない。いやだ、だめだよ。悪夢はクライマックスに達して、母さんは落ちていった。いつもなら、ここで眼が覚める。ところが、覚めなかった。物語はまだ語られていない。母さんに会いたい。おまえの母さんは、もうここにはいない、おまえは手を放した、これこそが真実だ。真実を話さなければ、この悪夢から永久に出られないぞ、死ぬまで一人きりで閉じこめられる。

「お願いだから」コナーはかぼそい声で懇願した。「お願いだから言わせないで」

おまえは自分から手を放した。怪物が言う。

コナーは首を振った。「お願い――」

おまえは自分から手を放した。

コナーはぎゅっと目をつぶった。

やがて、こくりとうなずいた。

まだ手を放さずにいることもできた。だが、おまえは手を放した。手をゆるめて、母さんを悪夢に引き渡した。

コナーはまたうなずいた。胸が痛くて、涙を止められなくて、顔がくしゃくしゃになっていた。

真実を話せ。言ったらこいつに殺される。いや、言わなければ殺される。言えない。なぜだ、なぜなのか言え、時間がない。

コナーの胸のなかの炎がふいに勢いを増した。生きたままコナーを食ってやろうと、強欲に燃え盛っている。その炎こそが真実だった。真実がいま、コナーを食い尽くそうとしていた。のどの奥からうめき声がわきあがってきた。その呻き声はまもなく泣き声になり、次に言葉にならない叫び声になった。コナーが口を開くと、そこから炎が噴き出して、周囲の全てを焼き尽くそうとした。炎は黒い闇をあぶっている。イチイの木をなめようとしている。イチイの木を、世界といっしょくたに焼き尽くそうとしている。コナーは叫んだ。苦悩と悲嘆の叫び。叫んで、叫んで

――

叫び声は、言葉に変わった。

コナーは真実を話した。

第四の物語の続きを。

「これ以上、耐えられないからだよ」燃え盛る炎のなかで、コナーは絶叫した。「もうじき母さんはいなくなるってわかっててただ待ってるなんて、もう耐えられないからだ！　終わってほしいんだよ！　さっさと終わらせたいんだ！」

次の瞬間、炎が世界をのみこんだ。すべてが――コナーも――のみこまれた。

コナーの胸に深い安らぎが広がった。ついに、ようやく、彼の罪にふさわしい罰が下されたからだ。


第四の物語はさらに補完されねばならない。母さんは死にかけている、それはぼくのせいだ。少年をとらえている悲しみは、どこまでも物理的な力をもっていた。それはまったく真実ではない、おまえのせいではない。怪物の声がそよ風のように少年の全身を包んだ。ただ、苦痛から早く解放されたい、孤立感から解放されたいと願っただけだ。それ以上に人間らしい願いは、ない。そんなつもりはなかったのに。いや、あったはずだ、しかし同時に、なかった。少年は不満げに、壁のようにそびえている怪物の顔を見上げた。どっちもほんとなんて、ありえないよ。と。

ありえるさ。人間とは、じつに複雑な生き物なのだからね。女王は善良な魔女であり、同時に邪悪な魔女でもあった。そんなことがありえるだろうか。王子は殺人者であり、同時に救世主でもあった。アポセカリーは欲深い人間であり、同時に正しい考えの持ち主だった。司祭は身勝手な男であり、同時に思いやりのある人物だった。そんなことがどうしてありえる？　だれからも見えなかった男の孤独は、見えるようになったことでかえって深まった。なぜだ？

怪物はいう。おまえが何を考えようと、関係はない。人間の心は、毎日、矛盾したことを幾度となく考えるものだ。おまえは母さんにいなくなってもらいたいと願いながら、母さんを助けてくれと、わたしに懇願した。人の心は、都合のよい嘘を信じようとする。それでいて、自分を慰めるための嘘が必要になるような、痛ましい真実が存在することも、きちんと理解している。そして、人の心はそれでもなお、嘘と真実を同時に信じた自分に、罰を与えようとする。だからこそ、物語が必要とされるのだ。それが物語の使徒である怪物が、どうしても少年に語り伝えておきたかったことだ。ここで、わたしが高畑勲の映画『火垂るの墓』を、思わず呼び返しかけていたことを書き留めておく。

やがて、その時が、時計が十二時七分を指そうとしている。母さんの手は少年の手をすり抜けていってしまう。だが、まだ、その時ではない。物語はその、ほんの手前で優しく閉じられる。

コナーは母さんを抱き締めた。二度と放してなるものかと抱き締めた。
そうすることで、今度こそ本当に母さんの手を放すことができた。

怪物は囁きかける。少年が母親の死を真っすぐに受け止めるために、物語の力をもって柔らかく現実を認識できるように手助けし、癒しへと導いている。ただ、少年の残酷な哀しみをかたわらにいて見守り、支え、励ましている。ときには暴力的な衝動を解き放つように仕向けることすら、やってのける。わたしはふと、一人の精神科医が護符のように唱えていたという、ある言葉を思いだす（中井久夫『治療文化論』）。バリントという人の、「治療者は、舟を浮べる水、鳥を支える空、いろいろなものを支える大地、要するに「四大」になれ」という言葉である。怪物はそのような意味合いで、たしかに治療者であった。

物語がもつ癒しの力を信じてもいい、そう、この物語はくりかえし語りかけてくる。イチイの木に身をやつした怪物は、わたしたち自身の内なる癒しの力の具象化であり、物語そのものの別名詞ではなかったか。

最後に、映画版のエンディングに眼を凝らしておくことにしよう。少年とおばあちゃんは仲直りをする。母さんが二人を繋いでくれる、大切な共通項となった。少年はおばあちゃんが用意してくれた部屋のなかで、母親の遺した絵本との出会いを果たしている。その最後のページには、イチイの木の怪物の肩に乗るおかっぱ頭の女の子が描かれていた。母にもまた、あの怪物によって生かされていた、おそらくは幼い日々があったのだ。怪物はどこからやって来たのか。作者のパトリック・ネスは、小説には書き込むことができなかった、その答えを、映画版の終わりにそっと残していたのだ。

第四章

種の混淆をもたらすものたち

1

いつか、澁澤龍彥の怪物論には触れてみたいと考えてきた。しかし、その博覧強記には驚かされ、煙に巻かれはするが、怪物とは何か、といった問いへの根底からの応答がなされている箇所は、思いがけず少ない。たとえば、河出文庫に収められている『天使から怪物まで』や『プリニウスと怪物たち』には、独特の怪物へのまなざしが示されている。そのほとんどは、西洋的な文脈から拾われた、いわば怪物をめぐる博物誌的な記述であり、澁澤自身の怪物論が真っすぐに語られているわけではない。とはいえ、わたし自身には澁澤龍彥の叙述や方法について考察するといった欲望は、実のところ、あまりない。ここでは、だから、ただ澁澤の魅力的ではあるデッサンのいくつかと戯れてみたい。

『天使から怪物まで』は天使と怪物のはざまに眼を凝らしながら編まれた、ごく短い百十八編の断章を集めたアンソロジーである。その「編者による序」はなかなか興味深いものだ。はじまりに、ジャン・ジュネの『花のノートルダム』から、「天使に翼があるとすれば、歯や性器だってありはしないか。彼らはあんな重い翼、羽毛のはえた翼、神秘な翼で翔ぶのだろうか」という言葉が引かれている。たしかに人は天使の翼については、好んで語ろうとするが、天使に歯や性器があるならば、天使が獣の肉をむさぼり喰らい、裸になってだれかと交わり快楽に溺れる姿を想像しなければならず、いささか落ち着かない気分にもなる。しかし、天使には歯も性器もないのだとしたら、それはまるで怪物ではないか。人間だって、哺乳動物や鳥から見れば、全身に毛が生えていないところなど怪物以外の何ものでもあるまい。人間は爬虫類を笑うことができない。そこで、いくらかおごそかに、「種がある以上、怪物は遍在する」と託宣めいた言葉が書きつけられる。これがまさに澁澤の基本的なテーマであった。

それから、カフカの名前に触れて、イモムシのごとき動物への変身によって、「忘れ去られた誕生以前の記憶」が掘りおこされるのだと語られる。擬似体験のように獣や爬虫類や虫やアメーバへの変身が強いられるとき、人は発生と進化のプロセスを何億年も遡行し、人類の誕生するはるか以前の記憶との出会いを果たすのかもしれない。怪物はいわばタイムマシンのようなものだ。

さらに、サドの『悪徳の栄え』に描かれた奇々怪々な乱交パーティーへと、われわれ読者は誘われてゆく。そこでは、去勢者・半陰陽・小人・八十歳の老婆・七面鳥・猿・巨大な犬・牝山羊、そして、老婆の孫である四歳の少年を加えたグループの全員が、たがいに性的に交わりながらひとつの円環を形成する。なんという綺想か。種をまたいでの性の宴を具体的に思い描こうとして、途方に暮れずにいられない。澁澤はみずからの『天使から怪物まで』と題された詞花集について、「私の主宰する、サドのそれに比すべき乱交パーティー」として読むように求めている。
ヒエラルキアの頂点にいるつもりの天使でさえ、つい隣りを見れば、そこには見るも恐ろしい怪物がいるという、この切れ目のない円環は完全に無差別平等である。人間概念を逸脱しなければ、ついには人間というものを知ることはできないという、一つの形而上学的なパラドックスを具現しているのが、人間の頭の中から生み出された怪物だといってもよいだろう。子どもから大人まで、世間にざらに見られるような今日流行の怪物愛好の心理に、いちいち面倒な理窟をつける必要はないといえばその通りだが、わたしは自分の怪物愛好を以上のように解釈している。

怪物への愛好趣味とは、いったい何か。澁澤はすでに、種という分類があって、はじめて怪物はいたるところに遍在すると語り、怪物へのイマジネーションを仲立ちとして、忘れられた誕生以前の記憶が掘り起こされる可能性が指摘されていた。まさに、天使から怪物へと切れ目ない円環をなす乱交パーティーとは、種という分類とその記憶を攪拌する現場とならざるをえない。人間がこの円環のどこに、どのように位置を占めるかは知らず、人間という概念から逸脱することなしには、人間それ自体にたどり着くことができない。この形而上学的なパラドックスにおいてこそ、われわれの脳髄は不断に怪物を分泌し続けるのである。そう、いたって不器用に澁澤の怪物嗜好を読みほどきながら、さらに考えてみる。怪物への愛玩のまなざしは、天使／人間／動物／怪物の種を超えたグラデーション的行き交いのなかで、それぞれの時代に、それぞれの場所で破壊と再編がくりかえされてきたのではなかったか、と。

2

『天使から怪物まで』というアンソロジーから、無作為に怪物たちの幻惑的な姿のいくつかを拾ってみる。たとえば中国の『山海経』には、頭がひとつで胴体が三つある人間、腕が一本・眼がひとつ・鼻の穴がひとつの人間、腕が一本で眼が三つあり、男女両性の生殖器をそなえる人間がそれぞれに暮らす国がある、という。御伽草子の『御曹司島渡』からは、腰から上は馬・下は人間で、身の高さは十丈ばかりもある島人たちの住む馬人島について語られていた。頭に三つの眼のある女が登場する。尻っぽのある人間、有尾人がいた。臍のない男がいて、右手の中指と薬指のあいだに水掻きのある女がいた。一人の子どもが誕生したが、それは頭に角がひとつ、翼がふたつ、猛禽の脚に似た脚が一本、膝に眼がひとつ、男と女の性器をふたつながら備えて、腹部にY字と十字架の形を有し、腕は一本もないという怪物だった。あるいは、乳房の三つある女がいて、横に裂けた女陰をもつ女だっている。ふたつの先の割れた山羊の蹄をもつ娘がいた。ベッドに横たわる花をつけた茎のような、眠ったままに植物に変わってしまった女がいた。北海では半魚人が見つかった。蝙蝠になった男もいた。あくまで神話学的ではあるが、神の絶滅と死のために献身する至上権をあらわすアセファル、頭のない人がいた。

注釈の必要はないだろう。人間という種の内／外にあい跨りながら分泌されてきた、人間からの逸脱や過剰・過小をはらんだ怪物イメージは、どこか似たり寄ったりなものに感じられる。あらゆる怪物カタログはどこか滑稽であり、退屈を紛らわすためには力不足なのである。だから、ポール・ヴァレリーが『アドニス』で語っていたように、どれほど恐ろしい怪物でも、それを描写する仕事は怪物そのものより恐ろしいものだし、描かれ、歌われ、刻まれた怪物たちは、芸術の世界ではいつだって笑いものでしかない（「滑稽な怪物たち」）。

それにしても、なぜ、怪物は生まれてくるのか。これもまた、いくつかの定型的な物語が存在しており、いかにも退屈な妄想めいたレヴェルである。たとえば、多くの妊娠した女たちが、すでに母胎内に形成されている子どもを怪物にしてしまうのは、その想像力が強力だったことに拠っているが、それはむしろ胎児の物質のほうが、こうした怪物の生産を促しかけるほどに強力だったからではなかったか、ともいう（「怪物を生み出す想像力」）。

西洋中世の外科医たちが、血の入れ替えのような方法を用いて、乞食や侏儒、見世物の怪物などを造っていたのは、まぎれもない事実だった。こうした技術の名残りは、若い軽業師や曲芸師にあらかじめ受けさせる手術のなかに、今日なお見いだされる、という（「怪物を造る科学者」）。動物のからだにほかの動物のからだの一部を移植する、その身体の化学的反応や成長をとどめて、手脚の関節を変化させる、といった技術的な改変や修正は、たしかにわが国の見世物の歴史のなかにも散見されるものだ。寺山修司の演劇や映像のいたるところに、そうした見世物芸人たちの作為されたフリークスとしての姿が転がっていたはずだ。

思えば、わたしの子どもの頃にだって、いまだ、幼い子どもが見世物小屋やサーカスに売られて、曲芸のできる柔らかいからだにするために毎日お酢を飲まされる、といった都市伝説は生きていた。

ここで、ヴィクトル・ユゴーの『笑う男』に見えるコンプラチコスに触れてみるのもいい。それは「醜い奇妙な放浪の一族」であり、十七世紀にはその存在が広く知れ渡っていたが、十八世紀には忘却されてしまった。奴隷制度という巨大な事実に結びついている。森のなかに野蛮人の足跡を発見するように、その刻印が「イギリスの法律の暗い曖昧な領域のあちこち」に見いだされるのだ、という。このコンプラチコスは、スペイン語では「子ども買い」を意味する合成語であるらしい。

コンプラチコスは子どもを売買していた。
彼らは子どもを買い、そして売っていた。
しかし盗みはしなかった。子どもを盗むのは、また別の職業だった。
いったい彼らは子どもをどうしていたのか。
怪物に仕立ててあげていたのである。
なんのために？
それを見せて笑わせるために。
（「怪物の製造業」）

幼い子どもたちが攫われて、見世物やサーカスに売られるために、怪物に仕立てあげられていたという歴史は、どうやら古今東西に見られたものらしい。そんなことが、ヴィクトル・ユゴーの『笑う男』という文学テクストによって確認されることの、不思議さを思わずにはいられない。コンプラチコスと呼ばれた「醜い奇妙な放浪の一族」について、さらに深く知りたいという誘惑に駆られているが、とりあえずはここまでである。たぶん、澁澤龍彦も多くは知らなかったにちがいない。

さらに、怪物の誕生にまつわる物語を拾っておく。

見よ、アラカン国を。見よ、かのペグーの
国を。ここはむかし怪物が住まい、
女と犬のみにくい交合から
生まれた怪物しか住んでいなかった。
ここの住民たちは隠しどころに
鈴をつけているが、それは王妃の
知恵によるもの、この用具の発明で
いまわしき過ちを排したという。

（「ベンガルの犬頭人」）

人間の女と犬の雄とのまぐあいから生まれてくる怪物は、犬の頭をもった人間であった。こうした種の境を超えてのセックスは、あきらかに分類による秩序のストレートな撹乱であり、そこから怪物が誕生する道筋はわかりやすい。多くの場合には、意図にもとづく技術的な改変、狂気や想像力の遊び、また仮面による変身といったものが、怪物の誕生の背後には見え隠れしている。

「反自然という呼び方」と題した断章は、モンテーニュの『エッセー』からの引用である。ここでは、あるとき、一人の羊飼いに出会ったことが寓話のように語られている。その男には生殖器らしきものがまるでなく、ただ身体に三つの孔があって、そこから絶えず水を漏らしていた。男にはヒゲもあり欲望もあって、女との接触を求めていたらしい。身体の三つの孔から漏れている水は、何を象徴しているのか。わからない。それでは、これは怪物なのか。モンテーニュは書いている。

私たちが怪物と呼んでいるものも、神から見れば怪物ではない。神はみずからお作りになった広大な宇宙のなかに、無限の形態をみちびき入れたのである。いま私たちを驚かしたこの形態にしても、人間の知らない種類に属する、なにか別の形態に似ているのだと考えたほうがよさそうである。全知全能の神からは、善良で普通で規則にかなったもの以外には何も出てこない。ただ私たちの目に、それらのあいだの調和と関係とが見えないだけのことである。(略)

慣例に反して生ずるものを、私たちは反自然とよぶ。しかし何ひとつとして自然に従っていないものはないのだ。あの普遍的かつ自然的な理性が私たちの中から、めずらしいものによって呼びおこされる誤りと驚きとを追っぱらってくれればよいと思う。

ここで神と名指されているのは、神学的な意味合いであるよりは、「あの普遍的かつ自然的な理性」と読み替えられるべきものではなかったか。この全知全能の神からは、「善良で普通で規則にかなったもの」のほかには産み落とされることがない。いま怪物と呼ばれているものは、その神にとっては怪物ではない。怪物と見なされているのは、みずから創造した宇宙のなかに、神自身によって、無限の形態のひとつとして導き入れられたものにすぎない。それはただ、人間にとっては未知に属しているがゆえに、種の関係の網の目のなかに調和をもって取りこまれていない、というだけのことだ。そして、慣例にいだかれた自然に違背して生まれてくるものは、反自然と呼ばれるのがつねであるが、そもそも神の統べる自然にまつろわぬモノなど存在しない。いわば、怪物がこの世界に存在するのだとしても、それは反自然的な存在ではありえず、怪物の名には値しない。これがモンテーニュの怪物をめぐる思索の核心であった。

　これははたして、あの生殖器を持たずに、絶えず三つの孔から水を漏らしながら女との接触を求めていた羊飼いへの、なにか慰めや救いになるのだろうか。あなたは怪物などではない、それは神が決めたもうたことだ、あなたは反自然的なまつろわぬモノではないのだから……。羊飼いはあらかじめ、未開の荒野へと追放されている。神という名の、知の絶対的な基準点をもたない者にとっては、モンテーニュ的な怪物イメージは儚い空中楼閣でしかない。世界への異和に喘ぎ悶える身体には、怪物へと成りあがり世界を震撼させる道行きをたどることすら許されていない。慈愛をもって宙吊りにされた怪物は、たんなる見世物的な存在へと貶められて、いや、それすら禁じられている。もはや、いっさいの逃げ場は失われているのだ。これはとても残酷な生存の場所ではないか。とても唐突に、われわれの生きてある世界こそが神なきままに、モンテーニュ的な優しいユートピアを実現してしまったのかもしれない、と思う。

　さて、わたし自身がこのアンソロジーのなかで、もっとも心惹かれてきたのは、「空虚人《うつろびと》」と題された断章である。ルネ・ドーマルの『類推の山』から引かれた一節であるが、この著者と作品については多くを知らない。ウィキペディアの「ルネ・ドーマル」の項目によれば、一九〇八年生まれのフランスの小説家であるが、『類推の山』はその代表作のひとつのようだ。アレハンドロ・ホドロフスキーの映画『ホーリー・マウンテン』（一九七三）の原作となっているというが、残念ながら未見である。

澁澤が切り取った断章は、「空虚人は石のなかに住んでいる。そして空洞が移動するように、石のなかを自由に動きまわる」と始まる。寓意的な小説なのだろうが、いきなり後頭部から鷲掴みにされてしまう。さらに、「氷のなかでは、人間のかたちをした気泡のように動く。けれども風に飛ばされてしまう恐れがあるので、あえて空気中には出ようとしない」と書き継がれている。固い石のなかから、冷たい氷のなかへ。心が掻き乱される。石のなかでも、氷のなかでも拘束はされておらず、空洞のように、気泡のように動きまわることができる。風が危険であるから、大気中に出ることはない。

彼らの家は石のなかにある。その家の壁は孔でできているらしい。孔だらけの、いや、孔でできた壁のなかの、空洞のような人間。氷のなかに張るテントの布は、泡でできている。泡のテントのなかの、気泡のような人間。昼のあいだは石のなかに暮らし、夜になると氷のなかに彷徨い出てきて、月光を浴びながらダンスをする。それでも、陽がのぼる前には石のなかに撤退する。陽の光に当たると破裂してしまうからだ。

わたしはここで脱線したくなる。『風の谷のナウシカ』の漫画版に登場する森の人を思いだしたのである。森の人は蟲の腸で作った奇妙な服をまとい、蟲の卵を食べ、蟲の体液を泡の膜としてテントを造っていた。ここにも泡のテントが登場していたのだった。森の人は腐海という汚れた森をアジールとして、外なる世界から亡命した一族である。彼らは絶対的な非暴力の民であり、それゆえに、蟲たちからの攻撃を回避しつつ生きることができる。人間は森にとっては忌むべき異物、いや怪物である。だから、森の人は虫の体液を大切にいただき、その泡の膜をテントに仕立てることで恭順の意を表わし、かろうじて腐海との共生を果たしている。定住のムラを作らず、遊動の暮らしを選んでいるのは、それが腐海という生態系への負荷がかぎりなく少ない生存のスタイルだったからだ。

さて、森の人は蟲の卵を主食にしていた。それにたいして、空虚人は空虚なものばかりを食べている。たとえば、死んだ生きものの形骸といったものだ。立ち止まらねばならない。人間が食べるものはすべて、かつて生きていたが、いまは死んでいる（まれには、死にかけている）生きものの亡骸である。空虚なものを食べるのは、人間という存在の宿命であって、空虚人にかぎった条件ではない。むろん、空虚人は人が口にする無意味な言葉や、あらゆる内容が空疎な話に酔っぱらう。思えば、それもまた、人間だれしもに見られることであり、空虚人にかぎった負の習性ではないだろう。

あるひとたちのいうには、彼らはずっと昔から生きていたし、これからも永久に生きているだろうということだ。また別のひとたちによれば、彼らはすでに死んでいるともいう。さらに別のひとたちの意見によれば、生きている人間はだれでも山のなかに、それぞれ自分の空虚人をもっていて、ちょうど剣が鞘のなかに、足が足跡のなかにはまりこむように、死んだら空虚人のなかにはまりこむのだともいう。

いったい、この空虚人とは何か。なにかの寓意と考えるべきなのだろうが、とりあえず、わからぬままでいい。むしろ、人間だれしもが空虚人なのかもしれない、と考えたほうがいいようにも感じられる。いずれであれ、生きている人間はだれでも、どこか山のなかに、それぞれの空虚人を秘め隠しており、死んだときにはじめてその空虚人と一体化するものらしい。あらためて、空虚人とはだれなのか。夜になると、氷のなかに彷徨い出てきて、月光を浴びながらダンスをするのだから、やはり空虚人は夢のなかの、あるいは無意識世界のもう一人の住人なのかもしれない。ここいらでやめておくが、やはり、澁澤がここにこの断章を埋めこんだのは、空虚人を怪物の仲間と見なしていたからなのか、という問いはさめやらず残る。むろん、こうした異物感のある断章こそがアンソロジーにとっては、魅力の源泉であることは承知のうえだ。

3

さらに、もう一冊の『プリニウスと怪物たち』を取りあげてみる。

はじまりの一節は「スキヤポデス」と題されている。このスキヤポデスは、インドかリビヤといったヨーロッパにとっての辺境に棲むと伝えられてきた、一本足の人間の種族であるらしい。

ヨーロッパの中世は幻想動物の花ざかりである。いや、動物ばかりでなく、書物や造形美術の世界には、畸形人間ともいうべき怪物までが、おびただしく登場する。まだ地理上の発見が行われず、世界全体に対する知識が広く及んでいなかった時代には、ひとびとは頭のなかで空想をたくましくして、見たこともない世界の辺境に、そのような怪物が実際に棲んでいると考えたらしいのだ。

中世ヨーロッパの人々は、幻想の動物や怪物について飽かずくりかえし書き、歌い、描いたのである。ここでは、怪物は畸形の身体と同義に結ばれているようだ。いまだ地理上の発見以前であり、世界は狭く、はるかな辺境地帯には未知なる怪物たちの種族が棲息していると信じられていた。異なった民族や文化がおずおずと接触しながら、しかし、まともな意思の疎通はかなわなかった時代には、どこでも好奇心に膨れあがった民衆の想像力が、さまざまな怪物イメージを分泌し続けたらしい。澁澤はそれを、神話的な想像力と呼んでもいいかもしれない、と控えめに書きつけていた。

それにしても、モンスター（怪物）と、たとえばバルバロス（野蛮人）との区別が明らかではないことに、もどかしさを覚える。畸形／野蛮／未開といった概念が分節化されず、曖昧模糊としたままに、辺境とそこに生きる人々のうえに覆い被さっている。野蛮や未開の領域の、さらに暗がりに、怪物たちの姿が幻視されていたのかもしれない。澁澤自身にはきっと、それらの境界を鮮明にさせようとする欲望は希薄だったかと思う。

あるいは、絶対的な神と悪魔の二元論の呪縛のもとで、天使や魔女や怪物はいかなる位置を占めていたのか。『天使から怪物まで』という著書の名付けは、いかにも示唆に富んでいる。怪物のカタログには、あらゆる身体の過多と過小、逸脱と異形を刻印された人間たちが収められている。それら滑稽にして哀れを誘わずにはいない怪物たちは、忌まわしい悪魔か、その眷属ではなかったのか。一本足や、犬の頭をもつ人間たちの霊魂は、ほかの健康な身体に宿る霊魂と同じように、神に救われて天国に入ることができるのか。とりあえず、中世の神学的ヒエラルキーのもとでは、聖アウグスティヌスも述べていたように、怪物たちはアダムの子孫であることを認められていたのだ。だから、怪物だって、場合によっては聖人になることが許されていたのだった。

それでは、精霊と呼ばれる存在は、どのように位置付けられるのか。「グノーム」の一節に眼を凝らしてみたい。

精霊は裏切られたときには恐ろしい復讐もするが、たいていは人間に害悪を与えることはしない、という。パラケルススなどは、精霊が悪魔の手先となって、人間に悪を働くという意見には反対のようだった。十七世紀フランスの『ガバリス伯爵』という謎の書においても、精霊はときに人間と情交はするが、「インクブス（男性夢魔）やスクブス（淫夢女精）のような悪魔の眷属とは完全に一線を劃している」と信じられていたらしい。

広く知られたマーガレット・マリー女史の学説では、小人として表わされた自然の精霊たちは、ファウヌスやサテュロスのような半獣神と同じく、被征服民族の伝説的に変形された姿にほかならないという。小人の妖精は、何よりもまず、西暦紀元前の最後の二千年間、鉄器時代の文化を守りつつ、ケルト人の到来以前のヨーロッパに住んでいた、背の低く膚の浅黒い遊牧民族の、民族的な記憶だったのである。彼らは新しい民族に征服され、平野から追放されて、沼地や森や山のなかに隠れたのだ。まあ、日本の鬼や天狗と同じ運命に遭ったのだと思えば間違いあるまい。

とても関心をそそられる。既視感が拭えない。わたしは若いころに、柳田国男の前期思想の可能性を求めて試行錯誤を重ねていたことがあり、そのときの焦点のひとつが「山人《やまびと》」論だった。若き柳田は、ハイネの『流刑の神々』に着想を得て、日本列島の歴史の古層に埋もれた先住異族の影を追いかけていた。平地人とは系譜を異にする山民や、山人の消息を浮き彫りにしようとしたのだった。山人は柳田によれば、この列島に割拠していた先住異族（→縄文人）は、稲作を携えて渡来した民族（→弥生人）との戦いに敗れて、列島の北へと追われ、奥深い山々に隠れ住みながら生き延びた。それが、列島のそこかしこに、山男・山女・山童・山爺・山姥をめぐる伝説や昔話として語り継がれ、まさに「民族的な記憶」として残されたのだ。そう、柳田は考えたのである。思えば、柳田による山人探究のかたわらには、怪物化した山人の姿が数も知れず転がっている。この山人史料だけでも、日本版の怪物カタログといえるはずだ。

『遠野物語』序文に刻まれた、「国内の山村にして遠野よりさらに物深き所には、また無数の山神山人の伝説あるべし。願はくはこれを語りて平地人を戦慄せしめよ」という言葉は、柳田国男という巨大な知の軌跡にとっては忘れ形見のようなものだ。むろん、澁澤が指摘していたように、鬼や天狗がたどった零落の歴史とも無縁ではない。山人は鬼や天狗の同伴者なのである。いずれであれ、古代ゲルマンの神々が、キリスト教による宗教的な支配が確立するなかで、妖怪や精霊へと零落していった不可視の歴史を掘り起こした、詩人ハインリヒ・ハイネこそが、そうした浪漫派的な怪物イメージの源流をなしているのである。澁澤が触れていたマーガレット・マリー女史の学説なるものは、まさしくハイネの系譜を引くものといっていい。

そういえば、「大山猫」という一節の冒頭で出会った、こんな言葉に触れておく。やはり、怪物論からは脱線にすぎないが、眼を見張らずにはいられなかった。十世紀のフランス、修道士のオドン・ド・クリュニーの言葉である。

肉体の美しさは、ただ皮膚にあるのみだ。もしも人間がボイオテイアの大山猫のように、皮膚の下にあるものを見ることができるならば、誰もが女を見て吐き気を催すことになろう。女の魅力も、じつは粘液と血液、水分と胆汁から出来ている。いったい考えてもみよ、鼻の孔に何があるか、腹のなかに何が隠されているか。そこにあるのは汚物のみだ。それなのに、どうして私たちは汚物袋を抱きたがるのか。

なかなか過激にして、愛らしくも悲哀にまみれた女性論ではなかったか。大山猫という幻想的な動物には、レントゲン線のように、遮るものをすべて見透かしてしまう鋭い眼があるという伝説があったのだ。どれほど美しい女性の肉体であっても、その皮膚の下を透視することができるならば、それは汚物が詰まった皮袋でしかない。粘液・血液・水分・胆汁から、鼻くそ、腹のなかの胃液と混ざり合った食べ物や糞まで、たしかに、そこにあるのは汚物ばかりだ。修道士はそれを汚物袋と名付けることにした。性への欲望を禁じられた修道士は、みずからの欲望の根っこを断ち切るために、美しい女性の顔や肉体など汚物袋でしかないと信じたかったわけだ。

わたしがこの一節に眼を奪われたのは、ほかでもない、日本中世の九相図《くそうず》を想い起こしたからである。これは、死体が腐敗し白骨になるまでの過程を九つの相で表わした、東洋的な絵画である。山本聡美の『九相図をよむ』によれば、九相図は死体の変化を観想することによって、自他の肉体への執着を滅却する九相観という仏教の修行に由来する、という。この九相観を実践することで、「どんなに美しい容姿も汚物の上を仮の姿で覆い隠しているようなものであることを知り、淫欲を防ぐことができる」と説かれたのである。わたし自身の『性食考』のなかでも引用したことがある、以下の、山本聡美の言葉をあらためて取りあげてみたくなった。現代の画家たちが描く九相図を前にして、囁くような息遣いとともに書きとめられた言葉である。

清潔に整えられた社会に生きる、私たちから遠ざかりつつあるもの。肉体の存在感、手触り、においい、痛い、冷たい、寒い、暑い、食べる事、排泄すること、与えられた生の時間に対する敬虔な気持ち、喜び、規則的に鼓動する心臓の奇跡、そして言葉で捉えきれないたくさんの感情が、現代の九相図を見ているとあふれてくる。なんとあやうい容器に、私たちの命は入っているのだろう。

あやうい容器に詰まっているのは命であり、汚物ではない。修道士だって、僧侶だって、そんなことは知っている。夜ごと、汚物袋を抱く夢にうなされているのだ。だから、かぎりなく滑稽で、かぎりない哀切に満たされている。女／男を分かつ二元的な境界を揺らし、跨ぎ超えるとき、人間をめぐる自明性はひき剥がされ、人間という領土はその周縁や辺境から崩れてゆく。あらたな怪物は、女と男が交換＝交歓を果たす現場から誕生するのかもしれない。

『プリニウスと怪物たち』には、なぜか二編の「怪物について」と題されたエッセイが、そのままに離れて収録されている。あとに置かれた「怪物について」は、十六世紀フランスの外科医で、近代医学の先駆者の一人とされるアンブロワズ・パレが主人公である。パレは文章家としても一流で、『怪物および異象について』など、畸形や怪物の問題を扱った著作がたくさんあるという。

パラケルススが「男色者の地に注がれた精液から、怪物の生じる可能性」があることを信じたように、パレもまた、臆することなく、「獣姦から怪物の生まれる可能性」を信じたらしい。そして、畸形の発生する十三の原因を並べたなかに、まず神の栄光や怒りを挙げている。それから、精液の過多量（その結果、双頭の子供やシャム双生児や両性具有者が生まれる）と精液の過少量（その結果、肉体の一部の欠如した人間が生まれる）、さらに、精液の混淆（獣姦の結果、半人半獣の怪物が生まれる）といった原因が列挙されている。ちなみに、カッコ内は澁澤の付した注釈である。

いずれであれ、どうやら精液にたいする過剰な思い入れが、この時代には広く共有されていたようだ。男がもっぱら精液に依存しているのにたいして、女の側に深くかかわるのが、第一に想像力であったことには、いたく関心をそそられる。澁澤による注釈には、想像力という原因について、「妊娠中の女が妄想したり、いつも同じ絵を眺めていたりすると、それが子供の肉体に現われる。

たとえば、白人女の絵をいつも眺めていたエティオピアの女王が、白い肌の娘を生んだり、獣の皮を着た聖ヨハネの像を眺めていた妊婦が、熊のように毛だらけの娘を生んだりする」と見える。女たちの妄想や空想には、少なくとも胎内宇宙を変容させるほどのマジカルな力があると信じられていたのだ。第十三番目の原因としては、定番のように、悪魔の仕業が挙げられていた。いわば、神と悪魔に挟まれるかたちで、畸形や怪物の誕生が語られていたのである。

ここで、澁澤の言葉を引いておく。

パレの頭の中にあるような怪物概念を、もしも一言で定義するならば、それは種の混淆をもたらすもの、と言って差支えないかもしれない。そして怪物のそういう性質こそ、じつは何物にも増して宇宙の調和を見事に表現しているのであり、事物の本質的な連続を明からさまに示しているのである。

（傍点は引用者）

怪物とは「種の混淆をもたらすもの」である、という。すでに、種という分類があって、はじめて怪物は遍在する、と語る澁澤には触れてきた。だから、あらゆる怪物は「雑種形成」の所産として描かれる。そして、もうひとつの「怪物について」のなかでは、西洋中世に紡がれた動物誌や怪物誌が、「アナロジーによる象徴の科学」の一環であったことが指摘されていた。澁澤は書いていた、「宇宙的な異象と、人間や動物の畸形とが、あたかも互いに関係があるかのごとく、しばしば平行して起るのである」と。そのうえで、ヨーロッパ全土を覆った宗教動乱が、怪物の誕生のためにきわめて恵まれた条件を創りだしたと指摘されていたのだった。
さらに、怪物たちの宴に眼を凝らさねばならない。中世から現代へ。

内なる他者／外なる自己

1

澁澤龍彥の怪物論に触れて、この人は饒舌でありながら寡黙な人だ、というひき裂かれた印象を拭うことができなかった。たとえば、澁澤が真っすぐにみずからについて語る場面は意外なほどに少ない。怪物とは何か、といった問いにじかに応答することもなかった。ひたすら他者に語らせている。それでも、ときおり、怪物とは「種の混淆をもたらすもの」である、といった言葉に出会って、静かに揺さぶられた。あるいは、「アナロジーによる象徴の科学」といった言葉にも関心を惹かれた。

怪物がいつだって、「〜のようなもの」として描かれるのは、なぜか。たとえば、一眼一足の怪物は、人間という種の形象である二眼二足からの逸脱や偏奇として、象徴的に表象される。その意味では、神や悪魔とは異なっている。神や悪魔はわれわれの外部にあり、怪物はどこかでわれわれ自身の内部にあるか、そこに固有の根拠を秘め隠している。われわれ自身の分泌物や切り取られた器官から成るがゆえに、いくらか歪んだ鏡像とならざるをえない。いわば、怪物は内に飼われている他者ではなく、外に譲渡された忌まれるべき自己なのである。

わたしはいま、唐突に、手塚治虫の『どろろ』（『手塚治虫漫画全集』講談社）を思い浮かべている。主人公は百鬼丸と呼ばれる若者である。戦国時代、武将の父親・醍醐景光は地獄堂に籠もって、運慶の子どもの運賀の作といわれる魔神像を眺めながら夜明かしをする。そして、天下取りを願って、四十八匹の魔神や妖鬼に力を貸してくれるように祈願する。返礼には金が欲しいか、生け贄が欲しいか、と問いかける。

よろしい　じゃあ　あさって生まれる予定の　わしの子どもをやろう　わしの子の目　耳　口　手　みんなおまえたちでわけるがいい　四十八ぴきで　四十八か所　好きなところを取れ　どうだ

生まれてくる子どもが生け贄に捧げられた。その身体から四十八の器官や部位を取り出して、四十八匹の魔物たちに譲渡する契約が交わされたのだ。赤子のやわらかな身体を丸ごと、ある魔物に譲渡するわけではない。そこにおそらく、この契約の残酷な意味合いが秘められている。だれか魔物一匹に丸ごと譲渡された身体であれば、たとえ異形の獣に姿を変えられていたとしても、やがて魔法が解かれれば元の人間へと復元することができる。壁に叩きつけられた醜いカエルは、魔法が解けて、たちまち美しい王子へと戻ることができた。しかし、四十八個に分割された身体部位が統一性を回復するには、四十八匹の魔物から熾烈な戦いの末にひとつずつ取り戻さねばならず、きわめて困難な試みとならざるをえない。人間への復元を許さないための残酷な契約なのである。

魔神たちは承諾の印に、景光の額に×字形の傷をスティグマとして残した。生まれてきた赤子は、約束通りに人間らしさを吸いとられたヌケガラであった。父は、この子は育たない、育っても、口もきけず目も見えず、耳も聞こえない、手も使えないのだ、たったいま捨ててしまえば忘れられる、と告げる。母は夫を、魔物に魂を抜きとられた鬼だ、と非難するが、結局、赤子をたらいに乗せて、水に流し捨てるしかなかった。

まるで、『古事記』神代の巻に見える、海に流されたヒルコのような姿ではなかったか。イザナキとイザナミが天御柱《あめのみはしら》のまわりを巡り、聖なる結婚を果たすが、島生みのはじめに生まれてきたのは水蛭子《ヒルコ》であった。結婚の作法に違背した結果である、と解釈されてきた。このヒルコについては、蛭のような姿の障害をもった子どもと解されるのがふつうである。次のような伝承が中国南部や東南アジアに広く分布している。兄と妹が結婚する始祖神話である。洪水神話と結びつきながら、第一子に障害をもった子どもが生まれる話がよく見いだされる。たとえば、台湾のアミ族の伝承では、熱湯の洪水を逃れて生き残った兄妹が交わると、はじめに蛇、続いてカエルが生まれた。太陽神の教示によって、白豚を供え物として神祀りをすることで、はじめて人間が生まれたと語られている。ヒルコはヒルメと対をなす名称であって、太陽の子を意味しており、ヒルコ譚の前身も日の御子をうつぼ舟に乗せて流す神話の系譜に連なるものだと、神話学の松本信広などは指摘していた（『古事記〈日本思想大系1〉』の補注による）。

いずれであれ、水に流し捨てられる百鬼丸のうえにも、かすかに聖なるものの影が射している。むろん、太陽信仰とは無縁であるが、うつぼ舟の神話は神による授かり子の漂着をテーマとしており、たらいに乗せて流される赤子はやはり、神話的な物語に繋がっているはずだ。そうして、百鬼丸は『どろろ』の主人公へと成りあがる。聖なるものと穢れたもののはざまにひき裂かれた、まさに怪物としての誕生である。全身を包帯でくるまれた赤子はたらいに乗せられ、葦原に覆われた湿地のなかの水を分けて流れてゆく。これもまた、『古事記』に描かれた列島の黎明の風景、葦原の中つ国そのものであったことを思わずにはいられない。母の悲しい呼びかけの声が追いすがる。しかし、生まれたばかりの、そもそも耳を奪われた赤子には届くことがなかった。

2

それでは、異形の赤子はどこに漂着したのか。思えば、海に流し棄てられた神話のヒルコは、中世には海の彼方から来訪するヒルコ神へと転生を遂げている。古代のヒルコの、その後を語る伝承はない。しかし、その神話的な記憶は忘却されることなく、間歇遺伝のように蘇ったのである。

『どろろ』では、まさに、流されたその後が百鬼丸の物語として語られたことになる。たらいの赤子を拾ってくれたのは、薬草を採りにきていた医者・寿海（……原作にその名前はなかった）だった。医者であることは幸いであった。それはもう一人のヒルコだった。手も足も、耳も鼻もない、ただ、眼と鼻と口のあるはずの場所に、ぼこりと穴が開いているだけの顔をもつ、それでも、たしかに人間の赤子だった。世の中にこんなに惨めな赤ん坊があるか。しかし、その赤ん坊は生きんがためにチュウチュウと粥をすすった。だれが捨てたのか、鬼か。医者の男は、なんとしてでも生かしたい、育つものなら育ててやろうと、心に誓った。その赤ん坊は五感を奪われているのに、口や耳を使わずに意思の疎通をはかる特殊な能力をもっていたのだ。

寿海はそれから、赤ん坊に足や眼や耳をつけてやり、せめて形だけでもふつうの人間にしてやろうと決める。かれは医者としてのりっぱな学問と腕をもっていたから、木と焼き物とで入れ眼（義眼）や義手や義足などを、夜も寝ずに作った。そして、ある日、赤ん坊は薬草を麻酔薬として飲まされた。長い手術の末に、奇跡が起こった。麻酔が覚めたとき、すくなくとも見かけだけは申し分のない子どもができあがったのだ。その子は生まれついて不思議な力を備えていた。眼は見えなくとも何か直感が働くようだった。それから、少年に育ったある日、妖怪が寿海のもとを訪ねてくるようになる。化け物が、子どもの超能力に惹かれて集まってきたらしい。ついに、寿海は子どもに旅に出るように勧めることになる。どこかに、おまえを受け入れてくれる世界があるかもしれない、この世は広いから、どこかにきっと、おまえが幸せになれる場所があるだろう、と。

百鬼丸としての旅立ちであった。だれとも知れぬ声で、お告げがもたらされる。

おまえは　四十八ひきの魔物に出会うだろう　おまえのからだは　四十八のたりない部分がある!!　四十八ひきの魔物と対決せよ　もし　勝つことができれば　おまえのからだは　普通の人間にもどれるかも知れぬ

いかにも綺想に満ちた物語である。誕生のときに、父親が魔物たちと交わした契約によって、四十八カ所の身体部位の欠損を負わされていた百鬼丸は、旅するなかで、それら妖異なるモノたちと遭遇し、かれらと戦いながら欠けたる身体をひとつひとつ取り返してゆく。そうして、妖怪退治の旅は奪われた身体を復元するための道行きとなっていった。百鬼丸は誕生のときには、すでに怪物への変身を強いられていた。それは奪い尽くされた、穴ぼこだらけの空洞の身体であった。空洞は義手・義足や義眼でかりそめに埋められていたが、それを元の身体部位によって置き換えてゆくのである。種の混淆ならぬ、種の回復というテーマであったか。

西洋のメルヘンと比べてみるのもいい。動物や怪物への変身というテーマからは、いわゆる異類婚姻譚が浮かぶ。たとえばグリム童話の「蛙の王さま」では、姫の前に現われたカエルは、魔法によって異形の動物へと変身させられていた人間の王子であった。その魔法が解けるための条件は、異形の身体のままに愛してくれる女性と出会うことであった。むろん、「蛙の王さま」のなかでは、姫はひとつのベッドで共寝するように求められ、腹を立てて力任せに壁に叩きつける。すると、予期せぬことに、カエルは王子に姿が戻ったのである。完訳版の『グリム童話集』には、これに続けて異伝であったはずの「蛙の王子」が収められている。そこではメルヘン風に希釈された表現ではあるが、姫はカエルと共寝することを拒まず、眼が覚めると鼻の先に美しい王子が立っていた。「おひめさまが、およめになると約束してくれたために、まほうがとけて、救いだされた」（金田鬼一訳）という種明かしがなされている。おそらく、こちらのほうが原型を留めている。愛による魔法の解除というテーマこそが、西洋の昔話の古層には横たわっていたのだ。

さらに、日本的な異類婚姻譚ではどうか。たとえば、変身というテーマからすれば、昔話の「猿婿入り」などは、そもそも猿は猿のままに結婚という要求を突きつけて、娘の狡知によって殺されている。源流は「蛇婿入り」とされるが、その古層をなす三輪山型の神話では、蛇の神は人間の若者に姿を変えて村の娘に夜這いをかけている。また、動物の報恩を語る昔話のなかの鶴や狐は、美しい女に身を変じて訪ねてくるが、その結末では動物としての正体が露見して、結婚は破綻する。そこでは、動物が人間の女に変身して訪れるのであり、愛による魔法の解除といったテーマは見いだされない。

あるいは、異常誕生譚に括られる昔話の「田螺息子」に眼を凝らしてみるのもいい。神仏への誓願によって授かった子どもは、タニシという頼りなき存在であった。誓願という形ではあるが、大きくは契約関係といえるかもしれない。タニシ息子は人並み以上に働き者で、機知を凝らして美しい嫁をもらい、やがて人間の姿に変わって長者として栄える、という展開をたどっている。娘の愛を得るために努力するよりも、その異能としての狡知が結婚や長者への社会的上昇の起動力となっている。

タニシから人間への変身の場面においては、とても興味深いことに、タニシに暴力が加えられることが多い。それは小さなタニシにとっては、死にいたる根源的な暴力である。殻を短刀で割る、石段で踏み潰す、下駄で踏み潰す、馬が跳ねて踏み潰す、藁打ち槌で叩く、藁打ち石に乗せて杵で潰す、鉄棒で叩かせる、打ち出の小槌で叩く、天神様の御影石にぶつける、海や川に投げこむ、といったものが、『日本昔話大成』の「田螺息子」の項目から拾うことができる。嫁にもらったが、それを嫌って睨みつけてくる娘に、タニシが「それほど憎ければ石場で潰せ」とそそのかす場面があった。タニシは潰されることで美しい男になる、という展開は見逃せない。タニシこそが暴力を誘発しているのである。

いずれであれ、こうした暴力の結果として、タニシは美しい若者に変身することができる。こうしたタニシ殺しは、象徴的には死と再生の通過儀礼《イニシエーション》のプロセスと見なされるべきだろう。タニシから人間へと変身するためには、ひとたびの死が避けがたく求められる。これはどこか、グリム童話の「蛙の王さま」を想起させるところがある。姫はカエルに共寝を迫られて、怒りに駆られ、壁に叩きつけた。カエル殺しであった。気にはなってきたが、「田螺息子」に見られる暴力には異例の感触が拭えない。グリム童話との影響関係が隠されているのか否か、判断はむずかしい。しかも、タニシ殺しは決まって、その身を固く覆っている殻を割ったり壊したりする形式を取る。つまり、殻の内側に閉じ込められて、成熟を禁じられてきた身体を解き放つためにこそ、殻は破られねばならなかったのだ。成熟とは身体であれ精神であれ、象徴的には古い自己をひとたび殺す／新しい自己として再生を遂げる、というプロセスを踏んでいる。

あらためて確認しておくが、日本的な物語の文脈においては、魔女や悪魔の呪いによって人間が動物や異類への変身を強いられるといったことは、ほとんど見いだされない。無垢な娘による愛が魔法をほどくというテーマも、不在なのである。祈誓によって神仏から授けられた子どもが、その出生条件として異形の身体を負わされることは、むしろ異常誕生譚のなかでは定型的といえるものだ。思えば、異形の身体は内なる他者に侵犯されているか、外なる自己へと譲渡されているか、大きくは二つに分かれるのかもしれない。

タニシ息子がみずからの宿命に抗い、そこからの脱却を企てる物語として読み換えてやると、『どろろ』との共通項が見えてくる。とはいえ、『どろろ』の特異さは無視しがたいものだ。すなわち、百鬼丸は神や仏ならぬ魔物との契約によって、自己の身体をあらかじめ外部に譲渡された抜け殻として誕生した。そこからの脱出劇は、愛にもとづく他力救済ではありえず、知恵による自力救済ですらなく、ひたすら生死を賭けた戦いによって獲得する自力救済であったということに注意を促しておく。戦国時代という過酷な背景を思えば、むしろ避けがたい条件であったにちがいない。

3

ここには、種を超えた混淆は見いだされない。あくまでひき裂かれた種の身体の内なる回復なのである。奪われた自己の復元というテーマであった。『どろろ』における怪物というテーマは、影響関係は措くとして、むしろ『フランケンシュタイン』を思わせるような変奏を施されている気がする。人体改造、または、人間の切断された身体部位の継ぎはぎによる技術的な人体の創造という点では、通底するのではないか。ただ、『フランケンシュタイン』では、その人工の身体に命を吹きこむために落雷の力を借りている。『どろろ』の百鬼丸は、穴だらけの異形の身体に生き延びることへの強靭な意志が宿っており、それが医者に「この子を生かしたい」と思わせている。外部から命を吹きこんだわけではない。

百鬼丸はすぐれた慈愛の深い医者に出会い、穴ぼこだらけの身体を人工的に補填する技術によって、とりあえず生き延びることができた。いかにも手塚治虫らしい綺想ではなかったか。その中世の医者・寿海は、まさにブラック・ジャックの前身のような登場人物ではなかったか。原作の発表時期をウィキペディアで確認してみると、『どろろ』は一九六七年から一九六九年、『ブラック・ジャック』は一九七三年から一九八三年に雑誌に連載されている。『どろろ』のほうが六年ほど早い。

手塚治虫は医師免許をもっていた。太平洋戦争末期の一九四五年七月に、十六歳で大阪帝国大学(現・大阪大学)附属医学専門部に入学し、終戦後の一九五一年には卒業している。そのころには、すでに漫画家の道へと進むことに決めていたという(「TEZUKA OSAMU OFFICIAL」)。だから、外科医としての臨床経験もほとんどなかった。『ブラック・ジャック』の連載に当たっては、医学書を買いこんで独学し、医療関係者に取材をしたようだが、事実認識には誤りが多く見られた。ロボトミー手術に関する描写では糾弾を受け、謝罪に追いこまれている。執筆当時の、また現代の医療技術からはかけ離れたところが多くあって、脳交換手術などは漫画だから可能な描写であったことは、手塚自身が語っていた(ウィキペディア「ブラック・ジャック」)。手塚にとっては、ブラック・ジャックは理想化された自己像の投影という側面があったかもしれない。

ブラック・ジャック自身が、実は、まだ少年のころに事故に遭って瀕死の重傷を負ったことがある。そのときの主治医が、本間丈太郎という有名な外科医であった。少年は頭蓋骨も顔も、手足も内臓もめちゃくちゃになり、だれもが生き延びることはむずかしいと思った。本間は力を尽くし、その少年は奇跡的に命をとりとめた。ほとんどちぎれた手や足を手術で繋いだのである。しかし、その手術のときに、本間は肝臓の下にメスを縫いこむという大きなミスを犯した。七年後に、再びチャンスが巡ってきて少年の腹を開くと、そこには石の棒がひそんでいた。驚くべきことに、メスは丁寧にカルシウムの鞘で包まれ、保管されていたのだった。本間は毎晩、メスが内臓に突き刺さって大出血を起こす夢にうなされてきた。生命の奇跡だった。真珠貝が自分の身体のなかに入った砂のかけらを真珠質で包んでゆくように、少年の身体は不思議な力でみずからの命を守っていたのである。それから、少年はリハビリのために懸命の努力をしたが、それを見守ってくれたのも本間だった。本間丈太郎という外科医は、まさしく命の恩人であると同時に、医者となるきっかけを作ってくれた恩師でもあった。

既視感がある。こうした本間とブラック・ジャックの関係は、寿海と百鬼丸の関係の再演のように見えるのだ。あるいは、『フランケンシュタイン』におけるフランケンシュタイン伯爵と怪物の関係をめぐる原風景へと、ひそかに遡行してゆくのかもしれない。むろん、伯爵と怪物との対峙ははるかに捩れた愛憎の絡み合うものではあった。ブラック・ジャックにも百鬼丸にも、命を救ってくれた医者への憎悪といったものは見いだされない。

さらに、生と死をめぐる原風景は変奏されてゆく。

『ブラック・ジャック』では、ピノコという少女がとても重要な役回りを演じているが、そこにもあの原風景が影を落としている。ピノコは第十二話「畸形嚢腫《きけいのうしゅ》」（単行本では第二巻）にはじめて登場する。畸形嚢腫については、以下のように説明されている。

ふたごが生まれるはずだったものが　ひとりのほうが　できそこなって　赤ん坊のからだのほんの一部だけ　もうひとりのからだの中につつまれたまま　生まれてくることがある　そだってゆくうちに　そのからだの中の　できそこなったほうも大きくなっていく　それは　目玉だったり髪の毛だったり　手や足だったりする　ときどき　そのできそこなったほうは　ゴムみたいなふくろにつつまれて　どろどろした粘液にまざって　はいっていることがある　このふくろもどんどん大きくなって　からだの大きなはれもののようになる　これを畸形嚢腫と呼んでいる
（『BLACK JACK 1』秋田書店）

双子の姉の身体のなかに、十八年ものあいだ隠れていたのだが、嚢腫に包まれてほぼひと揃いの内臓や腕や足、脳髄までが詰まっていたのである。それまで、膨らんだ腹を切ろうとすると、「嚢腫ののろい」によってか、医者は妨害を受けて手術をすることができずに来た。ブラック・ジャックもまた、抵抗を受けたが、なんとか「切るな」という声の主と約束を交わす。わたしはおまえを切り取るが殺しはしない、おまえはちゃんと人間の肉体をもった生きものだ、おまえを生かしておくつもりだ、安心するがいい、培養液に浸すか、と伝える。すると、あなたを信用します、という声が返ってきた。手術は成功した。そして、ブラック・ジャックは声の主との約束を果たすために、ある選択をするのである。

おまえは　人間になりそこなった　肉体のかけらだ　おれの手で　組み立てて　人間に仕立てて

やるぞ　おまえはさいわい　脳から心臓から　手足まで全部　そろっているんだ　たりない部分はこうして　合成繊維でつくってやった　これとあわせれば……　おまえは　りっぱに一人前の肉体に……　仕上がるはずなんだ！

ブラック・ジャックはこうして、双子の姉の腹のなかに生き続けてきた畸形嚢腫を生かしながら、その内にあった身体部位を素材にして人体を創造したのである。その子は幼い少女に生まれ変わり、ピノコと名づけられた。アニメ版では、ピノコのかたわらに絵本の『ピノキオ』が転がっていたから、その名前の由来が暗示されているのだろう。ピノキオもたしか、木の人形に命が吹きこまれて人間の子どもに変身したはずだ。ともあれ、ピノコはこれ以降、ブラック・ジャックのオクタン（つまり、奥さん）として家事をこなし、手術や治療の助手としてけなげに活躍する。むろん、姉の体内で十八年間を過ごしてはきたが、外見は可愛らしいお転婆な女の子であることはいうまでもない。

振り返ってみようか。『どろろ』の医者・寿海と百鬼丸、『ブラック・ジャック』の外科医・本間丈太郎とブラック・ジャック、そして、ブラック・ジャックとピノコのあいだに、あの原風景がいくらか強迫的に反復されている。そして、それはやはり、『フランケンシュタイン』の伯爵と怪物の関係をひな型にしているような気がする。むろん、寿海、本間、ブラック・ジャックには、フランケンシュタイン伯爵がみずから創造した人造人間という怪物にたいして抱かずにはいられなかった、ひき裂かれた両義的な感情は見いだされない。その意味では、手塚治虫は小説版『フランケンシュタイン』の作者のメアリー・シェリーと比べると、はるかに医学や科学テクノロジーにたいする揺るがぬ信頼をもっていたというべきなのかもしれない。生命を操作したり改変する医療技術そのものが懐疑されることは、思いがけずなかった。ただ、生命の尊厳を蔑《ないがし》ろにすることへの警鐘が鳴らされ、そこにかかわる医者や製薬会社の悪しき倫理が問われていたのではなかったか。

そういえば、『東京新聞』の夕刊誌面（二〇二四年四月八日）で、茨木保の『どろろ』に触れたエッセイを見かけた。茨木は書いていた、「百鬼丸の物語は、私たち人間がたどる人生の旅と同じ。「ヒト」という生物として生まれ、心の中のさまざまな「魔物」と戦いながら「人間」に成長していくのです。（略）心の中の魔物は姿を変えて誘惑します。負ければ私たちは、ただの生物。痛みにたえて血を流しながら人間になっていく百鬼丸は、みなさんの中にすんでいるのです」と。この人は医師であり、漫画家として活躍しているらしい。面白い読み方だと思う。ヒトが内なる魔物と戦いながら、人間へと成長してゆく姿が、『どろろ』には描かれている、という。生き物としてのヒトは、野生から文化へと移りゆく過程で、ただの生き物以上の人間へと成長してゆく、といった心理学的なイメージであったか。外なる魔物は、いや内なる他者や魔物は、誕生したばかりの赤子のなかにすでにして棲みついているのか。

怪物について思いを巡らすときには、内なる他者／外なる自己をめぐる葛藤を否応もなく、真っすぐにひき受けることを求められる。怪物と魔物のあいだに横たわるものに、眼を凝らさねばならない。

獣人は性の極北への旅人となる

1

いずれ動物について論じてみたいと思い、いつもの癖で、片っ端から動物にかかわる本を集めていた。豚に関しては、『奴隷の家畜』のなかで取りあげたことがある。いつか犬に触れてみたいと思いながら、タイトルに犬が現われる本を見つけると買い漁ってきた。しかし、難しそうだなと感じて、たぶん手を出すことはないという予感が生まれた。集めた本のなかに、中勘助の『犬』が混ざっていた。なんとも凄い小説であった。中勘助といえば『銀の匙』しか知らなかったわたしは、のけぞるほどに驚かされ、とりあえず逃げだすことにした。しかし、いま怪物の章をつれづれに書き進めるうちに、避けて通れないと思うようになった。遁走はここまでにして、おずおずと近づいてゆくことにする。

さて、岩波文庫版に付された富岡多恵子による「解説」が、とても素晴らしい。この小説は人間の性を風俗としてではなく、あくまで根源的に描いている、と富岡はいう。ここでは、若い女が侵入者である異教徒の若い男に陵辱されながら、その美しい男に恋をする。そして、その若い女の肉体に、苦行僧の男が狂う。それから、僧の術によって、僧と女が犬に変身して夫婦として暮らすことになる。この「犬の暮し」を書いたところが、この小説の恐ろしさである、という。しかも、その「犬の暮し」は、当然のように「人間の暮し」の寓話であり、「犬の暮し」が多くの「人間の暮し」のディテールである点において、読むものを戦慄させるのだ、そう、富岡は指摘している。

そして、さらに、『犬』という小説が観念自体を描きだそうとする試み、つまり観念小説であったことに触れられている。

『犬』の新しさは、人間の生殖としての性を、外側からでなく内側から書いたことである。当時『犬』を掲載した雑誌の発行者であった岩波茂雄は警察に呼ばれ、『犬』は伏字にされた。『犬』は、読者の「劣情」をさそい、それをもりあげることを目的としたワイセツ書でなく、むしろ「劣情」というならその「劣情」自体を、性欲の根源の景色を書こうとしたものであったのはあきらかであるのに、人間を犬にしなければならなかった作者の観念の強さが、良俗を戦慄させ、ワイセツ書以上に危険を感じさせたにちがいない。

『犬』の末尾には、「大正十一年三月八日初稿」と見える。文庫版の「編集付記」によれば、『犬』の初出掲載誌は、岩波書店が刊行していた『思想』という雑誌の第七号（大正十一［一九二二］年四月）である。初稿が書かれてすぐに発表されたのである。このとき、三十箇所足らずを伏字にしていたようだが、『思想』は発禁処分を受け、雑誌の発行人であった岩波茂雄が警視庁に呼びだされた。さらに指摘を受けた箇所が伏字にされて、二年後には、やはり岩波書店から『犬　附島守』として刊行されたらしい。岩波文庫版はそれを底本として、著者による入朱本によって伏字を復原し、訂正を施してテクストとしている。この小説が同時代に、また、その後の百年を超える歳月のなかで、どのように読まれてきたのかについては、とりあえず多くは知らない。

猥褻とはなにか、が問われるとき、決まってキーワードのごとく登場する「劣情」という語彙の漂わせる卑猥さには、心打たれるものがある。劣情を持たない人間が存在するならば、それはきっと人間ではないはずだし、その意味では人間自身による壮絶な自己否定の語彙として顕彰されるべきだろう。『犬』はまさしく、この劣情なるものを、それゆえ「性欲の根源の景色」を描こうとしたことにおいて、傑出した観念小説でありえている。だからこそ、この小説を読んで劣情を催すことはむずかしい。むしろ、あちこちに虫に喰われた痕のように伏字が散らばっていたほうが、あらぬ劣情を誘われて、猥褻文書として楽しめるかもしれない。それこそが公序良俗を揺るがす劣情の所産ではなかったか。伏字という国家権力の欲望が猥褻の母胎となる。

富岡の「解説」の終わりには、こんな言葉が見える。すなわち、現代にあっては、性をめぐる風俗的な表現の幅は大きく広げられてきたが、「性への観念的追求及びその表現」がまったき自由を獲得しているかといえば、そんなことはない。「快楽としての性」については、かなり自由に考えることが許容されるようになっているが、「生殖としての性」についてはほとんど旧態依然のままだ、ともいう。これから『犬』を読みほどいてゆくにあたって、ここでの富岡の明晰にすぎる指摘は縛りになりかねない。それでも、あえて敬意とともに引いておきたかった。『犬』という作品の、いわば性の観念をめぐる実験小説としての先駆的な意味合いこそが問われねばならない。深い共感を覚える。とはいえ、わたし自身はこれを、あくまで怪物論の文脈に引き寄せながら論じることになる。

2

描かれているのは「犬の暮し」である。人が、男と女がオスとメスの犬に姿を変えて、「犬の暮し」を演じているが、それはあくまで「人間の暮し」のモドキのようなものだ。だから、「犬の暮し」は奇妙に血なまぐさく、生身の人間の性が抱えこんでいる醜悪と残酷と寂寥を、観念の内なる劇において剝きだしにさらさずにはいない。しかも、その観念のドラマは、驚くほどに露骨な「男女の嫉妬と獣欲の生々しい描写」に彩られている、と辻原登はいう。そして、辻原は以下のように続けていた。

われわれがこの小説の冒頭部分、苦行僧と娘、娘と異教徒の青年の出会いの場面をこえて、さらにさかのぼってゆくと、幼い頃から不仲だった兄と、その兄の妻となった女性に同情し、ひそかに恋いこがれた中勘助、という現実の三角関係にまでたどりつく。苦行僧＝兄、娘＝義姉、異教徒の青年＝作者。（『熱い読書 冷たい読書』）

こうした作品の背景の一端に気付かされると、たしかに、観念のドラマは不意に身を翻して、私小説的な愛憎劇を招き寄せずにはいない。すくなくとも、苦行僧と娘の関係の描写には、兄と兄嫁との関係が影を落としていることは否定しがたい。富岡多恵子もまた、長男が再起不能になってから、勘助が「人柱」と呼んだ兄嫁と助けあって「家の重荷」を背負ったにもかかわらず、兄の嫉妬や親族のあらぬ中傷を蒙り、深く傷つけられことを指摘している。兄嫁への鎮魂歌ともいうべき『蜜蜂』が残されたのは、偶然ではない。とはいえ、そこに還元されるべきことはほとんどないし、そこから新たに照射されることもまた、あまりない。『犬』はやはり、「性欲の根源の景色」を描くことにおいて、「性への観念的追求及びその表現」を実践しようと試みた小説なのである。

性欲の根源に横たわる景色とは、なにか。それを風俗的に、ポルノ小説的に描いても、どれほど過激な描写を企てても、性欲の根源には届かない。快楽としての性については、表現の自由度はかなり広がっているが、生殖としての性については依然として、見えない禁忌に分厚く覆われている。とりわけ家族という対幻想の領域では、家族それ自体が性に基礎付けられているにもかかわらず、その性はどこか隠微に語りの表層からは排斥されている。たとえば、家族の食卓で昨夜の夫婦の営みが語られることなど、ありえない。それはジョークであっても、下品極まりない逸脱として忌避されるのではないか。性はいつだって、快楽／生殖のはざまにひき裂かれており、ことに生殖としての性は微妙な扱いを受けている。性欲は愛によって擬態を施され、守られている。そこから、愛なき生殖にたいする冷淡な評価や嫌悪も生まれてくる。性愛はまったく厄介な代物である。富岡多恵子を承けて言ってみれば、生殖としての性こそが旧態依然の見えない禁忌から解放されていない、それが現実なのである。

さて、『犬』という小説の読解をつれづれに始めることにしよう。

町からやや遠く離れた森のなかに、ひとりの印度教の苦行僧がいた。苦行僧はたまたま、ひどい苦境におちいった愚痴な人々から異常に放縦な迷信的崇敬を受けていた。日の出から日没まで、赤裸のままに足を組んで前を見つめていた。蚊や虻などの毒虫による刺し傷のために、全身がいぼ蛙のようになり、牛の爪を鉤にして五体を掻きむしるので、腫れ物と瘡蓋とみみず腫れだらけで、膿汁と血がだらだらと流れている。その苦行僧の草庵のそばを通って、猿神の像に願掛けにゆく、ひとりの種姓の卑しい百姓娘がいた。娘はあるとき、はじめて聖者の身体を見た。それは赤裸であり、どす黒く日に焼けて、膿と血とで雑色のトカゲのようだった。娘は「厭悪と崇敬と迷信的な恐怖の混淆した嘔きそうな胸苦しさ」を覚え、逃げ出したい気がしたが、憑かれたように草庵のなかへと入っていった。そして、シバ神の石像の前で、聖者から懺悔を強いられるのである。

娘は邪教徒に身を穢され、子をはらんでいることを告白した。根掘り葉掘り問い詰める苦行僧にたいして、娘はようやく、その夜の凌辱の顛末を語り終えた。「犬めが、それからどうした」と促しつつ聴いていた僧のほうが、見るも無惨なありさまであった。それから、娘は七日間にわたって草庵に通った。シバの神の怒りを鎮めて、罪を許し、身を浄めてくれるように、身にまとうものを脱いで祈願をしたのである。僧はついに、それを覗き見ることになった。娘は知らずに、一心不乱に祈願を捧げる裸体を僧の前にさらしたのである。その祈りの姿は、僧の視線で描かれているが、とても美しい身体のやわらかな流れを感じさせるものであった。その一節の終わりには、「……その色と、光沢と、あらゆる曲線と、それは日々生気と芳醇を野の日光と草木のかおりから吸いとって蒸すような匂をはなつ一匹の香鹿《くじか》のように見える」と結ばれていた。

燈明が消えかかり、娘は着物をぐるぐると身にまとった。そこに「韻律正しい詩がこわれて平板な散文になった」という奇妙な一文が挿しこまれている。苦行僧の感懐ではない。ほかならぬ中勘助自身が、息を潜めて、祈りを捧げる娘の裸体に眼を凝らしていたのである。その思いが漏れた瞬間ではなかったか。詩はここで壊れる、散文が幕をあける。散文のなかでは、苦行僧はひたすら怪物への道行きをたどってゆく。

娘を犯した邪教徒は、若く美しい騎士であった。邪教徒は娘をつかまえたときに、それがバッタみたいに跳ねるのを見て、可愛い奴だと感じた。娘もまた、ひそかにその男を「あの人」と慕いつづけた。それに気づいた苦行僧は忿怒と嫉妬に燃えた。だから、化け物の屍体を遣わして人を殺させる毘陀羅《びだら》法で、邪教徒を呪い殺したのである。むろん、娘はそれを知るよしもなかった。そうして僧は腹の子を堕ろせと迫った。それは邪教徒の胤《たね》じゃ、畜生の子じゃ、そちは腹から穢れている、その子は口が耳まで裂けている、尻尾が生えている、とシバ神の威光を盾にして脅したのである。

苦行僧はこのとき、すでに怪物の領域に足を半歩ほど踏みこんでいたにちがいない。

ところで、邪教徒は娘の心を虜《とりこ》にするほどに、立派な若者であったが、左手の小指がなく跛《びっこ》を引いていた。偶然であろうか。この回教徒の男はだれにも敬愛される美しく若い騎士であり、奇怪なものと刺しちがえて死んでいった。その無惨な死を悲しんで、夜になると回教徒の怒りと野性が爆発する。かれらは町全体に放火して焼き尽くし、逃げ惑う住民を手当たり次第に殺戮した。そうして町は滅亡したのである。ヒンドゥー教の民である娘にとっては、シバの神や猿神が信仰の対象であった。彼女を凌辱した邪教徒の男もまた、小さな神であったのかもしれない。左手の小指が欠けて跛を引く、美しい若者は、神話や伝説のなかではまさしく神の資格を有する存在でありえたはずだから。娘は異教の神に犯されたのではなかったか。

第七日、満願の日を迎えた。僧はまた、腹の子を堕ろせ、というシバの神のお告げを伝えた。僧の言葉はシバの神意であった。娘には抵抗する力はなかった。それから、聖者は娘の着物を脱がせはじめた。上気して変な顔になった。裸にされた腹部に手を触れると、女は反射的に跳ね起きそうになった。聖者は「静かにしろ」と、片手で頸を押さえつけながら、もう片方の手でそろそろと揉みはじめた。聖者と娘とが交互に主語をになう箇所があって、そそられる。

彼は五体をふるわせてひどく喘いだ。彼女は無我夢中の間にもその熱い臭い息の吹きかかるのを感じた。聖者は生涯にはじめてさわった女の肌の滑らかさと腹の柔みを覚えた。彼は人間というよりはむしろ化けもののような様子をしてだんだん強く揉みしめてゆく。そしてその中《うち》に生きて隠れているものを長い爪で突き刺してやりたいと思う。彼女は悶え苦しんで脂汗をたらたら流した。聖者は眼を据えてその蛇のようにねじれる肉団を見つめた。彼女は終《つい》に気絶した。

聖者は悪夢から醒めたように我に返って、ほっと息をついた。夜ごと、ひそかにむさぼり見た女の肉体はいま、その上半身を露出して膝の前に横たわっている。聖者は猿みたいな顔になって、わくわくしながらそれを眺めた。ほとばしる生気ではちきれそうに張っている、絹のような肉の袋のひとつをつかんでみた。いかにも女らしい肉と脂の感じだった。

それから、胸より腹へ、肩より背中へとなでまわした。肉体の凹凸が手のひらの感覚をとおして一種微妙な強烈なまざまざしさをもって伝えられる。彼は頬ずりした。その唇に口つけた。全身の血がどす黒く情慾に煮えた。彼は娘の覚醒するのを懼れてそうっと着物をほぐしはじめた。上体とよく釣合った下半身が露れた。それをまた先のとおり精査した。彼は女の匂を嗅いだ。髑髏の瓔珞《ようらく》をはずしてかたえにおいた。そして眼を血走らせて女の体に獅噛《しが》みついた。

この娘が草庵のなかで気を失い、聖者によって犯されていた、そのちょうど同じ頃に、若く美しい騎士の無惨な死を悲しみ悼む異教の兵士たちによって、町は焼かれ、人々は殺戮されていた。そんな一節が挟まれていたのは、むろん偶然ではないだろう。娘が聖者に凌辱される情景が描かれることはなかった。代わりに、火炎と赤黒い煙とで焼き尽くされる町が、そっと差し挟まれたのである。

聖者は手さぐりに燈明へ油をさして火をともした。女はまだ喪神している。ただ前とは姿勢がちがっていた。彼ははじめて女の味を知った。彼は今弄んだばかりの女のだらしなく横わった体を意地汚くしげしげと眺めてその味を反芻した。そして今までとは際立ってちがった一種別の愛着、性慾的感覚にもとづくところの根深い愛着を覚えた。彼は嬉しかった。たまらなかった。で、蜘蛛猿みたいに黒長い腕を頭のうえへあげて女のまわりをふらふらと踊りまわった。

それから、聖者はしみじみと思う。「わしはもうなにもいらぬ。わしはもう苦行などすまい。なにもかも幻想じゃった。これほどの楽しみとは知らなんだ。罰も当たれ。地獄へも堕ちよ。わしはもうこの娘をはなすことはできぬ」と。この赤裸々な聖者の感慨は、あまりに真っすぐにして剥きだしであり、笑えそうで笑えない。それにしても、ここに語られていた「性慾的感覚にもとづくところの根深い愛着」なるものは、富岡多惠子のいう「性欲の根源の景色」と無縁ではないだろう。それはどこか牧歌的に、性愛といった言葉で包んでみたところで、曖昧にぼかされるばかりで見えやすくはならない。

さらに続けて、聖者は醜悪ではあるが悲痛な様子で考えるのだ。それにしても、わしは年をとっていて、醜い、これから先、この娘はわしと楽しんでくれるだろうか、いやいや、とてもかなわぬことだ。聖者はあの異教徒の男のように若く美しくなりたい、と思う。そうならば、娘も喜んで身をまかせてくれるだろう、そういうめにあってみたい、一日でも、ただの一遍でもええ、と切なくはあるがあくまで身勝手な願望があふれる。それから、聖者は身をかがめ、言い聞かせるように呟くのである。「おお、なんたらうまそうな身体じゃ」「これ娘、わしはどうでもそなたをはなしはせぬぞよ」「わしはこの娘をひとにとられぬようにせにゃならぬ。若い男はいくらでもおる。ああ」と、性欲の根源に横たえられた風景は、より鮮やかに像を結んでゆく。老醜に満ちた性欲は、快楽と生殖のあわいに漂いながら、若い女の「うまそうな身体」をいかに独占的に所有するか、というテーマに帰着してゆく。

聖者は泣きだしそうな顔になって、悶える。久しい思案の末に、ついになにかが思い浮かんだ。

そうじゃ、わしはこれの姿をかえてしまおう。ふびんじゃがしかたがない。わしらは畜生になって添い遂げるまでじゃ。よもやまことの畜生に見かえられもすまい。若い男も寄りつかぬじゃあろ。

聖者は娘を藁床のうえに、うつ伏せに寝かして、猫がつがうような格好でしっかりかじりついた。そして、怪しい呪文を唱えはじめた。「尖った耳の生えた大きな影法師」が、ぼんやりと映って、すーっと消えた。それと同時に、聖者の五体が気味悪く痙攣しだした。娘が息を吹き返す。重たいものがのしかかって、髪の毛を血が出るほど引っぱりながら、泣くような吠えるような声をあげている。「あ、坊さまだ」と思うと、空恐ろしくなり身をもがくが、手足が蛭のようにへばりついて離れない。二つの肉団が見苦しくからみあい転げまわるうちに、痙攣も苦痛もおさまって手足がぐたりと離れた。

彼女は跳ね起きた。そしてなんだかすっかりこぐらが返ったような気持のする自分の身体を見まわした。それは狐色の犬の姿であった。そうしてそばに長い舌を吐いてはあはあと喘いでる同じ毛の大きな僧犬《そういぬ》を見た。彼女は声をあげて泣いた。それは犬の悲鳴であった。そのとき彼女は急に腹のなかをひきしめられるような気がして藁床のうえにつっぷした。その拍子に胎児を産み堕した。それはまだ形の出来あがらない人間の子であった。彼女はその血臭いきたならしい肉塊に対して真底愛着を感じた。そして自分の尻のほうに頸をのばしてべろべろとなめた。これまでその存在をただ胎壁の感覚においてのみ認めながらもあれほど大切に望みをかけてた子どもをこんなにして闇から闇へやってしまうのがたまらなかった。それが恋人との唯一の鎖、唯一の形見だというような理由ばかりでなく、訳もたわいもないただもう本能的にいとしくていとしくてとてもそのままはなしてやる気にはなれなかった。まったくそれは「業《ごう》」とでも言うべき恐しい奇怪な力だった。

娘は僧犬が怖かった。不安に駆られた。それを未来永劫にわたって自分のものにしたいという気持ちが、むらむらと湧いた。そこで、娘は胎児をぱくりと口にくわえた。舌を使いながら、首を大きく振って奥歯のほうにくわえ込んだ。ぎゅっと噛んで、その汁けを味わったのち、ごくりと呑みこんでしまった。そうして、ほっと安心を覚えた。それを娘は、生まれつきの犬であったかのように、いささかの躊躇もなしにごく自然におこなったのである。

本書のなかでも触れたことがある、YouTubeで見かけた映像を招喚してみたくなった。そこには、母ライオンが象に襲われて死にかけている赤ちゃんの息の根を止めてから、ほかの肉食獣に食べられないように、みずから食べるシーンがあった。あるいは、雄ライオンに殺されたばかりの赤ちゃんを、母ライオンが食べるシーンもあった。わたしはそのかたわらに、我が子を食べることで、母は子どもとひとつになることを願っているのではないか、と書き留めていた。『犬』の壮絶な胎児を食べる場面は、まさにそれを観念小説のひと齣として描ききったものであるのかもしれない。

ここでは、母である娘の内なる眼差しによって、生殖としての性の深みに横たわる現実の一端が浮き彫りにされている。構図としては、母ライオンが雄ライオンに殺された赤ちゃんを食べるシーンによく似ている。雄ライオンは別の雄ライオンの子種を絶やし、母ライオンがみずからを新しいパートナーとして受け容れられるように、子どもたちを殺そうとする。母ライオンを娘、別の雄ライオンを邪教徒の若者、あらたな簒奪者となる雄ライオンを苦行僧と割り振ってやれば、構図はすっきり重なってくる。聖者に堕すことを強要された胎児は、「まだ形の出来あがらない人間の子」であった、という。犬に成る前にまぐわってできた腹の子は、奇怪な幻術が届かなかったがゆえに、いまだ形をなさぬとはいえ「人間の子」であったということか。娘はその血まみれの汚い肉塊にたいして、心の奥底からの愛着を感じた。だから、それを尻のほうに頸を伸ばして舐めたのだ。それは恋する若者との唯一の鎖にして形見であるばかりでなく、本能的に愛おしくてたまらず、闇から闇へと放つ気にはなれない対象だった。そこに、業とでも呼ぶべき「恐しい奇怪な力」が認められたのである。「あの人はほんとにこの子をどうするかしれやしない」と不安を感じた。娘はだから、堕された胎児を苦行僧から守るために、そして、胎児と一体化するためにこそ、それを食べたのである。

中勘助の想像力の切っ先はまことに鋭利に、このシーンに秘められた意味合いを抉りだしている。

生殖としての性がいま、犬に身を変えた娘と苦行僧、そして姿なき異教徒とのあいだで禍々しく問われている。「犬の暮し」が「人間の暮し」の寓話であるかぎり、それは「人間の暮し」のディテールを禁じられた暗がりから曳きずりだし、残酷に物語りしているにちがいない。『犬』は恐ろしい小説である。

3

娘はいま、深い眠りから醒めた。かたわらには、伸ばした前足のうえに頸を乗せてのたっと寝ている僧犬がいた。犬の姿になっても、まざまざと、あのいやらしい苦行僧を思い出させるところがあった。がっしりした骨組み、瘡蓋だらけの皮膚、額の割れた相の悪い顔、まつ毛のない爛れた眼、そして、相変わらずの臭い息が娘をむかつかせた。みずからの身体を見まわすと、それは若く美しく脂づいてはいるが、まごうかたなく犬であった。自分と僧とのあいだに、畜生道の縁《えにし》が結ばれているのを見た。

「目が覚めたかな。わしもようねた」

奇妙なことにそれは犬の言葉ではなかった。また人間の言葉でも。いわば人間の言葉を犬の舌で発音した獣人の言葉であった。その人畜いずれにも通じない言葉がすらすらと彼女にわかった。彼らはまさしく獣人だったのである。僧犬のこの短い言葉の調子には自分が彼女の所有者であるという意識と、所有した女に対するうちとけた馴れ馴れしさがあらわれていた。彼女は虫唾《むしず》が走るほどいやだった。

生殖か快楽かは知らず、ここにはあきらかに性の現場にからみつく支配と所有の政治学が貌を覗かせている。すでに所有をたしかなものとした女にたいする、この「うちとけた馴れ馴れしさ」に、娘は嫌悪を覚えた。この理不尽にあたえられた境涯と伴侶を素直に受け容れることはできなかった。他方では、憎犬はもはや、強いて娘を説得しようとするほどの熱心さを持たなかった。「どうでももう己《おれ》のものだ。いつでも自由になる」と思うがゆえに、下劣な無関心が生まれていたのだ。そうして娘を所有していることは、憎犬にとっては何者をも忘れさせる大きな喜びであった。

ここで、犬の言葉／人間の言葉という対比の構図に触れておく。憎犬と娘は奇妙なことに、「人間の言葉を犬の舌で発音した獣人の言葉」で意思疎通をはかっていた。それは人畜いずれにも通じない言葉だった。二人は姿形は犬でありながら、まさしく人でも犬でもない獣人だったのである。

焼野が原に、運よく逃げのびた人々が集まっていた。憎犬は止めようとしたが、犬の娘は我を忘れて、あられもない獣人の言葉をもってかれらに話しかけた。かれらは肝を潰して、気味のわるい譫語《ぎゃくご》のようなことを口にする狐色の牝犬を見た。人々はその犬に魔が憑いたのだと考えて、打ち殺そうと、てんでに石ころや棒切れを持って追いかけてきた。ときには、食べ物を投げ与え、まれには愛撫してくれる者もいた。ただ、あの苦い経験に懲りて、どこまでも「本物の犬」でいることは忘れなかった。

それにしても、憎犬と犬の娘とのあいだでは、食べることと交わることがかけがえのない大切なテーマとなった。「そなたはひもじうはないか」と僧犬は言い、娘は胎児を食ったばかりであったから、欲しくない、と答えた。あるとき、僧犬が口のなかに含んできたものを吐きだした。ひどく青臭い二つの丸いもの。「身体の薬じゃに食べなさい」と勧められて、犬の娘はそれを噛み砕いて呑みこんだ。僧犬はにたにたとして、「今のは人間の睾丸じゃよ。えろう根《こん》の薬になるのじゃ」と言った。屍骸から食いちぎってきた睾丸だったのである。かれらはまぎれもなく屍骸となった人を喰らう犬だった。

惨めな犬の日々を送っていた。やがて、娘にはつらいことが始まった。僧犬が交尾を迫りだしたのである。僧犬は犬の娘の尻を嗅ぎながら、「異性を嗜む者」の忍耐と根気と熱心をもって、諄々と説きはじめた。そなたはわしに授けられ、わしはそなたに授けられた、二人はシバ神によってつながれた夫婦じゃ、神々になぞらえて睦まじく夫婦の交わりをするのじゃ、と。

僧犬は満身獣慾にもえたって彼女の背中にのしあがった。と同時に彼女は五体がそのまま硬直してしまった。気が遠くなって火みたいな血がかけまわった。恐しい、息のつまりそうな、類のない苦痛を覚えた。彼女は逃げ出そうとしたが僧犬は非常な力でしっかりと腰を抱えている。そして彼女がすりぬけようとすれば後足で歩いてどこまでもついてきながら、腹を立てて今にも噛みつきそうにする。彼女は暴力に対する動物的な恐怖に負けてしまった。彼女はきゃんきゃんと、悲鳴をあげた。口から泡をふいた。神意によって結ばれた夫婦の交りは邪教徒の陵辱よりも遥に醜悪、残酷、かつ凶暴であった。…………僧犬はやっと背中からおりた。彼女はほっとした。が、その時彼女の尻は汚らしい肉鎖によって無慙に彼の尻と繋がれていた。彼女は自分の腹の中に憎犬の醜い肉の一部のあることを感じた。それは内臓に烙鉄《らくてつ》をあてるように感じられた。彼女は吐きそうな気になった。いはばその胎から嫌悪がしみ出した。彼女は早くはなれたいと思って力一杯歩き出した。憎犬は後退りしてくっついてくる。

犬の娘は、いやだ、いやだ、なんという情けないことか、こんなことをしているうちに、わたしはきっとこの人の胤《たね》を宿してしまう、と考えた。そして、みずからの肉体が憎犬の肉体との接触によって、意志に反して性的な反応をひき起すことが情けなかった。「あの人」に心からすまないと思った。

憎犬はやっとのことで興奮が静まり、つねの体に戻った。自分の局部を舐めてから、そろそろと娘に寄ってきて入念にその尻を舐めた。その表情には、情慾を遂げた満足と、性交の相手にたいする特殊の愛情があった。憎犬は娘に寄り添って眠った。娘はその気楽な鼻息を聞いた。ただ、「この人はああしてしまえば気がすむのだ」と思った。また、憎犬は気違いのような性交に疲れ、いぎたなく眠っている。そのかたわらで、犬の娘は恋人の夢を見ていた。もはや神意も夫婦の道もなかった、ただ恋のみがあった。だから、犬の娘は逃げ、捕まった。憎犬は考えた。自分が熱愛して――まったく肉欲的にではあるが――一生の幸福を賭けている相手が、無情にも自分の寝息をうかがって逃亡する。悔しさと腹立たしさに震えた。女の肉を喰いちぎってやりたかったが、それでは、あの肉の楽しみはできなくなる。「憎犬のなかの人間」はいじましくも、そんなことを考えるのである。

それからまた、僧犬にとっては極楽の、犬の娘にとっては生きながらの地獄の日々が続くことになった。娘はなにもかも「神罰」として諦めるしかなかった。僧犬はこの生活について、まったく別なふうに考えた。それは僧犬が娘のなかに宿って、その血肉によって養われることであり、かれの生活の精髄、すなわち性欲生活がそこに具象され、二人の生活がいやおうなしに結実することであった。

やがて、子どもが生まれた。それは血なまぐさい、ぶよぶよした裸の肉塊であった。これら四個の肉塊が尻からひり出されると同時に、犬の娘の世界は一変したのだった。娘はみずからの愛情が、湧いて、煮えて、甘い乳となり、とくとくと子どもたちの口に入って、その五体に満遍なく行きわたり、それを養い育ててゆくのを感じた。母性の誇りと喜びのゆえであったか、あれほど犬への変形を嘆いた娘は、生まれた仔が四つ足であることを忘れていた。しかし、母性はそれが夫婦の情愛と結びつけられようとしたときに、にわかに反抗した。いま、ここで娘の心の全体を占領している四匹の子どもはそもそも、強要された性交の余儀ない、宿命的な、また生理的な結果であって、けっして相互の愛情の産物といったものではなかった。

そして、四匹の子どもたちは、山犬によって喰い殺された。その悲劇のさなかに、僧犬はいまこそ性交の味によって、娘が自分を忘れられぬものにしようと考えた。しかし、その性交はあたたかい死骸を抱いているようなものだった。娘はたしかに、僧犬をさだめられた夫として承認した。そうして人身御供にとられた気持ちで、泣く泣く僧犬に身をまかせた。それが限界だった。それ以上は、いわば背理であった。娘の肉体を構成する細胞のひとつひとつが、絶対的にそれを拒絶したのである。

最期のシーンである。犬の娘は、僧犬が恋する邪教徒を呪法をもって呪い殺したことを知った。そのとき、娘は僧犬の喉元を噛みつき、殺すのである。そうして、ようやく僧の呪縛からの解放を果たした。それから、シバの神に、「この身の穢れを浄め、今一度もとの姿にして、どうぞあの人のそばへやってください」と祈りを捧げた。この獣人の祈りは神に届いた。犬の娘は、体内を巡っていた僧犬の血を吐いて、くるくると回って昏倒した。犬の娘は完全な女の姿に戻り、狂喜の叫び声をあげたが、それは「人間の声」であった。シバ神に感謝を捧げ地にひれ伏すと、大地がかっと裂けた。娘は奈落の底へ堕ちていった、闇から闇へ、恋人のそばへ、と。

くりかえすが、『犬』はまったく恐ろしい小説である。おかげで、怪物論の文脈に収めることはならずに、心地よくも翻弄されてしまった。性食論への接続にも眼を凝らしてみたくなった。獣に成ること、人に還ること。獣人という存在の危うさと揺らぎから、怪物とはなにか、というテーマへの新たな扉が開かれる予感が生まれている。獣人の言葉に耳を傾けることは、はたして可能か。

かーいぶつ、だーれだ、という声

1

ほんの最近のことだが、小学生の女の子とジェスチャー・ゲームをしたのだった。実在の生き物ならば、なんとか身振り手振りで表現して、当てたり当てられたりすることが可能だ。恐竜はまだいいが、怪獣はどうか。ゴジラやキングコングやフランケンシュタインならば、お互いに知識さえ持ち合わせていれば、なんとか正解にたどり着ける。しかし、「怪物」というカードを引いて、途方に暮れた。どうやら怪物には形や表情といったものが、すくなくとも定型的には存在しない。そもそも共通了解となるイメージがなく、それぞれに経験的に思い浮かべるものが千差万別なのだ。「怪物」のカードをテーブルに伏せたまま、いろいろ下手くそに演じてはみたが、ついに諦めてしまった。くりかえすが、怪物には形がなく、大きさもまちまちで、吠える声も囁く声も、それとわかる色も匂いも表情もない。怪物はどうやら定義しがたい存在であることを忘れてはならない。

是枝裕和監督の『怪物』という映画には、全編いたるところに「かーいぶつ、だーれだ」という子どもの声が谺している。まるで、これは怪物を探す映画なんだよと、うなり笛とともに触れ回っているように見える。いまひとつの小道具がチャッカマンであることは、そこに身を潜めている危うい暴力が暗示されている。実際にも、このチャッカマンは父親の暴力への抵抗のために使われていたようだ。念のために、ここからしばらくは映画本編ではなく、坂元裕二による脚本（『怪物』ムービーウォーカー）を手掛かりに語ってゆく。だから、映画では省略されたり改変されたシーンも含んでいる。

いくらかの脱線である。うなり笛が気にかかったのだ。ネットを検索すると、「田中安良里の庭ノート」というウェブに出会った。この人によると、うなり笛は世界でもっとも古い楽器のひとつで、石器時代に薄い骨の破片に紐をくくりつけて、頭上でぐるぐる回して音を作りだしたのがはじまりだ、という。かつては宗教儀式の道具として使われ、風・雷・神・魂・祖先の叫びといった音に見立てられていたらしい。『風の谷のナウシカ』に登場する「蟲笛」に触れて、うなり笛の一種だと思われる、という指摘も見られる。王蟲の怒りを静めて、森へ帰ってゆくように促すために使われた道具である。メーヴェに乗ったナウシカは、左手に蟲笛をつかんで風を呼ぶように捧げて、「ヒュオン　ヒュオン」と鳴らしている。この擬音は、漫画版では「ギギギギギギ」という音であり、アニメ版でうなり笛に近いものに変えられたようだ。

是枝監督はひょっとすると、依里《より》という少年にナウシカの面影を淡く寄せていたのかもしれない。そんな想像を揺らしてみるのは楽しい。冒頭では、夜の湖のほとりをゆく子どもが、長い紐にプラスチック容器を取りつけたようなうなり笛を手にして、鳴らしている。あとで、その顔が見えない子どもは依里であったことが明かされる。それから、依里が湊に作り方を教えて、二人で作ったうなり笛を回しながら走るシーンが挿入されていた（5/14。以下に、脚本によって日付けを添える）。うなり笛が二人の少年を結ぼれとなって繋いでいる。

あらためて、「かーいぶつ、だーれだ」という呪文のような声に戻らねばならない。インディアンポーカーをしているのは、湊と依里という二人の少年である。気になってインディアンポーカーについて調べているうちに、あのジェスチャー・ゲームがその一種であったことに気づいた。それは子ども向けにシンプルな趣向を凝らし、ささやかな罰ゲームで終わっていた。

さて、あの呪文の声が聴こえてくるはじめてのシーンに眼を凝らしてみよう。湊が暗いトンネルのなかで懐中電灯の光を振りながら、何かに呼びかけていた、「かーいぶつ、だーれだ。かーいぶつ、だーれだ」と（6/7）。この遊びを発案したはずの依里ではなく、湊であった。このときすでに、二人はひそかに繋がれていたのである。湊がそこで、手に花を持っていたことにも注意を促しておく。花の名前が話題にあがった。依里は花が好きで、野の草花の名前をよく知っていた。湊は母親の早織から、「男の子は花の名前なんか知らない方がモテる」と言われたことがあった。「花の名前知ってる男は気持ち悪いって?」と、依里は問いかえした（5/14）。男子トイレの奥の個室に、「故障中　使用してはいけません」という貼り紙とともに閉じ込められた依里が、湊と交信するように「かーいぶつ、だーれだ」と唱え言をした（6/22）。また、校長の伏見が「かーいぶつ、だーれだ」という呪文の声を聴いた場面があった。伏見はそれが生徒の依里であることに気づかなかった。うなり笛とチャッカマンを携えた少年との出会い、その冒頭シーンが伏見の側から再演されていたのである（4/24）。

それから、あの呪文は聴こえないが、湊の机に置いてあったカードが風に飛ばされ、床に散らばるシーンがあった（7/22）。カードには「カラス」「クモ」「トカゲ」「ブタ」「ナメクジ」など、生き物の名前が書かれていて、さらに「カイブツ」という一枚があった。よくわからないが、トランプのジョーカーのような一枚なのかもしれない。それを偶然見つけた湊の母親には、カードの意味がわからず不安を掻き立てられた。

このカードを使ってインディアンポーカーをしている場面が、幾度かくりかえされる。廃線跡地の朽ちた車両のなかで、二人は向かいあう。拾ってきたビニール傘などのごみや段ボールで飾られ、紐が蜘蛛の巣状に張り巡らされて、宇宙空間を模した秘密基地のようになっていた。その車内で、給食のピーナッツバターを塗ったパンを食べながら、ゲームに興じるのだ。湊は「ブタ」、依里は「カタツムリ」のカードをそれぞれの額に貼っている。「かーいぶつ、だーれだ」という掛け声とともに、ゲームは開始される（5/19-6/4）。

湊「君はね、コンクリートを食べます」
依里「君は空を見上げることが出来ません」
湊「空を……（理解し）僕はぽっちゃりしてますか？」
依里「わりとぽっちゃり代表ですね。僕は食べれますか？」
湊「わりと高級品です」

二人、せーので。

湊「ブタ」

依里「カタツムリ」

この映画では、豚が幾度となく、しかし、あくまで生身ではない抽象的な生き物として登場してくる。それはここでは、空を見上げることができず、ぽっちゃりした動物として、「ブタ」と解かれている。コンクリートを食べるが、わりと高級品として食べられるのは、「カタツムリ」であった。この二枚がかけ離れていながら、食べられる生き物であったことに注意したい。思えば、食べられる生き物は限られている。「カラス」「トカゲ」から「ナメクジ」「クモ」まで、とりあえず食べられない動物に分類されている。それに「カイブツ」は人を喰らう存在として畏れられており、食べ物にはならない。いずれにせよ、「ブタ」と「カタツムリ」こそが例外であった。食べられる／食べられない、つまり可食／非可食の区別が、人間と動物との関係においてきわめて重要な指標であることに、注意を差し向けておく。

さらに、新しいカードを取って、額に貼る。湊は「ナマケモノ」、依里は「マンボウ」だ。「かーいぶつ、だーれだ」と、掛け声を唱える。

依里「君はね、すごい技を持っています。鷹に襲われた時などに使います」

湊「蹴りますか」

依里「蹴りません」
湊「毒を出しますか。噛みますか」
依里「(首を振り) 君は敵に襲われると、体中の力を全部抜いて諦めます」
湊「それは技じゃないね」
依里「感じないようにする」
湊「技じゃないよ。僕は星川依里くんですか？」
依里「(微笑って)」
湊「保利先生に言ったら？　保利先生いい人だよ」
依里「男らしくないって言われるだけだよ」
湊「嫌？」
依里「豚の脳だからね」
湊「豚の脳じゃないよ。星川くんのお父さん、間違ってるよ」
依里「パパ、優しいよ。絶対病気治してやるって。治ったら、お母さん帰って来るって」
湊「病気じゃないと思うんだけどな」

後半になって、ほとんど唐突に、豚が登場してくるのは、むろん偶然ではない。前のカードの「ブタ」に曳きずられたわけではないが、予兆ではあった。依里は「男らしくない」ことを指弾されて、周囲からいじめられ、父親からは虐待されていた。前半の「ナマケモノ」というカードをめぐっては、奇妙なやり取りが行なわれている。鷹のような敵に襲われたときに身を守ろうとして、全身の力を抜いて諦める、感じないようにする、けれども、防御のための技ではない、という。それは「ナマケモノ」であるよりも、依里自身の姿そのものとして、湊から優しく投げ返されたのではなかったか。依里はたしかに、蹴ることも噛むこともせず、吐きだす毒も持ち合わせなかった。それでも、チャッカマンは手に入れていた。父親は妻に逃げられ、飲んだくれて、依里の「豚の脳」による病気を治してやると、暴力を振るうのだ。湊は慰めるように、抗うように「病気じゃないと思うんだけどな」と伝える。

それから、夜、暴風雨のなか、トンネルを抜けた山のなかにうち棄てられた車両の座席に向かいあいに座り、湊と依里がインディアンポーカーをしている（7/22）。フィナーレが近い、すぐそこだ。地鳴りの音がする。「かーいぶつ、だーれだ」。今度は、湊が「ゴリラ」、依里が「カタツムリ」のカードを引いた。

湊「君には歯が一万本以上あります」
依里「嘘お」
湊「コンクリートを食べます。マイナス一二〇度でも生きられます」
依里「あ、あー」
湊「僕は空を飛びますか？」
依里「飛びません。君はね、好きな人にうんちを投げます」

湊「えー。わかったけど」
　二人、せーので。
湊「ゴリラ……」
依里「カタツムリ……」

そういえば、このシーンは映画からは省かれていた。依里がふたたび取った「カタツムリ」のカードは、より深く依里の自画像でありえたかもしれない。やわらかな身体を薄い殻で守っている、ひ弱な、しかし、一万本の歯を持っている、コンクリートだって食べるし、マイナス一二〇度だって生きられる、そんな強いところもあるのだ、という。好きな人にウンチを投げる「ゴリラ」は、いじめられている依里を守れず、髪の毛を引っ張って、いっしょに絵の具まみれになるしかない湊への、やはり優しいエールではなかったか。

手製のカードなのかもしれない。枚数は少なく、だから、見当がつけやすい。カードにはどうやら、「カラス」「クモ」「トカゲ」「ナメクジ」「カタツムリ」のような身近な生き物から、「ブタ」「ゴリラ」「ナマケモノ」「マンボウ」などの映像か図鑑で見かけるような生き物まで、子どもの知っていそうな動物の名前が書き並べられてあった。むろん、そこにもう一枚、「カイブツ」と書かれたカードが混じっていた。そのなかから、湊は「ブタ」「ナマケモノ」「ゴリラ」を、依里は「カタツムリ」「マンボウ」、そしてまた「カタツムリ」を引いたことになる。このインディアンポーカーはすぐれて、人の秘められている無意識を巧みに浮き彫りにする心理ゲームであった。しかも、「かーいぶつ、だーれだ」という呪文は、どこか暗がりに沈められている社会の無意識への、ある哀しい挑発にまみれた呼びかけでもあったことを記憶に留めておきたい。

2

くりかえすが、わたしはここまで、映画ではなく、坂元裕二によるオリジナルシナリオを読みながら、つれづれに書き進めてきた。それは『怪物』と題して単行本化されており、とても秀逸にして繊細な脚本である。これは「映画『怪物』の決定稿」を元にしており、映画本編では「演出の都合により、一部変更されている箇所」がある、という断り書きが見える。つまり、最終的な映画版の『怪物』を元にして、それを忠実に言語テクストに置き換えたといったものではない、ということだ。たしかに、この脚本をかたわらに映画を眺めていると、シナリオと映像が制作現場で交歓しながら変化していった痕跡がうかがえて、心惹かれるところがある。当然のこととはいえ、言葉と映像によって可能な、あるいは得意な表現の幅や肌触りの違いはあるわけで、『怪物』ではそれが互いに敬意を持って交わっている気がする。漫画の原作を足蹴にするようなテレビドラマ化とは、似て非なるものだ。

いずれであれ、映画館で観る映画とは異なり、くりかえし脚本は読むことができる。むろん、映画はかなり以前に一度だけ劇場で観ている。これから、あらためてＤＶＤでじっくり鑑賞しようと考えている。その前に脚本で頭を整理しておきたいと思った。この映画はいわば、四月二十四日から七月二十二日までの三か月足らずのあいだに継起してゆく出来事が、母親の早織／担任教師の保利／依里と湊という三者の視点から描かれ、重ねられてゆく。絶対的な語り手や作者の視点は、むしろ拒まれている。継起してゆく出来事の群れは、つねに複数の視点から眺められ、複数の解釈に向けて開かれていることを前提として構成されている。

この映画は『怪物』と題されてはいるが、ほんとうの怪物はついに登場しない。「かーいぶつ、だーれだ」という呪文は、ほんとうの怪物はだれなのか、が曖昧でわからないがゆえの不安に満ちている。あらゆる呟きや叫びは行き場を失ったままに、あてどなく浮遊している。身を潜めていた怪物がついに姿を現わせば、人々は阿鼻叫喚のなかで逃げ惑いながら、むしろ物語の構図は揺るがぬ安定を得て、恐怖そのものはモンスター退治の終幕に向けて回収されてゆく。いっさいの憎悪や穢れは、怪物という名のカタルマに集約され、全員一致の暴力によって殺害されて、社会は浄化《カタルシス》の祝祭を迎えるのである。

たいした予兆もなく、子どもが揺らぎの渦中に投げ込まれているのを目撃した母親は、いつしか焦慮に駆られて怪物探しの旅に出かけてゆく。まだ幼い息子が、髪の毛をハサミで短く切った、スニーカーが片足だけしかない、生まれ変わる話をくりかえす、山の暗いトンネルのなかで、「かーいぶつ、だーれだ」と呼びかけていた、耳を怪我していた、突然、車から飛び降りようとした……。「学校で何かあったの？」こちらの問いには答えない。「僕はかわいそうじゃないよ」と呟く。心の内が見えない。息子の身に何が起こっているのか、わからない。不安がいやましに募る。

幕開けから間もなく、二人で団地のベランダから、遠く雑居ビルの火事を眺めている場面があった（4/24）。奇妙な会話が見える。これ以降も、セリフの引用は坂元裕二のオリジナルシナリオに拠っている。
湊「人間の脳を移植された豚は、豚？　人間？」
早織「うん？　何？」
湊「豚の脳を移植した人間は？　人間？　豚？」
早織「（怖がって）なんの話？」
湊「そういう研究があるんだって」
早織「誰がそんなこと言ったの？」
湊「保利先生」
早織「（何か引く仕草をして）この保利先生？　最近の学校は変なこと教えんだね。人間じゃないでしょ。なんだっけ、あれ、フランケンシュタイン」

小学五年生の教室で、こんな気味の悪い、人間と豚の脳移植の話をする教師こそが、いかにも怪しい存在ではないか。しかも、この保利という若い担任は、あの火事に遭った雑居ビルのなかのガールズバーにいたらしい、という噂が飛び交っている。また、母に問いつめられて湊が呟くように喋る、「湊の脳は豚の脳と入れ替えられてるんだよ。そういうところなんか変って言うかさ、化け物っていうかさ」と。「誰に言われたの？」「……保利先生」。早織は呆然とする（6/7）。そして、とうとう学校へ抗議のために出かけてゆくしかない。校長の伏見を前にして、子どもが叩かれ、腕をねじられ、耳を引っ張られ、痛いとお願いしたら、「おまえの脳は豚の脳なんだよ。これ痛い目に遭わないとわからないだろ、って」言われた、と堰を切ったように抗議をするのだ（6/8）。すでに、息子からの情報を逸脱して、虚実が入り混じり幻惑的ですらある。

そんな教師は十分に怪物にちがいない。あらためて訪れた早織にたいして、伏見や保利が示した対応はあまりに不誠実なものであった。思わず、眼が死んでいるように無表情な伏見たちに、いま話しているのは人間か、と声を荒げてしまう。「ご意見は真摯に受け止め……」とくりかえす伏見。唐突に、湊くんは依里って子をイジメてる、と反撃を始める保利。それにたいして、駅前のキャバクラ行ってたくせに、と激昂して、早織は「あんたが店に火つけたんじゃないの？　放火したんじゃないの？　頭に豚の脳が入ってんのはあんたの方でしょ」と叫んでいた（6/23）。

わが子へのいじめやありえない暴力を前にして、保利という担任教師は、しだいに怪物へと姿を変じてゆく。校長室に呼ばれた依里は、湊にいじめられたことはない、保利先生が湊をいつも叩いたりする、みんなも知ってるけど、先生が怖いから黙ってる、と訴える。保利に続いて、逃げようとする校長の伏見を、早織は追撃する。夫が駐車場で遊んでる孫を轢いてしまって、悲しかったか、苦しかったか、それがわたしのいまの気持ちと同じだ、そう、我を忘れて言い募ったのだ（6/27）。保護者会では、整列している保護者たちに向かって、相変わらずの棒読み口調で、保利が謝罪をした（7/8）。それはやがて、地方紙の記者によって、「体罰教師、小五生徒に「おまえの脳は豚の脳」と罵倒」という大きな見出しで、記事にされた。週刊誌には、「風俗店に頻繁に出入り」と書かれて、写真まで載っていた。学校から早織に、保利から逃げようとして、湊が階段から落ちた、と連絡が入った。早織の前に湊が現われる。何も起きていなかった。映画ではたしか、ここに、シナリオでは少し触れられているだけのシーンが挿入されていた。追いつめられて屋上に上がり、柵に足をかけて跨ごうとしていた保利が、どこか校内から聴こえてくる管楽器のホルンの音に、心を奪われている、そんな場面である（7/20）。それは、湊を前に伏見が吹いてみせたホルンの音であったことが、のちに明かされる。
伏見が湊にトロンボーンを吹かせ、みずからもホルンを吹く場面のかたわらには、とても大事な二人の会話が見いだされる（7/20）。

湊「……ごめんなさい」
伏見「誰に謝ってるの」
湊「保利先生は悪くないです」
伏見「そう」
湊「僕、嘘つきました」
伏見「そう」
　立ち上がり、傍らに来る伏見。
伏見「そうか。嘘言っちゃったか。一緒だ」
湊「(え、と伏見を見る)」

とても大好きな場面だ。湊が、いわば孫を轢いてしまい、助けられなかった、それでいて夫に身代わりの罪をかぶせてしまった、その奈落の底に喘いできた伏見を救ったのである。「そうか。嘘言っちゃったか。一緒だ」と口にすることができた伏見こそが、救われ、いくらかの浄化を得たのではなかったか。

湊「……校長先生は子供が死んだって本当？」
伏見「子供じゃなくてね。孫。五歳で死んだの」

車に轢かれちゃった、かわいかったんだよ。伏見は、その腕のなかの幼な子の記憶を呼びかえしながら、言う。「まだね、生きていたの。待っててねって、救急車呼びに、電話かけ行ってる間に、ひとりで死んじゃった」と。これ以上は語らない、語れない。幼い湊を、懺悔を語りかける対象にしたわけではない。これで十分だ。語りえぬ罪を背負い、怖ろしい嘘にまみれて生きている、一人の大人であることをそっと伝えられただけでいい。嘘を責めることなんてできない。

伏見「そうね、嘘って苦しいね」
湊「……僕はさ」
伏見「うん」
湊「あんまりわからないんだけどね」

伏見「うん」
湊「好きな子がいるの」
伏見「そう」
湊「人に言えないから嘘ついてる。お母さんにも嘘ついてる」
伏見「そうなの？」
湊「僕が幸せになれないってバレるから」
伏見「……」
湊「なれない種類なんだよ」
伏見「そうか」
湊「あんまりわからないんだけどね」
　伏見はホルンを手にして。
伏見「じゃあね。誰にも言えないことはね、(吹く真似をし) ふーって」
湊「(自分の持つトロンボーンを見る)」
伏見「(頷き) ふーって」
(略)
伏見「そんなの、しょうがない。誰かにしか手に入らないものは幸せって言わない。しょうもないしょうもない。誰でも手に入るものを幸せっていうの」

このとき、そのホルンの響きは、屋上にいた保利に届いたのである。子どもたちはみんな、嘘をついていた。それが保利を追いつめて、しだいに怪物へと仕立てあげていった。湊も依里も、美青というクラスの女の子も、みんな揃って、「いい人」の保利に甘えて、嘘をついたのだ。保利を裏切りながら、そのくせ、ほかの大人たちよりははるかに信頼しているし、それなりに好きなのだ。保利先生は許してくれると知っている。

恋人の広奈だって、保利を見捨てた。そもそも、水槽のなかで一匹だけ腹を上にして泳いでいる金魚を見て、「保利君みたい。かわいそう」と広奈は言った。保利は「僕はかわいそうじゃないよ」と応じた。湊が母親に洩らしたのと同じセリフだ。広奈はまた、「保利くんが楽しそうにしてる顔、怖いんだよね。生徒も引いてると思うよ」とも言った(4/24)。新聞記者に追われるようになると、パジャマを紙袋に詰めて、さっさと去っていった(7/9)。同僚の教師だって、「君は目つきが悪いし、感じも悪いからここにいなさい」と、抗議に来た保護者の前に出ることを許さなかった(6/8)。みんなでそれと知らずに、保利に怪物の役割を押しつけたのである。保利にはその資格が備わっていた。変な奴であるからだ。

そういえば、校長の伏見もまた、噂に取り巻かれていた。保利の同僚の女教師はコソコソと、伏見について、「例のあれ、本当は校長先生なんじゃないかって噂があるんですよね。駐車場で孫を轢いたの、ご主人じゃなくて、校長先生本人なんじゃないかって」と話しかけてくる(6/9)。殴ってなどいない、と弁明する保利にたいして、「実際どうだったかはどうでもいいんだよ」と言ってのけたのは、たしか伏見その人ではなかったか(6/8)。現実とフィクションはいつだって、見えない共犯関係で結ばれている。フィクションのほうが、みんなに都合がいい、丸く収まることだってたくさんある、いや、そのほうが多いのかもしれない。ただ、だれか犠牲者は必要だけど、仕方がない……。

そもそも、豚の脳の移植という奇怪な話は、まるで保利とは関わりのないものだった。発信源は依里のアル中の父親だった。保利はその父親の清高から、じかに豚の脳の話を聞かされるのだ（7/3）。

保利「迷惑……いえ、彼はすごくいい子です」
清高「（苦笑し）ダメダメ、あれはね、化け物ですよ」
保利「……はい？」
清高「頭の中に、人間じゃなくて、豚の脳が入ってるの」
保利「……」
清高「だからね、わたしはあれを人間に戻してやろうと思ってるの。クソ女が放棄した子育てをしっかりやり遂げようと思ってるの」
保利「（驚きながら）すいません、何か誤解が……」
清高「それともあれですか、先生も同類ですか。プー（と、微笑って）あ、やっちゃった」
保利「（異様なものを感じ）……」

依里は化け物だ、頭に豚の脳が入っている、人間に戻してやらねば、という。このアル中の男、妻に逃げられ、息子と暮らす父親こそが、あえて言ってみれば、怪物というほど大仰なものではないが、壊れている。まともではない。異様だ。依里はその暴力を恒常的に受けており、やけど痕など、傷だらけだった。それは父と子ども二人きりの密室から、外へあふれ出すことなく、噂の的になることもなく、守られていた。家がサンクチュアリなのである。学校よりもさらに堅固な聖域だった。むろん、依里はチャッカマンで、父親の通うガールズバーの入った雑居ビルに放火することで、ひそかに抵抗の意志を表わしてはいた。幼い子どもゆえに、チャッカマンという小道具の異様さはあれ、だれに気づかれることもなく、野放しにされていたのだった。

それにしても、怪物と噂はつきものだ。保利と伏見がつかの間、怪物の衣裳をまとって舞台に押しだされてゆくが、そこにも微細な噂の群れが漂っていた。それが来るべき物語の素材となり、原動力となり、絡まりあって、やがて大きな怪物の物語へと成りあがってゆくことになる。むろん、この『怪物』という映画では、退治されるべき怪物にまで肥大化することはなかった。これはドラクエではない、モンスター退治のテレビゲームではなかった。モンスター創造への欲望だけは過剰に渦巻いており、実際、インターネットの電脳空間では、モグラ叩きのように、日々妄想じみたモンスターの摘発と迫害が延々とくりかえされている。しかし、そんなモンスターなど幻想の産物であることに、人々は薄々ではあれ気づいている。それでも、モンスター退治の生け贄にさえ選ばれることがなければ、このカタルシスをもたらす祝祭の物語を消費することの快楽はかけがえがない、やめられない。学校だって、会社だって、町や村や大きな都市だって、あくまで実践的にその快楽ゲームを学ばせてくれる場として機能しているわけで、だから、やめられない。

3

この『怪物』という映画には、怪物ばかりでなく、モンスターや化け物などの喩が散りばめられている。豚の脳のかたわらには、フランケンシュタインだって姿を見せる。あれはたしかに脳などの移植手術の産物だった。

怪物はどこにだって、いる。遍在する。それでいて、それは見えない非在の存在であり続ける。「かーいぶつ、だーれだ」という呪文こそが、モンスターを招き寄せる、見えない仕掛けであったか。こんな教師同士の会話があった。子どもより、親の面倒のほうが大変な時代だからね／やっぱり、クレーマーみたいな親っていますか／モンスターですよ、モンスター、教師受難の時代です(4/25)。やがて保利の前に、そんなモンスターの親が現われる。しかし、それはとうていモンスターなどではありえず、子どものささやかな異状に気づいて不安に駆られている、シングルマザーの、ただ我が子を愛する母親の一人にすぎない。

怪物はいつだって噂で作られる。それは得体の知れない解放系の情報空間のなかで、日々、数限りなく生産され、増幅され、やがて弾けて、そのほんの一部が社会的な痕跡だけを残して消えてゆく。そんな噂につかの間夢中になったことは、たちまち影も形もなく忘却される。思えば、怪物は家族や学校といった閉鎖系の空間、いわば密室のなかでこそ、日々作られているのかもしれない。『怪物』という映画のなかでは、小さな町／学校／家族という、それぞれの場所に生まれ培養され拡散されてゆく噂の群れが、まるで細密画のように描き散らされている。

とりわけ、家族には逃げ場がない。この密室で醸成されている家族の無意識には、無意識であるがゆえに強い呪縛力がある。家族の内なる情愛は、子どもを見えない鎖となって呪縛する。この情愛の鎖をほどいて逃げるためには、なかなか難解な方程式を解かねばならない。しかも、それは解がひとつではなく、無数に存在する。いや、絶対解などそもそも存在しない、方程式にはあらざるものだ。くりかえすが、家族の無意識は見えない。見えないが、厳然として存在し、子どもを優しげに抱擁してくる。ときには虐待だってしてみせる。なんとも厄介な代物だ。

父親の清高は、依里のことを「化け物」と呼んでいる。頭のなかに豚の脳が入っているから、人間に戻してやろうと思っている、と確信をこめて話す(7/3)。それが親の務めだ、なすべき子育ての基本だ、と意識もせずに、グロテスクな善意とともに信じ込んでいる。そうせずには生きがたい事情がある。これはアル中男の垂れ流す戯画だから、まだしもわかりやすい。たとえ異様なものを感じたとしても、担任教師にすぎぬ保利には介入しようがない。しかも、この父親は、家族という密室のなかでは絶対的な権力者として君臨しているのだ。半歩でも外に出れば、まったくの哀れな弱者にすぎない酒浸りの男が、さらに弱い子どもを虐待している。

それにしても、いわば、家族の内側からモンスターとしてのデビューを強いられた依里は、あくまで一人ぼっちで、無力だった。くりかえされる虐待によって傷だらけ、痣だらけだったが、だれに訴えることもできない。学校に行けば、いじめっ子たちが慰みものにしようと待ち構えている。大人はだれも知らない。だから、依里は小さな万能の武器を手に入れ、そのチャッカマンで戦うことを選んだのである。雑居ビルは燃えたが、父は生き延びた、なにも変わらなかった。あるとき、依里と湊は廃線跡地にいた。依里が死んだ猫に落ち葉をかけて、チャッカマンで火を点けた。湊が怖くなって、水をかけて消した。ガールズバーを燃やしたの？　そこに父親がいたから？　そう問いかけられた依里は、お酒を飲むのは健康によくないんだよ、と応じた。湊はそうして依里の秘密に触れた。そっと依里からチャッカマンを奪うしかなかった（5/15）。

そういえば、依里がはじめて豚の脳の話をしたのは、いつであったか。

新学期が始まって、まだ間もない時期である。音楽係の二人は、保利先生に頼まれて、音楽準備室にタンバリンの入った段ボールを運んだ。そのとき、湊は依里の首の痣を見つけている。二人きりだった。「内緒ね」と言って、依里はポケットからベビースターラーメンを取りだして、湊の手のひらにも分けた。

依里「直接は触ってないから汚くないよ」
湊「汚いとか思ってないよ」
依里「病気うつるって思って」
湊「そういうの学校に持って来てって思ったからだよ。（と、食べて）……なんの病気？」
依里「教えたよね」
湊「ほんとにさ、星川くんの脳は豚の脳なの？」
依里「ブー（と、豚の鳴き真似をして微笑う）」
湊「人間の脳と豚の脳は交換出来ないと思うけど」

父親が折檻しながら、こう言い聞かせるのだ。お前は豚の脳を移植された、化け物だ、汚いやつだ、病気だ、うつる。ほんとうなのか。そんな脳の交換などできるはずがない。頭が混乱する、ぐちゃぐちゃになる。

依里が、湊の長めの髪に触れてくる。指先にくるくると絡めた。また近くなる。

湊「（どきどきして）……」

依里「今度のクラスでも友達できないと思ってた……」

湊「友達は友達だけど……」

音楽室の方から物音が聞こえ、びくっとする。

二人、準備室を出ようとして。

湊「みんなの前で話しかけないで。（すぐに反省し）あ、でもやっぱり……」

依里「いいよ。話しかけない」

湊「……うん。ありがとう」

（4/25）

依里は「教えたよね」と言い、湊も知っていたようだ。実は、この前日の夜に、ベランダから遠くの火事を眺めながら、湊は突然、母の早織に豚の脳の話をしている。だから、それ以前に依里から聞いていたことになる。とはいえ、この四月二十四日から映画『怪物』は始まるのだから、わたしたち映画の観客は、それ以前の二人の出会いや、そこで交わされた会話を知ることはできない。こうして映画以前の出来事が示唆されながら、けっして明示的には描かれていない。思えば、わたしたちは映画の登場人物たちの過去について、ほとんどなにも知らない。他者との出会いはいつだって、そうしたものである。当たり前のことか。世界という現実は、つねに見えない額縁によって切り取られているのかもしれない。きっと世界のほうが映画の似姿なのだ。

依里がアスファルトの道か、マンホールかに耳を当てて、何か微かな音を聴くような所作をしながら、「無理無理無理、無理だって。駄目だよ、出してあげられないよ。そこにいて」と呟く場面があった。湊が同じように寝そべり、耳を当てるが、なにも聴こえない。このとき、マンホールは家族や学校や社会の喩そのものではなかったか。家族や教室といった地下の密室に閉じ込められている子どもを、助けるなんてできないんだよ、だれも出してあげられないんだよ、と依里は湊に訴えている。いじめられている依里を助けられず、ロッカーの荷物を片っ端から床に投げ捨てることしかできなかった湊に、それでいいんだよと、むしろ感謝とねぎらいの思いを伝えている。それから、湊は「今日、ごめん」と言うと、スニーカーを片足だけ脱いで、はだしの依里に渡したのだ。二人は片足ずつスニーカーを履いて、歩きだす（5/12）。

保利に指導されながら、組体操の練習が行なわれている。湊はもっとも下にいて必死に耐えている。依里がその上に乗っている。潰れてしまった。保利は「おいおいー、それでも男か」と微笑んで、生徒たちに手を貸してやった（5/15）。なんと無邪気に、大人は子どもたちに、男らしさの神話という奴を押しつける暴力を行使していることか。

すでに触れている場面である。依里は花の名前をよく知っている。湊が、なんで花の名前なんか知ってるの、と問いかけると、依里は、好きだからだよ、と答える。湊は母親から、男の子は花の名前なんか知らないほうがモテると聞かされてきた。依里はだから、花の名前を知ってる男は気持ち悪いってことか、と切り返す。湊は母親をかばおうとした。それから、トンネルの前で、湊が臆したように足を止めた。依里はすかさず、暗いのを怖がる男はモテないよ、と言い捨てにして、うなり笛を鳴らしつつトンネルに入ってゆく。転びそうになった湊に、依里が手を差し伸べる。湊はためらいながら握り返した(5/14)。その暗いトンネルの向こうに、依里の秘密基地が待ち受けていた。異界への入り口だった。ずっとあとになって、このトンネルの向こうの現世からやって来る依里を迎える湊が、野の花を手にしていたことも忘れがたい。男らしさの神話を、二人は手を携えて乗り越えようとしていた。

依里は転校するらしい。父親に捨てられる、おばあちゃんの家に移される、という。廃線跡地の車両のなかで、二人は向かい合っている。

　　湊、依里の体を掴んで。

湊「嫌だよ、いなくなったら嫌だよ……」

　　すぐ近くに依里の顔がある。

湊「(どきっとし、我に返って慌てて離れて)……ごめん」

　　依里、体をすり寄せてくる。

湊の体に腕を回し、首筋に顔を寄せる。

湊「（え、と）」

湊、どきどきしながら身を任せている。

依里、体を密着させる。

湊の呼吸が荒くなり、震える。

湊、自分の体の異変に気付いて。

湊「待って。待って。どいて。どいて……どいてって」

湊、依里から離れる。

湊、下半身に違和感があって。

依里、湊の状況に気付いて。

湊「（何か怖くなって、顔が歪んで）……」

依里「（首を振り）大丈夫なんだよ。僕も……」

怖くなる湊、依里を突き飛ばす。

倒れ、床に体を打ち付けられる依里。

湊、逃げるように車両から離れる。

湊はそのまま、トンネルを抜けて、振り返り、迷いながら走った（6/6）。その翌日、いじめっ子たちが、依里いじめに加わるのを避けようとした湊を囲んで、「おまえ、星川と友達なの？　星川のこと好きなの？　ラブラブ、ラブラブ、ラブラブ」と囃し立てる。そのあとに、湊と依里がもみ合って床に倒れる場面が続いた。湊は依里に馬乗りになって、頭を押さえつけ髪の毛を引っ張っている。それを見かけた保利が、あわてて二人を引き離して、保健室に連れていった。「じゃあ仲直りだ。男らしく握手しよう」と言って、二人の手を取り、握手させる。またしても、男らしく、か。湊は依里の顔を見ることができなかった(6/7)。

そのあとで、湊は廃線跡地にやって来たが、依里の姿はなかった。外はすっかり暗くなっている。依里とLINEでやり取りする。「行かない」とある。「怒ってる？」「怒ってない」「おいでよ」「もう行かない」「何で」「またさわりたくなるから」と依里がいう。湊は困惑し、「さわっても大丈夫」と答えた。トンネルまで迎えにきた湊は、片手に摘んだ花を持ち、懐中電灯を振って、「かーいぶつ、だーれだ」と呼んでいる。しかし、現われたのは湊を探しにきた早織だった。その肩越しに依里の姿が見えたが、依里はすぐに引き返していった。

早織が自宅へと車を走らせている。助手席の湊は耳を怪我している。「耳、痛い？」とたずねると、湊は「ごめん……僕ね、男かどうかわからない」と呟く。早織は聞き取れなかったが、ラガーマンの父親に触れて、複雑骨折しながら平気で帰ってきたことを話す。そういう男らしいところが好きになって、結婚して、湊が生まれた、という。湊はつらくなってゆく。そこに依里からの着信があった。早織はまるで気がついていない、みずからの何気ない言葉が湊を追いつめていることに。早織は優しく語りかける。「お父さんに、約束してるんだよ。湊が結婚して、家族を作るまでは頑張るよって。どこにでもある普通の家庭でいい。湊が家族っていう一番の宝物を手に入れるまで」

と。それを聞いて、突然、湊はシートベルトを外し、ドアを開けて車から飛び降りようとしたのだった（6/7）。

湊が考えた遊びがあった。道路の白線の上をはみ出さずに歩くゲームである。この「白線はみ出したら地獄」ゲームの反復こそが、将来の怪物を産み落とすリハーサルの現場となる。普通の、真っ当にして健全な「人間」を作るために、世の中のあちこちに潜んでいる「白線」に眼を凝らし、注意を怠らず、さりげなく対処の作法を教え込む。それが家族や学校が子どもに施す「教育」の根幹に横たわる、ひとつの大切な役割だろう。しかし、そこに引かれた白線の向こうには「地獄」が待っていると知らされても、苦しみ喘ぎながら、白線をはみ出さずにはいられない子どもたちが存在する。

病院からの帰り、早織と湊は、いっしょになって両手を広げ、白線の上を歩いた。むろん、「白線はみ出したら地獄」ゲームの再演であった。そのすぐあとに、湊はまた、例の豚の脳の話をしている。「湊の脳は豚の脳と入れ替えられてるんだよ。そういうところなんか変って言うかさ、化物っていうかさ」と、ほとんど支離滅裂なことを喋っている。もどかしそうに、語りえぬことを母親に伝えようとしていたのだ（6/7）。豚の脳はしたたかに呪縛する。依里の脳が豚の脳ならば、僕の脳だって豚の脳かもしれない、と湊は思う。依里との繋がりが深まっている。

早織はやはり気づいていない。二年生の参観日に、湊が作文を読んだことがあった。「僕の夢はシングルマザーになることです」と。クラスのみんなは、男はシングルマザーにはなれない、と大笑いした。自分を一人で育てている母親の力になりたい、という思いで書いたみたいで……と、早織はいわば誤読しながら、そのことには気づかなかった(6/23)。

クラスメートのなかには、二人の関係に気づく生徒もいた。囃し立てている男子ではない。早熟な女子だ。その美青はBL漫画を隠し読んで、泣いていた。抱き合っている裸の男性二人の絵を、隣りの席の湊にそっと見せる。「見て。愛し合ってる二人が死んじゃうの。結ばれない運命なんだよね」という。湊は眼を逸らすしかなかった(6/6)。

また、美青はファーストフードの店でジュースを飲みながら、湊に、「わたしはね、応援してるの」と言い、スマホで写真を見せた。湊と依里が音楽準備室で、顔を寄せ合い、依里が湊の髪に触れている、それを盗み撮りした写真だった。「二人の関係はね、尊いものだよ。カミングアウトした方がいいと思う。(略)わたしが代わりに言って……」と、美青が動揺している湊に語りかけてくる。その腕を掴んで、力を緩めず突き飛ばした。湊は「そんなことしたら殺す」と言い残して、店を飛び出していった(6/23)。この少女の自己陶酔に満ちた善意のありようは、もうひとつの見えにくい暴力を暗示している。自覚することがむずかしいという意味合いでは、いささか厄介な代物ではなかったか。

男らしさの神話はそこかしこに転がっている。男らしさをめぐる規範という白線をはみ出すことは、見えない恐怖の共同性によって禁じられている。男という名の張り巡らされた禁忌には、抗うことがなかなか困難だ。それに媚びて、つい男らしく振る舞おうとして足を踏みはずすことならば、わたし自身も数限りなく体験している。そうして男もまた造られるのである。「白線はみ出したら地獄」ゲームは、民俗社会においては、共同体からの逸脱や逃亡を陰に陽に禁圧するしがらみや掟、それを恐怖の共同性をもって物語りする民譚などの形で遍在する。ありふれていながら、それらを言語に翻訳して顕在化させることは、かぎりなく至難の業である。

4

保利は学校を追われるらしい。引越しの準備をしている。ふと、生徒たちに書かせた「将来」というタイトルの作文に眼をとめて、読み耽ることになった。保利はそのとき、はじめてあることに気づいたのだ。赤ペンを手にして、湊と依里の作文を並べて読んでみたのだった。赤ペンで線を描いた。見つめる。これはなんだろう、どういうことか。そこにはあるメッセージが隠されていた（7/22）。依里は原稿用紙の一番上の行に、「む」「ぎ」「の」「み」「な」「と」と書き、湊は「ほ」「し」「か」「わ」「よ」「り」と書いた。その周囲がそれぞれに文章で埋めてあった。そのことに、保利はずっと遅れて気づいたのだ。

だから、保利は湊の家に駆けつけた。雨に打たれながら、二階の部屋の湊に呼びかけずにはいられなかった。「麦野。麦野。先生間違ってた」、でも、お前は「間違ってないよ。なんにもおかしくないんだよ」と叫んだ。湊に会って、ただそれを伝えたかった。早織は悲壮な顔になって、生まれ変わるって何なの、と呟いた。湊はいなかった。山へと失踪したあとだったのだ。いずれであれ、保利という、子どもたちの嘘によって怪物に仕立てられた教師だけが、湊と依里の思いや関係に気づき、「先生間違ってた」と謝罪したのである。その言葉はついに、二人には届かなかったらしい。大きな台風が近づいていた。激しい雨のなか、保利と早織は、湊を探しに出かけた。山では土砂崩れがあり、避難命令が出ていた。二人は通行止めを抜けて走りだした。消防団員が、ダメだ、山に行ったら死んじゃうぞと叫んでいる。

早織「あの人が死んじゃうって」
保利「死にません」
早織「湊が死んじゃうって」
保利「死なないって言ってるでしょ。死なないでいい、今のままでいいって言ってあげてください」

早織は気づいたのか。いま湊と依里にとって必要なのは、「死なないでいい、今のままでいい」というメッセージであるということに。二人は前のほうに見える山に向かって走った。トンネルを抜けて、横倒しになった電車の車両に近づいていった。土を搔き出し、窓枠を開けた。早織が呼んだ。車内はがらんとして、だれもいなかった（7/22）。

ここで、生まれ変わりというテーマに触れておく。くりかえし変奏されていたテーマであった。はじめて登場したのは、湊の髪が短くなり、スニーカーが片足しかないのが発覚したあとだ。父の遺影の前に誕生日ケーキを置いて、こんな母と息子の会話が交わされる（5/15）。

湊「もう生まれ変わってる？」

早織「え……だったら会いに来て欲しいけどね」
湊「生まれ変わったのがカメムシだったらどうする？」

依里の作ったインディアンポーカーのカードには、「カメムシ」は含まれていたか。それでは、キリンがいいか。馬がいい、と早織が言った。映画のシーンの順序でいえば、ずっとあとになるが、この同じ日であったか、廃線跡地で、二人は地面に穴を掘り、猫の死体を置いて、かき集めた落ち葉をかけた。依里がチャッカマンで火を点けようとする、あのシーンにあらためて触れる。

湊「何してんの」
依里「こうしないと、生まれ変われないんだよ」
湊「何に生まれ変わるの？」
依里「次はこういうのがいいなって思ってるやつだよ」
湊「それだったら、やったほうがいいか……」
　火が点き、燃えはじめる。
湊「好きなものになれる？　なんにでもなれる？」
　湊、見ていて、怖くなってくる。

周囲は森であった。カリフォルニアの森林火災が思い浮かんで、怖くなったらしい。依里はじっと火を見つめながら、「消防車は来るかも」と呟いた。湊が水路の水を水筒ですくって、燃えている落ち葉にかけて消火した。残念そうな依里から、チャッカマンを取りあげた（5/15）。生まれ変わるためには、土葬で腐って土に還るのではなく、火で燃やして灰と煙にする火葬が必要だということか。根拠はわからない。依里は父親から、そんな死と再生のイメージを刷り込まれていたのかもしれない。いかなる輪廻転生観であったか。

映画は終わりに近い。台風のなか、廃線跡地へのトンネルを抜けて走る湊と依里の前を、一頭の馬が通り過ぎていった。トンネルのなかへと走り去った。きっと父の生まれ変わりだ、と湊は思った（7/22）。それが母の早織が願っていたことだ。その前の日には、湊の夢に父が出てきて、母への伝言を頼まれた。ありがとう、大好きだよ、って伝えて、と（7/21）。

湊「お父さん、生まれ変わってるかな」
早織「かもね」
湊「僕は何に生まれ変わるかな」
早織「（苦笑し）湊はまだまだ生きてるでしょ」
湊「うん」
早織「変なこと言わないの」
湊「うん。お母さん、僕はかわいそうじゃないよ」

湊が父の遺影を見つめて、ぼそっと呟いた、「……何で生まれたの」という言葉が思いだされる（7/8）。なぜ、お父さんは生まれたのか。なぜ、僕は生まれてきたのか。なぜ、お父さんとお母さんは僕を産んだのか。なぜ僕は、こんな男かどうかわからない男に生まれついたのか。きっと、たくさんの意味を背負わされた呟きの声だったはずだ。みずからをそのままに肯定することはむずかしい。現実のいまの自分は、周囲からそのままには受け入れられがたい存在であることを自覚している。いや、周囲からそのように思うことを強要されている。それが見えない白線の役割だ。男かどうかわからないが、とりあえず男ではあるらしく、だから男であるように努力せよと期待されている。そんな曖昧模糊とした自分と向き合うことを強いられている。依里と出会った、依里が好きになった、依里と離れたくなかった。病気だかなんだかは知らない。だれにも言えない、だから嘘をついている、お母さんにも嘘をつくしかない。お母さんが望むような、女性と結婚して、子どもを産んで、どこにでもある普通の家族を作る、家族という一番の宝物を手に入れることはできそうにない。お母さん、だけど、僕はかわいそうじゃないからね。

さて、映画の終幕である。最後に交わされた二人の会話のなかにも、同じテーマが姿を見せる。二人は傾いた車両の窓から、水路に落ちた。水路から這い出ると、泥だらけだった。湊は靴が脱げてしまっていた。依里が片方を脱ぎ、湊がそれを履いた。片足ずつの靴で歩きはじめる（7/22）。むろん、二人がスニーカーを片足ずつ履くシーンの再演であった。

依里「生まれかわったのかな」

湊「そういうのはないと思うよ」
依里「ないか」
湊「ないよ。もとのままだよ」
依里「そうか。良かった」

一瞬だけ、死んだのかしら、と思う。いや、生きているようだ。生まれ変わったわけではない。元のままだ。よかった。二人は嬉しそうに笑いながら、走った。朝陽が差してきた。保利と早織が二人を呼んでいる。足を止めて、振り向く。二人は顔を見合わせ、手を繋いで、また走りだす。ずっとさかのぼる。はじめて依里が湊を廃線跡地の車両に案内したときのことだ。できあがったうなり笛を回しながら走る二人が、顔を上げると、陸橋があり、その向こうに、錆びた線路が真っすぐどこかに続いているのが見えた（5/14）。そんな場面を想った。映画のフィナーレからは判断がつかなかった。すくなくともオリジナルシナリオからは、湊と依里は生きてゆくのだと思われた。真っすぐではあるが、どこに続いているのかは知れぬ錆びた線路を、二人は手を繋いで駈けてゆく。そのうしろ姿がぼんやりと浮かぶ。

いくらか唐突に、すでに論じてきた小説／映画『怪物はささやく』に触れてみたくなった。そのフィナーレでは、少年は母親の死を真っすぐに受け止めるために、怪物が囁きかける物語の力に支えられながら現実と対峙し、ついに癒しへと導かれていった。物語こそが怪物であったのかもしれない。父親には捨てられ、死んでゆく母親に頼ることはできない。その絶対的な孤独のなかで、少年は治療者としての怪物との、それゆえ物語との邂逅を果たしている。そして、『怪物』というシナリオ／映画においては、もはや怪物はどこにも存在せず、子どもたちは怪物の囁く物語に癒されることはない。むろん、治療者としての怪物は登場しない。湊の父親は事故で亡くなっており、母親は優しいけれど理解者ではないし、頼ることはできない。依里は母親に捨てられ、飲んだくれの父親からは虐待を受けており、助けてくれる大人を知らなかった。二人もまた孤独であるが、逃げてゆく先に未来が開けているのかはわからない。

言葉を換えれば、そこはすでに、人を喰らう恐ろしい怪物は不在であり、だれもが少しずつ怪物であるような世界と化しているのかもしれない。だから、穢れの浄化も、癒しもなく、恐怖からの解放もありえない。『怪物』という映画はけっして冷笑的《シニカル》ではないし、虚無的《ニヒル》でもないが、慰めや救いもまた見いだされない。「死なないでいい、今のままでいい」というメッセージは届かなかった。子どもたちはかれらを理解し支えてくれるかもしれぬ母親と教師の声を、それとして背に受けながら、かれらの元に還ることは選ばなかった。やわらかい靄かヴェールに包まれてはいたが、非情な結末であった。幼い子どもたちは、家族や学校や、世界そのものを捨てたのではなかったか。『異端の鳥』の少年が流浪の旅へと出ていったのが、やはり十歳であり、その残酷な旅の果てに開けてゆく、さらに無惨な現実を知る者にとっては、『怪物』のフィナーレに希望を託すことはできない。

わたしは坂元裕二のシナリオ版『怪物』を読むことに、紙数を費やしてしまった。むろん、劇場のスクリーンで一度、ＤＶＤで二度ほど映画版を観ている。しかし、怪物論の終わりに、『怪物』

のシナリオをくりかえし読んで書くことを選んでいた。映画版から『怪物』について語るのは、機会を改めることにしよう。

怪物とはだれか、という声が聴こえる。しばらく、耳を澄ましていたい、と思う。

終章　診察椅子のモンスター

ずっと気になっていた、ある小さな本に触れてみたくなった。『あなたがたに話す私はモンスター』（法政大学出版局）という、「フランスの〈フロイトの大義〉学派を前にした、一人のトランス男性の、ノンバイナリーな身体による講演」をもとにした小著である。著者のポール・B・プレシアドは二〇一九年、「精神分析における女性たち」をテーマとした〈フロイトの大義〉学派の国際大会に招かれ、三五〇〇人の精神分析家たちを前にして講演を行なった。それは激震を引き起こした、という。性とジェンダーの認識論をめぐる大きな変容の時代のなかで、精神分析の諸制度にたいして責任を取るように求めたのだった。会場を埋めた聴衆の半分が馬鹿笑いをして、あるいは喚きたて、この場から立ち去れと迫ったらしい。

私が新しい時代の猿－人間としてあなたがたに語りかけるのは、まさしく、あなたがたが私を投げ込むこの精神疾患の人間という立場からなのです。私はあなたがたに話すモンスターです。あなたがたがご自身の言説と診療実践によって作り上げた怪物です。私は、診察の寝椅子から起き上がり、話し始めたモンスター、患者としてではなく市民として、化け物じみてはいるがあなたがたと対等の者として話すモンスターなのです。

著者のプレシアドはまさしく、みずからをその言説と実践によって患者＝モンスターに仕立てあげてきた者たちと、その制度に、真っすぐに対峙しようと決意していた。かれらはいわば、「異性愛のブルジョア白人男性」を「普遍的な人間」と錯誤する、「ネクロ制度的な」動物たちであり、かれらこそが現代の植民地主義的な精神分析の言説や制度を支えている、という。訳者の注には、ネクロ政治について、暴力と死の技術を通して人々を支配する統治である、と見える。激しい挑発であった。プレシアドはいわば、「トランス男性」といい、「ノンバイナリーなジェンダーの身体」という、みずから対抗的に選び取り設計しなおした檻のなかから、精神分析家たちに話しかけるのだ。ノンバイナリーという言葉がキーワードとして頻出する。それは何より、女／男のような二元論の構図を忌避し、ラディカルに批判する立場の表明であった。

まず最初に申し上げれば、あなたがたが普遍的とみなし、ほとんど形而上学的とさえみなしている性差の体制、精神分析のあらゆる理論がみずからを繰り広げる拠点である性差の体制は、経験的な現実でもなければ、無意識を作り出す象徴秩序でもありません。それは生者に関する認識論、解剖学的な地図作製法、身体の政治経済学、再生産エネルギーの集団的経営管理にすぎません。それは一つの歴史を抱えた認識論であって、ヨーロッパの商業主義的で植民地主義的な発展の時代の人種差別的な分類学との関係のなかで構築され、そして十九世紀後半に結晶化した、そのような認識論なのです。この認識論は現実を表現したものであるどころか、異性愛的－植民地主義的な家父長制というある特殊な政治経済学の秩序を生産し正当化するような、行為遂行的なマシーンなのです。

女とは何か、男とは何か、いきなり問いの自明性そのものが宙吊りにされる。いま、われわれを呪縛している女／男という性差の体制は、ひとつの歴史にいだかれた認識論にすぎない。異性愛的、かつ植民地主義的な家父長制という特殊な政治経済学の秩序を正当化するための、たとえば共同化された幻想でしかない。その下で、ノーマルとか病理的とかみなされている性差や、異性愛・同性愛といったものが、大いなる虚構の工作物として産出されてきたのだ、という。それはもはや、死と抑圧しか生みださない鎧のようなものだ。政治的に発明され、正統性を与えられてきた歴史的な慣習であり、かぎられた文化的な制度である。精神分析が依拠している性差の体制は、自然的でもなければ象徴的な秩序でもなく、身体に関するひとつの政治的にして歴史的な認識の枠組みであり、それゆえに変化は避けがたい。むろん、幻想の鎧を脱ぎ捨てるべきときが来たと、抵抗のマニフェストを突きつけているのだ。

いま、この性差の認識論は、根底からの変化に揺さぶられ、変異を起こしている。おそらく十年後か二十年後かには、新しい認識論に席を譲り渡しているはずだ。プレシアドはいう、トランスフェミニストたち・クィアたち・反人種差別主義者たちの運動には留まらず、親子関係や恋愛関係、性同一性や欲望のあり方、セクシュアリティとその命名などに見られる新しい広範な実践こそが、まさにこの変異の指標である、と。それは、人間の生ける身体をめぐる異なった認識論をいま・ここから紡ぎだす実験であり、その大いなる現場なのである。

精神分析はあきらかに、異性愛を規範とする性差の認識論と共犯関係にある、とプレシアドは指摘する。フロイトの学は、「家父長制的な男らしさのポジション、すなわち、勃起し、挿入し、射精するペニスをもつ身体として理解された異性愛的な男性身体」を起点として体系化されている。だから、精神分析においては、女性たち、「再生産する子宮とクリトリスとを（ときおり）もつ、あの奇妙な動物たち」が、いつだって問題とされてきたし、いまだに問題とされている。かつて、女性特有の精神疾患とされる「ヒステリー」なるものが大真面目に信じられ、治療を施されていた時代があったことを、わたしは思い浮かべている。それは家父長制的なペニスにたいして、虐げられるクリトリスやヴァギナが起こした嫉妬の病理であるよりは、意識せざる叛乱の物語であったのかもしれない。

あなたがたが語る精神分析の語りに普遍性はありません。フロイトが採用し、ラカンが科学の地位にまで引き上げた神話的‐心理学的な語りは、ローカルな物語、ヨーロッパの家父長制的‐植民地主義的精神の物語にすぎず、白人の父がもつ、他のあらゆる身体に対するいまだ主権的な立場を正当化することを許す物語にすぎません。精神分析は、政治的に位置づけられた自分の立場を認めない自民族中心主義です。

この性差の二元体制《バイナリー》への隷属から逃れるために、プレシアドは一人の逃亡者として歩みはじめた。みずからの身体と精神のありようを、そのモンスター性を、さらに欲望と転換の赤裸な姿そのものを、「公共的なスペクタクルに」するという選択をしたのである。トランスであること、インターセクシュアルであることから、境界線を超えるためのさまざまな試みが開始された。性差の体制を離脱することは、人間の領域を離れて「サバルタンの空間、暴力と管理の空間」に入ることを意味する。いわば、みずからの身体と心を病理的と見なす、その暴力的な上方からの視線を受け入れながら、彼方へと越境してゆくことがめざされているのだ。

それは、たんなる受け身の状況ではなく、「気持ちの悪いもの」あるいは「怪物とみなされていた主体や身体たち」を、あえて露わに政治化させることを意味していた。だから、グロテスクな身体やモンスターの歴史という視座からすれば、精神分析はまさに、家父長制的‐植民地主義的な無意識の科学とならざるをえない。精神分析の基本戦略のひとつは、同性愛やトランスセクシャル、ノンバイナリーな性をもつ人々の、胎児期や幼児期の発達のなかに病気の兆候を検知し、それらの性的倒錯をひき起こす外傷《トラウマ》を調査することであった。だから、いま、バイナリーの彼方に多数にして多様な身体と生殖器の形態が存在することに気づいて、かれらは怖れと戦きに捉われはじめているのである。

それゆえ、アブノーマルであることへの恐怖を払拭することが必要だ。性差の外で実験すること、知覚すること、名付けること。みずからを脱植民地化し、脱同一化し、脱バイナリー化すること。

モンスターであること、そこに留まること。そこでのモンスターとは、転換のなかで生きる者のことであり、「その顔、その身体、その実践が、既定の知や権力の体制のなかではいまだ真とみなされえない」、途上にある者を指している。マツロワヌ制外者といってもいい。そこに、「出会う人たちがみんな逃げてしまうにもかかわらず、自分を愛してくれる誰かを探して、手に花を持ってさすらうフランケンシュタインです」という、自画像めいた言葉が見える。映画版の『フランケンシュタイン』ではなく、メアリー・シェリーの原作小説が思い浮かべられていたにちがいない。そこに描かれていたフランケンシュタインは、まさに転換のために途上を流離ってゆく、知性あふれる生き物であった。

あらためて、性転換とは何か。

性転換をおこなうことは、ホルモンやその他の生のコード——このコードは、言語、音楽、形式、植物、動物あるいはその他生ける存在でもかまいません——を使って、機械的な配列を発明することです。性転換をおこなうことは、ホルモンと横断的な交流を確立することであり、それによって、あなたがたが女性の表現型と呼ぶものは消え去り——正確に言えば、翳り——別の系譜の目覚めが可能になります。この目覚めは革命です。分子的な蜂起です。異性愛的‐家父長制的なエゴの権力に対する襲撃、同一性と名の権力に対する襲撃。これは身体の脱植民地化のプロセスなのです。

こうしてトランスの身体は植民地となり、そこからの脱出の現場となる。それは規範的な解剖学にとって、かつてのヨーロッパにとってのアフリカと同じように、切り刻まれて、最高落札者に分配される未知なる領土となる。移民は国民国家を失い、難民は自分の故郷を失い、トランスの人は自分の身体を失いながら、それぞれの国境を横断してゆく。身体のエロス的な風景があり、権力の植民地主義的な囲い地として存在する。それは、さまざまな意味合いでの規範的な制度が周縁に設ける植民地であり、精神分析やメディアや薬品産業や経済市場といったさまざまな制度の植民地でもある。

この家父長制的-植民地主義的な戦争のただなかで、性転換は一種の反系譜学になる、という。そもそも男らしさや女らしさといった文化的なコードなど、実存がもつ無限のヴァリエーションに比べれば、たんなる逸話のひとつにすぎない。そんな逸話に縛られる必要はない。そうして、転換する者は系譜学をいたるところで寸断する。性転換を考えるとき、擬態というのは拙い概念でしかない。それはいまだにバイナリーな論理に依拠しているからだ。これであるか、あれであるか。男性であるか、女性であるか。トランスの人は何も模倣しない。たとえばそれは、ワニであることをやめて、植物になる未来に自分を接続することだ、という。性転換というものが人類にとって未知なる体験であることを思えば、このワニをやめて植物になる、という奇妙な表現には心打たれるものがある。

それにしても、『あなたがたに話す私はモンスター』という挑発に満ちた政治的マニフェストを、どのように読むことができるのか。わたしは逡巡のなかで、ただ、中途半端な注釈とともに、そのエッセンスのいくつかを抽出してみただけのことだ。みずからの関心に引っ掛かってくる言葉や文章を撚り合わせ、その核心をなす思想を浮き彫りにしようと手探りしてきた。魅力的な本であることは否定しない。とりわけ、モンスター論として再構成しつつ読み進めてゆくと、多くの示唆に富んでいることは疑いようもない。

ノンバイナリーな身体を掲げながら、眼の前にいる三五〇〇人の精神分析家をひと括りにして、「あなたがた」と呼ばざるをえないところに、深い絶望が感じられる。おそらく、そのなかにもジェンダーにおいて、人種や民族において、あるいは宗教や文化において、さまざまにバイナリーな差別や搾取を強いられている人々がいたはずである。それを「あなたがた」とあえて呼んだとき、友か／敵か、のバイナリーな切断線が引かれたのではなかったか。友であるべき人々、その可能性を宿した人々が、ひと括りに「敵」の側に追いやられたのではなかったか。制度の知や言説にたいして、対抗の言説を組織しようとするとき、陥りがちな罠が存在する。この書はそうした罠と無縁でありえているか。バイナリーな制度の知／ノンバイナリーな越境の知が、二元的に対峙する構図がはらむパラドクスから逃れているか、と言い換えてみるのもいい。

やはり、比喩のしがらみに縛られ過ぎているかもしれない。とはいえ、そこには避けがたい因縁の糸が見え隠れしている。著者のプレシアドは、フランコ支配下のスペインのカトリックの町で生まれた。そこで、女性という割り当てられたジェンダーを背負い、育てられた。この人が絶対に理解できなかったのは、隷属させられ犯され殺される女性たちが、抑圧者である異性愛の男性たちを愛し、人生を捧げなければならないという要求のパラドクスであった、という。不条理な逆説である。「普遍的な人間」という仮面をかぶった「異性愛のブルジョア白人男性」たちが、暴力と死の技術をもって人々を支配するネクロ政治とは、プレシアドが幼少期に体験したものであったはずだ。『ミツバチのささやき』という映画を想い起こさねばならない。あのフランケンシュタインとの邂逅の美しい物語は、まさにネクロ政治によって緊縛された社会が分泌したものであったことを忘れてはならない。思えば、ビクトル・エリセ監督の『エル・スール』や『挑戦』などの作品にも、ネクロ政治の下でのエロスのゆがんだ風景が描かれていたのではなかったか。

将来的に私たちは、生ける者のラディカルな多数多様性を考慮することができ、身体を異性愛的な生殖能力に還元せず、異性愛的‐家父長制的で植民地主義的な暴力を正当化することのない認識論を、集団で練り上げなければならないでしょう。

こうした言葉遣いには距離を取りたい気がするが、これがわれわれのたどってゆく道行きであることは否定しようがない。ノンバイナリーな人間像や社会像はいかにして可能か。それこそが問われるべきテーマであった。性転換はいわば、その見えやすいテーマのひとつにすぎない。怪物＝モンスターという問題系はまさに、この世界の二元分割を自明の前提とするが、同時に、そこに埋め込まれた揺らぎこそがモンスターの根源を映しだしていることは忘れてはならない。思えば、モンスター＝怪物は善悪の二元論や、神／悪魔のバイナリーな絶対的対峙といったものには還元することができない、ノンバイナリーな存在であった。怪物との戯れをしたたかに、しなやかに演じること、と呟いてみる。怪物のゆくえに、さらに眼を凝らしつづけねばならない。

あとがき

思えば、『ユリイカ』誌上で〈物語を食べる〉と題した連載を始めてから、四年足らずになります。ほぼ落とさずに続けてきた連載は四十二回を重ねて、しばらく休載させていただくことになりました。この本は『奴隷と家畜　物語を食べる』に続いて、二冊目の連載からの単行本化ということになります。タイトルは『怪物たちの食卓　物語を食べる』ですが、そもそも怪物＝モンスター論を書くつもりはなかったのです。食べることや交わることの周辺で、つれづれに文学作品や映画などを選んで、それを料理するというよりは食べて咀嚼しながら味わうことを楽しんできただけです。例によって、これといった終着点はありませんでした。はじめに浮かんだのは食卓であり、そこで起こる事件に眼を凝らすうちに、怪物たちが食卓を囲んでいる情景が像を結んできたのです。そうして、ゆるやかに『怪物たちの食卓』がとりあえずの漂着場所と化していきました。

こんな勝手気ままなエッセイを連載のかたちで書かせていただけるのは、とてもありがたいことです。構想らしきものも執筆メモと言えるほどのものもないままに、どこか自分の内なる無意識の根っこにからんでいる思索やイメージを受肉させるために、流れさすらうように文章を紡いでゆくのです。この体験はなかなか贅沢なものです。むろん、内容的にはけっして一般の読者向けとは言えないことは承知しています。だから、反響はいたってまれです。ゲラ刷りを読みながら、これを最後まで読んでくださる読者は少ないだろうな、としみじみ思うのです。しかし、偏屈にそれを目指しているわけではないし、読者を拒んでいるわけでもありません。ただ、みずからの限界を超えてみたい、みずからの輪郭を壊してみたいという欲望はあって、それに従っているところはあるのです。

だから、青土社編集部の菱沼達也さんや明石陽介さんから、時折いただく言葉には、いつもながら励まされています。やはり読者は必要ですね。ありがたい存在です。感謝いたします。しばらく連載はお休みさせていただきますが、幸いなことに、また〈物語を食べる〉の周辺でテーマを探して、再開させていただけそうな感触は得ています。嬉しいことです。

というわけで、血まみれの食卓を皆さまにお届けいたします。

二〇二四年一〇月一二日の夜に

赤坂 憲雄

著者　赤坂憲雄（あかさか・のりお）

1953年、東京生まれ。民俗学者。『岡本太郎の見た日本』でドゥマゴ文学賞、芸術選奨文部科学大臣賞（評論等部門）受賞。著書に『異人論序説』（ちくま学芸文庫）、『境界の発生』（講談社学術文庫）、『岡本太郎の見た日本』『象徴天皇という物語』『排除の現象学』『東北学／忘れられた東北』（岩波現代文庫）、『武蔵野をよむ』（岩波新書）、『性食考』『ナウシカ考』（岩波書店）、『民俗知は可能か』（春秋社）、『災間に生かされて』（亜紀書房）、『奴隷と家畜』（青土社）など多数。

怪物たちの食卓

物語を食べる

2024年11月25日　第1刷印刷
2024年12月10日　第1刷発行

著者——赤坂憲雄

発行人——清水一人
発行所——青土社

〒101-0051　東京都千代田区神田神保町1-29　市瀬ビル
［電話］03-3291-9831（編集）　03-3294-7829（営業）
［振替］00190-7-192955

印刷・製本——双文社印刷

装幀——水戸部功

ISBN978-4-7917-7683-2